发展方式转变丛书

产业竞争优势转型
国际趋势与中国面临的挑战

The Transformation of Industrial
Competitive Advantage
The International Trend and China Challenge

张其仔
原　磊
刘　昶
伍业君
李　颢 等 / 著

社会科学文献出版社
SOCIAL SCIENCES ACADEMIC PRESS (CHINA)

发展方式转变丛书
学术指导委员会

序

2003 年 10 月召开的中共十六届三中全会提出了科学发展观，并把它的基本内涵概括为"坚持以人为本，树立全面、协调、可持续的发展观，促进经济社会和人的全面发展"，坚持"统筹城乡发展、统筹区域发展、统筹经济社会发展、统筹人与自然和谐发展、统筹国内发展和对外开放的要求"。在党的十七大上，胡锦涛总书记在《高举中国特色社会主义伟大旗帜为夺取全面建设小康社会新胜利而奋斗》的报告中提出，在新的发展阶段继续全面建设小康社会、发展中国特色社会主义，必须坚持以邓小平理论和"三个代表"重要思想为指导，深入贯彻落实科学发展观。

实现发展方式转变就是要用科学发展观统领我国的经济社会建设，是我国实现经济社会可持续发展、实现现代化宏伟目标的必然要求。2010 年 2 月 3 日，胡锦涛总书记在中央党校举行的省部级主要领导干部"深入贯彻落实科学发展观　加快经济发展方式转变"专题研讨班开班式讲话中强调，加快经济发展方式转变是适应全球需求结构重大变化、增强我国经济抵御国际市场风险能力的必然要求，是提高可持续发展能力的必然要求，是在后国际金融危机时期国际竞争中抢占制高点、争创新优势的必然要求，是实现国民收入分配合理化、促进社会和谐稳定的必然要求，是适应实现全面建设小康社会奋斗目标的新要求、满足人民群众过上更好生活新期待的必然要求。

发展方式转变是一个长期而且艰巨的探索过程。改革开放以来，我国政府一直非常重视转变传统的经济增长方式。1981 年五届人大四次会议通过的政府工作报告提出了以提高经济效益为中心的发展国民经济十条方针，可以说是重视和尝试转变经济增长方式的开端。此后在整个 80 年代，中央又多次提出要转变经济增长方式和提高经济效益。20 世纪 90 年代我国提出了两个

"根本转变"，如 1996 年 3 月 5 日通过的《"九五"计划和 2010 年远景目标纲要》指出："从计划经济体制向社会主义市场经济体制转变，经济增长方式从粗放型向集约型转变，这是实现今后十五年奋斗目标的关键所在。"进入 21世纪，中央又提出走"新型工业化"道路，这是我国转变经济增长方式的又一次重要飞跃。2002 年 9 月，党的十六大将"新型工业化"道路正式概括为："坚持以信息化带动工业化，以工业化促进信息化，走出一条科技含量高、经济效益好、资源消耗低、环境污染少、人力资源优势得到充分发挥的新型工业化路子。"2003 年之后，我国开始由过去强调经济增长方式转变转向强调实现发展方式的转变。从我国不断强调经济增长方式转变和发展方式转变的过程，既可以看出我国对经济增长方式转变和发展方式转变的高度重视，也可以看出实现这种转变的艰巨性和复杂性。经过较长期的努力，我国在发展方式转变上虽然取得了令人瞩目的进展，但发展过程中面临的不可持续、不平衡、不协调的问题仍未从根本上解决，仍需付出艰苦的努力，进行不懈的探索。

组织编写"发展方式转变丛书"的目的，是为了推进发展方式转变的理论研究工作，为我国推进发展方式转变尽绵薄之力。丛书内容涵盖发展方式转变的理论基础、国际经验和我国发展方式转变的路径、政策选择和重大成就等，作为丛书编撰者，衷心期望丛书的出版能对我国发展方式转变实践起到启示或借鉴作用。

经过社会科学文献出版社的努力，"发展方式转变丛书"已列入"十二五"国家重点图书出版规划。为了出版好这套丛书，社会科学文献出版社还邀请了中国社会科学院常务副院长王伟光等知名学者组成丛书学术指导专家委员会。在此，编委会衷心地感谢王伟光常务副院长等知名学者的无私支持和对中青年学者的热心提携，感谢新闻出版总署的大力支持，感谢社会科学文献出版社，特别是谢寿光社长的大力支持和为此付出的辛勤劳动，感谢各位责任编辑为编辑本丛书付出的艰辛劳动。

发展方式转变是一场伟大的经济社会建设实践，限于编者水平，本丛书难免有所不足，敬请各位同行、尊敬的读者批评指正！

丛书编委会

2012 年 9 月

前　　言

从全球经济发展的历史经验看，一些国家在进入中等收入国家行列之后，会出现经济增长放缓、人均收入提高困难的"中等收入陷阱"现象，有些国家成功摆脱了这一困境，有些国家却长期为这一陷阱所困。我国已经进入中等收入国家行列，开始面临一些中等收入国家所面临的产业转型升级风险。2008 年年初，我国经济增长速度放缓，这种放缓是多种因素作用的结果，短期和长期的因素相互交织，既与我国 2008 年以来实施的宏观调控有关，也与我国局部地区比较优势断档有关。截至 2008 年 5 月份，我国西部、东北、中部和东部四个地区规模以上工业生产增加值分别增长 19.25%、18.77%、20.84% 和 15.71%。2008 年上半年，东部地区工业增加值，除山东增长 18.5%、天津增长 21% 外，其他省市均低于全国工业增加值增长速度，这一定程度上表明我国东部地区已经面临竞争优势断档的压力。正是基于这种现实，我们开始考虑对我国产业竞争优势转型开展研究。

随着国际分工的深化和我国越来越深地参与全球分工体系之中，随着产业竞争力研究成为产业经济研究的重要领域，国内也出现了大量有关我国产业竞争优势的研究文献。这些研究大致可以分为两类，一类是静态竞争优势研究，一类是动态竞争优势研究。静态竞争优势研究分析的是产业竞争优势的来源。在这类文献中，又包括了两类研究，一类研究认为，我国作为国际产业承接地的优势就是低成本，包括低劳动力成本、廉价资源与较低的环境标准、税收优惠等。另一类研究虽然也认为低成本是国外把产业转移到我国的重要原因，但其他的因素同样不容忽视。动态产业竞争优势理论重点分析的是产业竞争优势的变化。当然在各种研究产业竞争优势变化的文献中，关于产业升级和产业链升级的文献最为丰富，也提出了很多有价值的观点，但有关这类研究文献，对产业竞争优势转型中断的风险缺乏充分研究。

国外关于竞争优势的研究也包括静态和动态两类。静态研究又分为两类，一类建立在比较优势基础上，另一类则建立在波特的竞争优势基础上。动态竞争优势的研究包括产品的生命周期理论、内部化理论、邓宁的综合因素理论、日本的雁行形态理论。关于动态竞争优势理论的最新研究是 Ricardo Hausmann，Bailey Klinger 等（2006）提出的比较优势演化理论。这个理论可以为我们研究我国产业竞争优势的转型提供基础。用这个理论研究我国的竞争优势转型不仅可以厘清我国产业竞争优势转型的可行路径，而且可以发现竞争优势转型过程中的风险，可以有效解决我国产业升级过程中必须解决的一些问题，对一些认识进行重新评价。本研究的特色就在于：运用产品空间理论，分析产业竞争优势转型断档的可能性及其解决办法，相关结论对于我国跨越中等收入陷阱，具有启示和借鉴意义。

本书作的写作分工如下：

第一章　张其仔、伍业君、徐娟；

第二章　刘昶；

第三章　谭运嘉；

第四章　伍业君、张其仔；

第五章　张其仔、伍业君；

第六章　张其仔；

第七章　张其仔、李颢；

第八章　原磊；

第九章　张其仔、李颢。

本研究得到了中国社会科学院重大课题“我国产业竞争优势转型及其风险研究”、国家社科基金重大项目“产业竞争优势转型战略与全球产业分工模式的演变”等的资助，在此，笔者代表课题组对国家社科基金办表示衷心感谢！在研究过程中，课题组得到中国社会科学院科研局、中国社会科学院工业经济研究所学术委员会及科研处的悉心指导和无私帮助，笔者谨代表课题组成员在此表示衷心感谢！本书的部分章节已发表在《中国工业经济》、《经济管理》和《经济评论》等刊物上，在此笔者代表课题组对各杂志社的支持表示诚挚的谢意！

　　在近四年的研究过程中，课题组成员付出了大量辛勤劳动，尽管如此，课题组所完成的这份研究成果肯定仍存在这样或那样的不足，敬请同行不吝指教。

张其仔

2014 年 1 月 10 日

目　　录

第 1 章

产品空间与比较优势演化

第一节　产品空间与比较优势演化的理论研究

一　产品空间与比较优势演化

Ricardo Hausmann，Jason Hwang，Dani Rodrik（2005）发现产品与国家的发展有非常重要的关系，产品的复杂程度预言了国家未来的经济增长。Ricardo Hausmann，Bailey Klinger（2007）提出产品空间与比较优势演化理论，该理论主要研究产品空间结构与国家经济发展之间的关系，探寻驱动一国比较优势演化的影响因素。他们认为，经济发展是从简单的低端产品向更复杂的高端产品的转换过程，即结构转型过程，发达国家与欠发达国家不仅在生产率上有区别，在产品结构上也有很大的差别，发达国家通常生产更多不同种类且复杂程度更高的产品。Ricardo Hausmann，Bailey Klinger（2007）研究了同质产品空间与异质产品空间情形下的比较优势演化模型。该模型有三大基本假定：第一，生产新产品与重复生产相同的旧产品有很大不同。每种产品需要多种不同的投入，如知识、物质资本、中间投入、劳动力、基础设施、产权、管理设备或者其他公共物品。与在位企业相比，新进入者在获得这些必要的投入时存在较高的壁垒。第二，生产每种产品的资产及能力是不能完全替代的，但是资产的专用程度是不同的。每对产品都存在一定的距离，如果产品需要高度相似的投入和禀赋，则它们的距离很接近；反之，如果它们需要完全不同的能力，则它们的距离相对较远。产品之间的这种距离反映了它们生产技术特征的差异，这种距离不随国家而改变，但是可能随时间而变化。将已有能力用于生产相似的产品，生产能力能得到更好的使用；反之，如果两种产品完全不同，生产一种产品的能力对于另一种产品来说完全没有用处，生产能力则完全不能得到应用，这会产生很大的沉没成本，这个成本与产品之间的距离相关。为了使能力得到更充分发挥，一个国家更倾向于开发与已有能力相关的产品，或者与已有产品邻近的产品。第三，给定不同程度的资产专用性，结构转型的速度依赖于每个国家的产品空间的密集程度。传统理论往往认为产品空间同质而且连续，企业总能找到合适的产品实现产业升级。然而，事实上产品空间可能高度异质，邻近产品总是存在，且都处在相同的距离，也可能高度异质，一些部分非常稠密，而另一些部分非常稀疏。

1. 同质的产品空间

比较优势演化理论构建了一个简单的模型来刻画产品接近性（Proximity）在经济结构转型过程中的重要作用。在存在标准产品 1 和新产品 2 的产品空间中，标准产品的价格标准化为 $P_1 = 1$，而新产品的价格 $P_2 > 1$。假定一国已经具有生产标准产品所需的能力，企业可以选择生产标准产品并盈利 1，或者投资研发出新产品继而索取更高的价格。但由于该国之前没有生产新产品，并不具备生产这种新产品的能力，或者说该产品没有被企业家发现，生产新产品需要付出一定的投资成本。假定生产新产品需要企业耗费的固定成本为 C，这个成本随着两种产品之间的距离 δ_{12} 增加。一旦这种尝试成功，新开发的能力会成为公共物品，任何新企业能够不支付任何固定成本而进入。第一阶段，企业决定是否进行研发投资生产新产品。其中，生产新产品的收益是：$P_2 - C(\delta_{12})$。如果 $P_2 - C(\delta_{12}) < 1$，意味着在位企业跳跃到新产品得不偿失，因此企业决定仍然生产标准产品；新企业可能两阶段都生产标准产品，或者第一阶段跳跃到新产品，两期都索取 P_2 的价格，因此，新企业跳跃的条件是：$P_2 > 1 + C(\delta_{12})/2$。

放松该模型的假设，将两种产品拓展成连续统产品，每个企业决定在产品的连续统中跳跃一定的距离以实现利润最大化。假定价格随着距离线性增加，$P = f\delta$；成本是距离平方的函数，$C(\delta) = c\delta^2/2$，则在位企业和新企业的利润最大化函数分别为：

$$\max_{\delta_0} \Pi_0 = f\delta_0 - \frac{c\delta_0^2}{2} \qquad (1-1)$$

$$\max_{\delta_{n,1}\delta_{n,2}} \Pi = f\delta_{n,1} - \frac{c\delta_{n,1}^2}{2} + f\delta_{n,2} - \frac{c(\delta_{n,2} - \delta_{n,1})^2}{2} \qquad (1-2)$$

δ_0 为在位企业跳跃的距离，$\delta_{n,1}$ 是新企业第一阶段跳跃的距离，$\delta_{n,2}$ 是新企业第二阶段跳跃的距离。解方程（1-1）、（1-2），得最优跳跃距离为：

$$\delta_0^* = \frac{f}{c}; \quad \delta_{n,1}^* = \frac{2f}{c}; \quad \delta_{n,2} = \frac{3f}{c} \qquad (1-3)$$

式（1-3）意味着，新企业第一阶段跳跃 $\frac{2f}{c}$，第二阶段跳跃 $\frac{f}{c}$。$\delta_{n,2}^* <$ $\delta_{n,1}^*$，证明存在产业间溢出。企业第一阶段的跳跃减少了后来企业第二阶段跳跃的距离。

2. 异质的产品空间

与经典的贸易理论不同之处在于，比较优势演化理论认为产品空间不一定同质，产品空间不一定是从 0 到无穷的连续统。产品空间中每对产品间的距离可以由以下矩阵来表述：

$$\Delta = \begin{bmatrix} 0 & \delta_{12} & \delta_{13} & \cdots & & \delta_{1n} \\ & 0 & \delta_{23} & \delta_{24} & \cdots & \vdots \\ & & 0 & \delta_{34} & \delta_{35} & \vdots \\ & & & 0 & \delta_{45} & \\ & & & & & \vdots \\ & & & & & 0 \end{bmatrix}$$

在该矩阵中，每对产品都存在一个对称的距离，产品空间可能连续，也可能不连续，产品之间的跳跃也并非不可能，这与质量阶梯模型（Gene M. Grossman, Elhanan Helpman, 1991）有所不同。

$$\Delta = \begin{bmatrix} 0 & C & \infty & \cdots & & \infty \\ & 0 & C & \infty & \cdots & \vdots \\ & & 0 & C & \infty & \vdots \\ & & & 0 & C & \\ & & & & & \vdots \\ & & & & & 0 \end{bmatrix}$$

在质量阶梯模型中，沿着质量阶梯的每一步跳跃都需要一定的适应成本或者研发成本，对角线上产品间距离为 0，即每个产品与自己的距离为 0。企业每次只能沿着质量阶梯前进一步，每个产品到相应的下一个升级产品之间的跳跃距离都相同，而间隔一个产品之后距离变为无穷大。因此，蛙跳（leapfrog）会因为过大的距离而难以出现，经济增长主要是通过所有企业在产品阶梯上的逐步前进而实现。

如果产品空间不连续，则满足上面条件的产品未必存在。此时，适当的距离处没有新产品能吸引企业投资，此时，产业升级会停止，因此结构转型过程会出现停滞。停滞发生的条件是：

$$\frac{2f}{c} < \delta_{n,1} - \delta_{n,0}$$

从该条件可以看出，结构转型依赖于距离、跳跃成本及新旧产品之间的价格差，并且这个过程可能由于产品空间的断裂而停滞。

二　比较优势演化理论的发展

张其仔（2008）认为，C. A. Hidalgo RB. KlingerA. L. BarabásiR. Haus-mann（2007）的模型忽略了企业之间的相互影响。他通过引进产业度的概念，深化了产品空间结构与比较优势演化理论的研究，发现如果企业从事的产业与很多产业的技术距离相同，存在很多选择时，企业选择不同的升级路径面临的发展前景是不同的。张其仔（2008）把产业升级机会纳入产品空间模型，用产业度（用 d 表示）衡量升级机会，此时，产业升级成本函数变为：$C(\delta) = \frac{c\delta^2}{2d}$，最优的跳跃距离变为：$\delta_0^* = \frac{df}{c}$。从拓展的模型可以看出，产业度的大小影响升级成本，d 越高，升级成本越低；d 越高，升级的机会越多，产业升级断档的机会就越小。通过产业度的引入，提高了比较优势演化理论对中国产业升级问题的解释力。

以上研究突出了产品结构转型的重要性，认为经济发展的过程就是产品由简单到复杂的升级过程。Ricardo Hausmann，Bailey Klinger（2007）的研究虽然提到了产品间接近的衡量，但是对产品的复杂性如何衡量、产品与国家之间存在什么关系等问题仍然没有深入研究。

Ce Sar A. Hidalgo，Ricardo Hausmann（2009）在 Ricardo Hausmann，Bailey Klinger（2007）研究的基础上，通过描绘出口产品的网络结构特征，

提出测度经济体复杂性的方法。他们用反射的方法（Method of Reflection）来描绘双边网络结构特征，并运用贸易数据，获取与国家能力的可获得性相关的信息。

反射方法的主要特点是用描绘网络结构特征的 M_{cp}[①] 来建立国家和产品的关系。因为双边网络的对称性，故称该方法为反射的方法，这种方法能生成两种类型节点（国家和产品）的对称变量集。通过反复计算节点附近的已有水平的平均值作为观测集：

$$K_{c,N} = \frac{1}{k_{c,0}} \sum_p M_{cp} K_{p,N-1} \quad (N \geqslant 1)$$

$$K_{p,N} = \frac{1}{k_{p,0}} \sum_c M_{cp} K_{c,N-1} \quad (N \geqslant 1)$$

初始条件下，$K_{c,0} = \sum_p M_{cp}$；$K_{p,0} = \sum_c M_{cp}$，分别代表国家的多样化水平和产品的普遍性。用向量 $\overline{K_c} = (K_{c,0}，K_{c,1}，K_{c,2}，\cdots，K_{c,N})$ 表示每个国家，而向量 $\overline{K_p} = (K_{p,0}，K_{p,1}，K_{p,2}，\cdots，K_{p,N})$ 表示每种产品。对国家来讲，偶数变量（$K_{c,0}，K_{c,2}，K_{c,4}\cdots$）衡量多样性，而奇数变量（$K_{c,1}，K_{c,3}，K_{c,5}\cdots$）衡量出口的普遍性。而对产品而言，偶变量表示普遍性，而奇变量表示国家出口的多样化。这样，在网络术语中，$K_{c,1}$ 和 $K_{p,1}$ 表示平均邻近度。而高阶的变量是所有结点特征的线性组合，组合系数由给定起点和终点的 N 阶随机游走的几率决定。

该方法产生的变量作为衡量经济复杂性的指标，揭示了一个国家经济的复杂性与其收入水平相关，而且其偏差能够预测未来经济的增长。他们通过模型回归得出国家可得能力的衡量方法，并且通过美国的劳动力投入数据，经验地验证了其矩阵与劳动力投入的多样化显著相关。最后他们得出：一个经济体的复杂性水平预言了这个国家未来能够生产的产品种类，暗示了一个国家能开发的新产品实质上依赖于该国已经拥有的能力。国家倾向于向其生产结构所代表的收入水平收敛，所以一个国家如何创造条件，生产更多更复杂的产品，是经济持续增长和繁荣的关键。

Ce Sar A. Hidalgo，Ricardo Hausmann（2009）的研究主要是构建了一种衡量复杂性的方法，至于复杂性如何作用于国家能力积累的过程以及经

---

① 按照 Ce Sar A. Hidalgo，RicardoHausmann（2009），M_{cp} 是衡量一个国家是否有能力生产某种产品的指标，如果 c 国有生产 p 产品的能力，则 $M_{cp} = 1$，反之 $M_{cp} = 0$。

济发展的特征对复杂性的影响等问题都没有涉及。与 Ce Sar A. Hidalgo，Ricardo Hausmann（2009）有所不同的是，Ricardo Hausmann，César A. Hidalgo（2010）模型假定国家不会只生产部分产品，而是只要有能力就生产能符合条件的所有产品。已有能力未被发现的新组合被排除在模型之外。此时，能力的积累完全靠新增能力实现。只有少数国家才能生产需要能力较多的产品；而有很多能力的国家能生产出很多产品。此外他们还假定生产产品需要特殊的能力组合，每个国家拥有的能力不同；一个国家只有拥有产品所需的所有能力才能生产该产品。他们发现国家不仅在多样化水平上有所不同，而且在出口产品的普遍性上也存在很大的差异。能力积累的收益随着国家已经拥有能力的数量指数递增，能力的积累是多样化的凸函数，这意味着经济发展过程中可能出现停滞陷阱，产品复杂性水平越高，国家的多样化水平越容易分化。与 C. A. Hidalgo，RB. KlingerA. L. Barabási，R. Hausmann（2007）相同，该研究认为比较优势朝着附近的相关产品演化；认为接近性（proximity）与产品要求的投入向量近似；比较优势的演化需要通过使协调问题最小化而得到实现。然而，Ricardo Hausmann，Dani Rodrik（2003）、C. A. Hidalgo，B. Klinger，A. L. Barabási，R. Hausmann（2007）等人的研究认为发展的过程可能有两种：多样化的增加可能源于企业家发现已有能力的新组合及新增能力的出现。

第二节　产品空间与比较优势演化的实证研究

为了证明接近（proximity）在结构转变中的重要作用，Ricardo Hausmann，Bailey Klinger（2007）提出了一种衡量产品之间相似程度的方法。将每对产品之间的接近建立在一个国家同时出口这两种产品的可能性基础之上。而且，通过大量数据及实证研究，他们证明了产品空间是高度异质的，这种异质性对结构转变的类型和速度有很特殊的含义。国家结构转变和升级的速度依赖于通往高附加值邻近产品的路径。

Hausmann 等人从联合国商品贸易数据库中，提取 100 多个国家的出口产品数据，为了避免选择产品的随意性，被选择的产品都具有比较优势。其次，计算同时出口两种产品的条件概率，选取其中最小的值作为接近值，即 $Proximity = \min \{ P (x_{i,t} \mid y_{j,t}) , P (x_{j,t} \mid y_{i,t}) \}$，其中，

$$x_{i,c,t} = \begin{cases} 1 & \text{如果 } RCA_{i,c,t} > 1 \\ 0 & \text{其他} \end{cases}$$

他们计算了 SITC4 位数的产品间接近值，并描绘了 1962 ~ 2000 年间，样本国家产品空间结构的演化。他们计算的结果与要素比例论的观点相符，组内产品间接近值大于组间产品的接近值。Hausmann 等人的计算显示，对每个 Leamer 分类商品簇群而言，组内产品的接近值高于组间产品的接近值。如果把技术复杂程度作为产品之间关系的决定因素，用 Lall 的出口产品技术分类方法计算，结果显示，除了很小一部分跨组的接近值显著高于组内平均值，绝大部分组内的接近值更高。证明了 Lall 的技术分类方法抓住了产品之间相关性的很重要维度。但是这种形式远不能抓住复杂产品空间的所有特质。

　　为了验证邻近度对结构转型的重要性，针对每种产品，他们计算了国家—产品的相互关系，并将其定义为密度①，指的是一个国家特定出口产品的密度。根据模型，企业更倾向于移动到距离近而密度大的新产品。他们通过绘制产品的密度图，验证当前时期没有显示比较优势的产品在下一期是否出现的分布，发现实现跳跃部分密度更高，证明了结构转换的确依赖于产品间的接近。最后他们还得出富裕国家生产的产品在产品空间的密集部分，而穷国则处在相对稀疏的部分。

　　Ricardo Hausmann，Bailey Klinger（2007）在比较优势演化模型基础上，用同时出口两种有显示比较优势的产品条件概率最小值作为产品间的接近值，根据联合国商品贸易数据库的 SITC4 位数产品数据，计算了 775 × 775 的接近矩阵，绘制成产品空间图。其特性如下：产品空间的核心部分由金属制品、机械和化工产品组成，其他产品种类则处于产品空间的外围部分。最外围是渔业、动物及热带农作物等。左边外围的第一大集群是纺织业和服装等，之后是动物制成品簇群。网络的最底端是很大的电子工业簇群，右边是采矿业，之后是森林和造纸产品。

　　产品空间图可以观察一个国家生产结构的演化。工业化国家占据了产品空间的核心，尽管它们也参与外围部分产品的制造，如纺织、林木产品和农

---

①　$density_{i,c,t} = \dfrac{\sum\limits_{k} \varphi_{i,k,t} x_{c,k,t}}{\sum\limits_{k} \varphi_{i,k,t}}$，指的是给定产品到所有产品的接近值之和除以所有产品接近值

之和。

产品等，但是这些国家的比较优势主要集中在机器、金属制造和化工等产品上。东亚国家在产品空间核心的周围有显著的集群优势，竞争优势集中于服装、电子和纺织业簇群。拉美和加勒比地区在更远的外围，在采掘业、各种农业和服装上有比较优势。撒哈拉以南非洲出口极少，而且出口产品分布在产品空间的最外围部分，暗示了产品空间中不同的区域有不同的专业化类型。

通过对发展水平、收入等指标用不同的模型回归，Hausmann 和 Klinger 证明了国家比较优势的演化遵循产品在结构空间的扩散过程。而且，由于跳跃存在临界值，产品空间的结构制约着扩散的过程。与世界上后发国家的发展历程相结合，这个结论暗示了国家的生产结构不仅受要素禀赋水平的约束，还受专用性要素的可替代性制约。同时他们认为，有能力拥有产品空间任何部分的国家，才有可能实现向发达国家的收敛。

经济体通过生产和出口产品种类的升级而实现增长，基于产品空间异质的假定，生产有些新产品所需要的技术、资本、制度及技能比其他新产品更简单。通过对产品空间的研究，他们发现，很多质优价高的产品位于连接高度密集的核，而低收入水平国家生产的产品占据连接相对稀疏的外围。依据比较优势演化理论，国家易于向当前有比较优势的产品附近移动，允许国家定位于产品空间密集的部分，则该国出口产品的升级会更加迅速。很多国家只有通过实现产品空间中罕见的跳跃，才能达到密集的核。也就是产品空间制约了国家的发展，故很多穷国很难发展有竞争力的出口产品，很难向富国收敛。

为了进一步研究产品空间结构的影响，C. A. Hidalgo，B. Klinger，A. L. Barabási，R. Hausmann（2007）模拟了一定临界值条件下韩国和智利在产品空间结构中的变化。在相对低的接近 $\varphi = 0.55$ 的条件下，两个国家都能够扩散到产品空间的核心部分，但是韩国因为其本身就已经在部分核心产品上有优势，所以扩散的过程更快。当临界值提高到 $\varphi = 0.6$ 时，智利扩散的速度相当缓慢，而韩国仍然很快扩散到核心部分。当 $\varphi = 0.65$ 时，智利根本不能扩散，而韩国只能很慢地向机械和电子产品扩散。

将这个分析扩大到整个世界，Hidalgo 等人发现产品空间中，国家呈双峰分布，世界被分成贫富两极，只有很少的国家分布在中间。他们认为，产品空间演化的困难是这种双峰分布和穷国不能向富国积聚的重要原因。复杂的产品空间结构、国家的位置以及国家扩散过程的特征暗示了国家在发展的过程中所面临的机遇是不同的。不仅位于产品空间外围的穷国在向新产品移动过程中困难重重，就是发展水平、生产和出口产品技术复杂程度相当的国家，由于选择不同，一些国家能够顺利踏上转型和增长的路径，而另一些国家则陷入困境。

Ce Sar A. Hidalgo，Ricardo Hausmann（2009）按照反射的方法，通过观察一个国家产品空间定位来了解国家的一些信息，这个定位由 $k_{c,0}$ 和 $k_{c,1}$ 的前两个值所决定。结果显示，$k_{c,0}$ 和 $k_{c,1}$ 之间存在很强的负相关关系，意味着多样化国家趋向于出口普遍性低的产品。例如，马来西亚（$k_{MYS,0} = 104$，$k_{MYS,1} = 18$）和巴基斯坦（$k_{PAK,0} = 104$，$k_{PAK,1} = 27.5$）出口产品总数相同，都为 104 种，但是马来西亚出口的产品普遍性（18）比巴基斯坦（27.5）低。对产品层次的分析显示，马来西亚出口的产品被更多样化的国家所出口（$k_{MYS,2} = 163$，$k_{PAK,2} = 142$），马来西亚出口产品的多样化指标为 163，而巴基斯坦为 142。这说明马来西亚的生产结构比巴基斯坦复杂，这归因于马来西亚拥有更多的可利用能力。

最后他们证明了能力的多少与多样化及普遍性之间的关系，发现国家的多样化随着能力总量而增加，而普遍性是能力总量的减函数。这反过来证明了 $\overline{K_c}$ 是描述一个国家能力的可得性、经济体的复杂性的贴切指标。该研究认为，复杂性是解释国家之间人均收入巨大差异的根本原因。他们对复杂性的衡量与人均收入高度相关，能够预言经济的增长，预言一个国家未来出口产品的复杂性，并证明了一个经济体复杂性与发展水平的关系。Hidalgo 和 Hausmann 认为，应该通过发展产品来创造积累能力的激励，以此促进未来新产品与能力的协同演化。虽然形式上与 C. A. Hidalgo，B. Klinger，A. L. Barabási，R. Hausmann（2007）等研究有所不同，实质上是一个问题的两个方面。Ce Sar A. Hidalgo，Ricardo Hausmann（2009）的结论与产品空间理论所述的国家生产结构向邻近产品演化的观点相关；产品之间的联系建立在被相同的国家共同出口的可能性基础之上；产品空间中产品的接近性（proximity）和本书提到的产品所需能力的相似性类似。

第三节　产品空间理论对产业竞争优势转型研究的启示

探索国家之间增长绩效差异的原因是经济学研究的重要课题。发展经济学家认为，经济发展即是结构转型及结构转型过程所需能力的积累过程

（Kuzenets，1966；Chenery 等，1986）。就结构转型过程的能力积累而言，内生比较优势理论与要素禀赋理论都认为转型过程的能力积累源于比较优势的转换，但是两者的侧重点有所不同。内生比较优势理论主要关注分工网络模式等经济组织的拓扑性质（指的是每两个个体之间是否互相连接和有交易关系的总信息）的变化，而要素禀赋理论则主要关注资源分配与流向等非拓扑性质的变化（杨小凯、张永生，2001）。

Dixit 和 Stiglitz（1977）发现，即使两国的初始条件完全相同，没有李嘉图所说的外生比较优势，但是如果存在规模经济，两国可以选择不同的专业，从而产生内生的后天绝对优势。他们建立了"规模经济和多样化消费之间的权衡（tradeoff）"模型，简称 DS 模型。此后，Krugman（1979）在 DS 模型基础上，将规模经济、不完全竞争和产品差别化引入国际贸易领域，很好地解释了林德尔贸易模式，即存在"规模经济"和"垄断竞争"的情形下，规模报酬递增形成的成本优势会抵消一国要素禀赋的先天劣势，使产品在国际市场的竞争能力增强进而产生国际贸易。新贸易理论很好地解释了世界经济出现的产业空间积聚、地区差异和国别差异等经济现象，然而，该理论并没有很好解释国际贸易对工业化国家（地区）和非工业国家（地区）的经济和产业结构演化的非对称影响（Galor&Mountford，2006）。

以上理论模型中，产品只是一国改变潜在要素禀赋结构的表现形式，是一国要素禀赋变动被动产生的结果，产品空间结构及其转换本身并没有受到经济学家的重视。由于低估甚至忽略产品及产品空间本身的重要性，在提出和制定产业升级和经济发展方式转型的重大政策时，经济学家和政策制定者往往关注资本积累等要素禀赋结构转换的宏观方面，忽略经济发展过程中最重要的微观主体——企业的重要作用。实质上，企业是发挥一国比较优势的最重要载体，企业家通过发挥其发现功能和协调功能，选择合适的升级路径，不断推动一国比较优势和产品空间结构的演化，最终推动一国经济的长期增长和经济结构的动态优化和升级。基于这种经济思想，Hidalgo 等（2007）建立了产品空间结构与比较优势演化的理论模型，他们认为产品和产品空间本身非常重要，一个国家生产并出口什么决定了该国经济结构转型的方向，并且，在相同的产品空间中，位于不同位置的国家，产业升级机会是不同的，这导致了发展的分岔和分化。

我国产业升级已经步入一个关键时期。进入这个时期，如果产业升级的路径选择不当，就会使整个社会付出很大代价。针对当前产业升级形势，在产业升级路径的选择上，传统的比较优势理论的作为有限，相比之下，比较优势演化理论则可提供更为有意义的参考与启示：

第一，产业升级的幅度和方向受既有产业结构，以及与之相适应的能力限制。一个国家产业升级路径有其自身规律，不能完全照搬他国的经验。产业升级存在一个最佳距离，这个距离在不同国家会有所不同。产业升级的方向和产业升级的距离，由产品间的技术距离所决定。国内有一种呼吁中国跨越重化工业阶段的声音，这种声音虽然表达的是一种良好的愿望，但只能是一种良好的愿望，如果政府强制推行这种跨越，会对中国经济造成灾难性打击。同样，那种在各地流行的通过产业链延伸实现产业升级的策略也未必完全是科学的，因为产业链内部各环节间的技术距离未必就少于产业链之间的距离。

第二，产业升级不一定是线性的，会发生分岔。对我国产业升级路径的各种观点进行归纳，不外乎两种：一种强调产业内升级，如从 OEA、OEM、ODM 到 OBM；一种强调产业间升级，如跨过重化工业阶段，如通过提高第三产业比重实现经济结构的调整等主张都属于此类。这两种观点都是线性升级观。比较优势演化理论则认为，产业升级不一定是线性的，产业在升级过程中可能发生分岔。正是这种分岔产生了中国的出口之谜，促进了中国的经济成长。直至今日，中国的产业升级仍未从分岔式升级收敛到线性升级阶段。中国现阶段仍要实施产业间升级优先分岔战略，其重点仍在于产业间升级，通过产业间升级带动产业内升级。那种坚持我国的产业升级要沿着工艺升级到产品升级，到功能升级，再到跨产业升级的主张，虽然开始影响我国的产业升级实践，但这种主张既与我国产业升级实践相背离，也不是指导我国产业升级的最佳路线图。那种急于从 OEA、OEM、ODM 过渡到 OBM 的战略主张，对一个企业来说可能是适合的，但如果作为一种国家或地区战略，则值得商榷。因为这种战略并不是充分利用比较优势的战略。不能从 OEA、OEM、ODM 过渡到 OBM，固然有其不利的一面，但如果不顾比较优势的演化规律，一味强行实现这种过渡，其不利后果将更为严重。

第三，产业升级可能中断。比较优势的演化不一定是连续的，存在中断的可能性，由此产业升级的进程也存在中断的可能性。从中等收入向高收入迈进的国家面临这种威胁的可能性最大。由于中国正在迈入这个时期，所以，采取措施降低乃至消除这种中断的风险，是中国政府未来必须面对的主要难题。政府在对我国产业升级保持乐观期望的同时，要充分防范这种风险，特别是要避免因政策措施不当，增加这种风险的威胁。

比较优势演化理论与传统的比较优势理论相比，不仅可以为我国选择产业升级路径提供新的视角，帮助我们预见传统的比较优势理论无法预见的风险，还能为我国的产业升级提供具体的路径指导，为各个地区实施产业升级提供更具操作性的实践指南。

参考文献

杨小凯、张永生：《新贸易理论、比较利益理论及其经验研究的新成果：文献综述》，《经济学（季刊）》2001 年第 1 期。

张其仔：《比较优势演化与中国产业升级路径选择》，《中国工业经济》2008 年第 9 期。

Arnelyn Abdon, Marife Bacate, Jesus Felipe, Utsav Kumar, *Product Complexity and Economic Development*, Levy Economics Institute, 2010.

C. A. Hidalgo, B. Klinger, A. L. Barabási, R. Hausmann, *The Product Space Conditions the Development of Nations*, Science, vol. 317), 2007.

Ce Sar A. Hidalgo, Ricardo Hausmann, *The Building Blocks of Economic Complexity*, Proceedings of the National Academy of Sciences of the United States of America, vol. 106 (26), 2009.

Gene M. Grossman, Elhanan Helpman, *Quality Ladders in the Theory of Growth*, The Review of Economic Studies, vol. 58 (1), 1991.

Ricardo Hausmann, Bailey Klinger, *The Structure of the Product Space and the Evolution of Comparative Advantage*, CID Working Paper No. 146, 2007.

Ricardo Hausmann, César A. Hidalgo, *Country Diversification, Product Ubiquity, and Economic Divergence*, NBER WorkingPaper, 2010.

Ricardo Hausmann, Dani Rodrik, *Economic Development as Self – discovery*, Journal of Development Economics. 72: 603 – 633. 2003.

Ricardo Hausmann, Jason Hwang, Dani Rodrik, *What You Export Matters*, NBER Working paper 11905. National Bureau of Economic Research, Cambridge MA. 2005.

第 2 章

发达国家产业竞争优势的演化

    国家的竞争优势源于创新带来的生产率提高。成功的企业和国家采用的策略不尽相同，但根本特征是相同的，它们通过创新获得竞争优势。这种创新包括新技术和新的经营方式。这些创新使一些国家在某些领域具有了竞争优势，成为发达国家。例如美国的计算机软件、医疗器材、电影、航空业，日本的家用电器、照相机及机器人产业，德国的汽车制造、化学工业，瑞典的特种钢材和采矿设备等。这些优势都有较长的发展历史，不断演化，有些保持至今，有些却逐步没落。成败并非偶然。研究其竞争优势的演变过程有助于进一步分析其优势产生的原因，探究竞争优势产生和演变的普遍性规律，为我国的经济发展提供借鉴。

    本章选择了美国、日本、德国、英国、瑞典这 5 个发达国家作为研究对象，分析了这些国家的竞争优势及演变。本章借鉴 Porter（1990）对竞争优势的定义，将竞争优势定义为相对于世界最强的竞争者具有竞争优势，能持续和大量地向广大其他国家出口或基于本国创造的技术和资产进行的海外投资是最佳的衡量指标。经济国际化和国际贸易使得一个国家能专注于生产率较高的产业，进口生产率低的产品和劳务，或将生产率低的项目转移到国外。这使得在衡量一个国家产业优势时，进出口贸易比利润更有分析意义。但海外投资的活动也能体现国际竞争力，却很难从进出口数据中显现出来。本章首先利用国际市场占有率、贸易竞争力指数和出口这 3 个指标分析这些发达国家的竞争优势及近年来的变化，然后分析这些国家竞争优势的来源，最后对产业政策进行评价。

第一节 美国产业竞争优势的演化

美国是当今世界上最发达的国家，农产品、工业制造、科学技术、商业服务的综合水平遥遥领先其他任何国家，个人电脑、软件、医疗器材、消费日用品、信用卡、电影、飞机等产业及服务业称雄世界。美国的国内生产总值占全球的30%，从1970年起这一规模保持了40年，与曾位居第二的日本的优势差距还在不断扩大（见图2－1）。

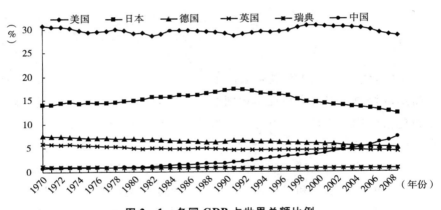

图2－1 各国 GDP 占世界总额比例

数据来源：世界银行。

一 竞争优势及其演变

早在20世纪初期，美国就已在汽车、钢铁、发电设备等许多产业上领先，涌现了很多有强劲实力的企业。美国几乎所有产业都有很强的国际竞争力，包括半导体、计算机、汽车、飞机、日用消费品、机械设备、化学、电子通信等，只有纺织服装等少数产业没有优势。

1. 商品贸易的国际竞争力及演化

本章利用国际市场占有率、贸易竞争力指数和出口显示比较优势指数3个指标分析国家的竞争优势及近年来变化。某国某产品的国际市场占有率的计算方法是该国该产品的出口额除以该产品的世界出口总额。某国某产品的贸易竞争力指数计算方法是用该国该产品出口额减去进口额再除以出口额与进口额之和。某国某产品的显示比较优势指数是用该国该产品出口额与该国各行业出口总额之商除以该产品世界出口总额与世界各行业出口总额之商得到，它衡量一个国家的某个产业在全球的竞争力。表 2 - 1 列示了美国各行业 2010 年国际竞争力及 1995 年以来的变化情况。可以看出，美国出口具有国际竞争力的产品包括专业、科学及控制用仪器和设备、化学材料和产品、特种工业专用机械、原始形态的塑料等，它们在 2010 年的出口国际市场份额在 12.4% ~ 15%，与 1995 年相比均有所下降，下降幅度最大的是专业、科学及控制用仪器和设备。这些优势产业在 2010 年的显示比较优势指数在 1.5 ~ 1.8 之间。

表 2 - 1　美国各行业国际竞争力及其变化

行　业	出口的国际市场份额(%)			贸易竞争力指数			显示比较优势指数		
	2010 年	1995 年	变化	2010 年	1995 年	变化	2010 年	1995 年	变化
全部	8.4	11.4	-3	-0.213	-0.139	-0.074	1	1	0
0 食品和活动物	9.3	11.7	-2.4	0.052	0.179	-0.127	1.1	1	0.08
1 饮料及烟草	4.7	14	-9.3	-0.524	0.175	-0.699	0.6	1.2	-0.67
2 非食用原料（燃料除外）	12.6	16.3	-3.8	0.456	0.218	0.238	1.5	1.4	0.06
3 矿物燃料、润滑油及相关材料	3.5	2.8	0.7	-0.636	-0.715	0.079	0.4	0.2	0.17
4 动植物油、脂和蜡	5.3	9.7	-4.3	-0.009	0.269	-0.278	0.6	0.8	-0.22
5 化学品和相关产品	11.1	13	-1.9	0.032	0.188	-0.156	1.3	1.1	0.17
有机化学品	10.7	14.7	-4	-0.094	0.083	-0.177	1.3	1.3	-0.03
无机化学品	12.8	14.5	-1.7	-0.084	-0.045	-0.039	1.5	1.3	0.25
染、鞣及着色材料	11.2	8.5	2.7	0.405	0.099	0.306	1.3	0.7	0.58
医用和药用产品	9.7	9.1	0.6	-0.192	0.078	-0.271	1.2	0.8	0.35
香精油、香料及清洁制剂	10.7	10.9	-0.2	0.146	0.245	-0.099	1.3	1	0.31
肥料（天然肥料除外）	8.2	18.1	-9.9	-0.21	0.344	-0.554	1	1.6	-0.62
原始形态的塑料	12.4	13	-0.6	0.476	0.408	0.068	1.5	1.1	0.32
非原始形态的塑料	10	12	-2	0.201	0.192	0.01	1.2	1.1	0.13
化学材料和产品	14.5	16.4	-1.9	0.364	0.388	-0.024	1.7	1.4	0.28

行　业	出口的国际市场份额(%)			贸易竞争力指数			显示比较优势指数		
	2010 年	1995 年	变化	2010 年	1995 年	变化	2010 年	1995 年	变化
6 主要按原料分类的制成品	6	6.5	-0.5	-0.259	-0.274	0.015	0.7	0.6	0.14
皮革、皮革制品、裘皮	3.9	4.6	-0.7	-0.022	-0.201	0.179	0.5	0.4	0.06
橡胶制品	7.3	9.1	-1.9	-0.315	-0.207	-0.108	0.9	0.8	0.06
软木和木材制品（家具除外）	4.1	5.9	-1.8	-0.545	-0.407	-0.138	0.5	0.5	-0.03
纸和纸制品	9.4	9.9	-0.5	-0.031	-0.148	0.117	1.1	0.9	0.24
纺织纱丝及相关产品	4.6	4.5	0	-0.316	-0.172	-0.143	0.5	0.4	0.14
非金属矿制品	8.8	6.4	2.4	-0.184	-0.385	0.201	1	0.6	0.48
钢铁	3.9	3.8	0.2	-0.285	-0.451	0.166	0.5	0.3	0.13
有色金属	4.6	7.1	-2.5	-0.375	-0.327	-0.049	0.5	0.6	-0.07
金属制品	7.5	9.4	-1.9	-0.24	-0.166	-0.074	0.9	0.8	0.06
7 机械及运输设备	8.7	14.5	-5.8	-0.237	-0.119	-0.118	1	1.3	-0.24
动力机械及设备	10.8	18.8	-8.1	-0.131	0.035	-0.166	1.3	1.7	-0.38
特种工业专用机械	14	14.9	-0.9	0.233	0.108	0.124	1.7	1.3	0.36
金属加工机械	8.4	12.2	-3.8	0.017	-0.113	0.131	1	1.1	-0.08
通用工业机械和设备及机器零件	10.6	12.5	-1.9	-0.049	0.004	-0.053	1.3	1.1	0.16
办公用机器及自动数据处理机器	7.9	16.9	-9	-0.449	-0.208	-0.241	0.9	1.5	-0.54
电信、录音设备	6.5	10.7	-4.2	-0.53	-0.265	-0.265	0.8	0.9	-0.17
电动机械、设备、装置	8.5	15.2	-6.7	-0.077	-0.076	-0.001	1	1.3	-0.33
公路车辆	8.8	11.3	-2.5	-0.315	-0.352	0.037	1	1	0.05
其他运输设备	3.9	24.6	-20.7	-0.277	0.534	-0.811	0.5	2.2	-1.7
8 杂类制成品	8.1	10.3	-2.2	-0.383	-0.328	-0.055	1	0.9	0.05
预制建筑物；卫生、供暖、照明装置	5.8	7.4	-1.5	-0.469	-0.298	-0.17	0.7	0.6	0.04
家具及零件	4.4	7.4	-2.9	-0.706	-0.458	-0.249	0.5	0.6	-0.12
旅行用具、手提包及类似容器	2.1	1.9	0.2	-0.82	-0.854	0.034	0.2	0.2	0.08

续表

行　业	出口的国际市场份额(%)			贸易竞争力指数			显示比较优势指数		
	2010 年	1995 年	变化	2010 年	1995 年	变化	2010 年	1995 年	变化
各种服装和服饰品	1.2	4	-2.7	-0.892	-0.723	-0.169	0.1	0.3	-0.2
鞋类	1.2	1.7	-0.5	-0.904	-0.883	-0.021	0.1	0.1	-0.01
专业、科学及控制用仪器和设备	15.1	23.9	-8.7	0.148	0.243	-0.095	1.8	2.1	-0.3
摄影仪器、光学制品、表、钟	7.7	8.1	-0.4	-0.163	-0.334	0.171	0.9	0.7	0.2
杂类制成品	11.5	14.3	-2.8	-0.243	-0.145	-0.097	1.4	1.3	0.1

数据来源：联合国贸易数据库。

　　美国工业在世界的地位正逐步下降，美国工业品出口额占世界出口总额比例逐渐下降（见图 2-2）。美国工业增加值占世界总额比例从 1984 年的 31.9% 下降到 2009 年的不足 20%。美国的工业地位近 30 年出现了两次明显的下降，一次是 20 世纪 80 年代后期到 90 年代中期，日本工业的快速发展使美国工业与日本工业的差距迅速缩小；另一次是近年来中国工业的快速发展，中国的工业增加值超过了德国、日本，接近美国（见图 2-3）。中国的工业发展以高污染、高耗能的重工业为主，2007 年，中国单位 GDP（2000 年美元）的二氧化碳排放量为 2.7 千克，而美国、日本、

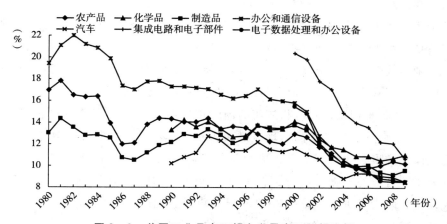

图 2-2　美国工业品出口额占世界出口总额比例

数据来源：世界贸易组织。

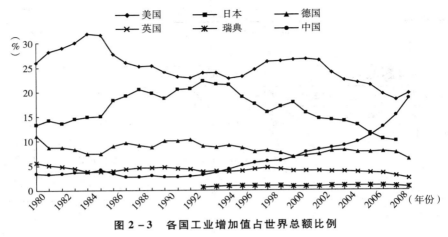

图 2 - 3　各国工业增加值占世界总额比例

数据来源：世界银行。

德国只有不到 0.5 千克。这是由于发达国家拥有核心的技术和设备，而劳动力和环境成本高，所以将简单的加工制造环节转移至劳动力和环境成本低廉的新兴经济国家。

　　本章进一步考察了美国按照 SITC3 分类的 157 个工业行业的国际竞争力。表 2 - 2 列示了美国 2010 年出口额占世界比例最大的 20 个工业行业。武器和弹药，艺术品、珍藏品及古董，医用电子诊断设备，炸药及烟火制品，医用仪器及器械是美国 2010 年国际市场占有率最高的 5 个工业行业。武器和弹药，艺术品、珍藏品及古董的国际市场份额分别是 42% 和 35%，其余 3 个行业在 24% 左右。联合国贸易和发展会议将 157 个工业行业按照制造技术水平分为劳动密集和资源密集型制造行业、低等技能和技术制造行业、中等技能和技术制造行业、高等技能和技术制造行业、未分类共 5 类。美国具有国际竞争力的行业大多属于中等和高等技术水平行业。

　　与 1995 年相比，武器和弹药的国际市场占有率有较大幅度的下降，下降约 14 个百分点。艺术品、珍藏品及古董，炸药及烟火制品，氯乙烯聚合物或卤化烯聚合物有所上升，成为竞争优势强的行业。与 1995 年相比，大部分工业行业的国际市场份额在下降。1995 年国际竞争力很强的飞机和相关设备、航天飞机等产品在 2010 年已不再是美国的优势产品，15 年间国际市场份额从 37.6% 下降到 5.4%。类似的还有非电动的发动机及零件，水蒸汽轮机和其他蒸汽轮机及零件，乐器及其零件和附件、唱片、磁带，这些工业行业的国际市场份额都下降了 13 个百分点以上，不再具有竞争优势。

表 2 - 2 美国 2010 年出口额占世界比例最大的 20 个行业

行 业	技术水平	2010 年出口额占世界比例（%）	1995 年出口额占世界比例（%）	2010 年较 1995 年的变化（百分点）
武器和弹药	0	42	56.1	-14.1
艺术品、珍藏品及古董	0	35.1	25.5	9.6
医用电子诊断设备	3	24.6	27.2	-2.6
炸药及烟火制品	4	24.3	19	5.3
医用仪器及器械	4	23.9	25	-1.1
矿物油用精制添加剂；润滑油，防冻液	4	21.8	22.9	-1.1
氯乙烯聚合物或卤化烯聚合物	4	20.9	13.8	7.1
土木工程和承包商设备	3	18.9	25.2	-6.3
测量、分析及控制用仪器	4	18.9	25.2	-6.3
电影摄影和照相用品	4	16.1	13.4	2.7
拖拉机	3	16	15.6	0.4
农用机械（拖拉机除外）及零件	3	15.5	20.3	-4.8
塑料废料及碎屑	4	14.8	16.9	-2.1
其他塑料（原始形态的）	4	14.5	15.1	-0.6
载货用及特殊用途车辆	3	14.3	11.1	3.2
医用和药用产品（药物除外）	4	14.2	16.1	-1.9
杂类化学产品	4	14.2	17.7	-3.5
无机酸和金属盐类及过氧盐	4	14	19.2	-5.2
其他有机化学品	4	13.9	14.8	-0.9
特定工业用其他机械	3	13.7	15.1	-1.4

注：技术水平 1 代表劳动密集和资源密集型制造，2 代表低等技能和技术制造，3 代表中等技能和技术制造，4 代表高等技能和技术制造，0 代表未分类，全书同。

数据来源：联合国贸易数据库。

表 2 - 3 列示了美国 2010 年贸易竞争力指数最大的 20 个工业行业。由于考虑同类产品的进口情况，贸易竞争力指数最大的行业与出口国际市场份额最大的行业有较大的不同。国际市场份额是用某国产品的出口额除以世界总出口额得到的，反映了某国产品在国际市场上与其他产品的竞争优势。贸易竞争力指数是净进口额除以进出口贸易总额，反映了在国内市场本国产品相比于外国产品的竞争力。如果某产品的进口额、出口额都很

小，但出口额高于进口额，那么该产品的贸易竞争力指数也会很高。矿物油用精制添加剂、润滑油、防冻液，氯乙烯聚合物或卤化烯聚合物，塑料的废料及碎屑，预制建筑物，原始形态的其他塑料是美国 2010 年贸易竞争力最强的 5 个工业行业，净出口占贸易总额的比例都在 54% 以上。与 1995 年相比，预制建筑物、农用机械（拖拉机除外）及零件的贸易竞争力都有较大下降，其余大部分行业都有上升，其中铁路车辆及相关设备上升幅度最大，为 53 个百分点。

表 2 - 3 美国 2010 年贸易竞争力指数最大的 20 个行业

行 业	技术水平	2010 年贸易竞争力指数	1995 年贸易竞争力指数	2010 年较 1995 年的变化
矿物油用精制添加剂，润滑油，防冻液	4	0.736	0.717	0.019
氯乙烯聚合物或卤化烯聚合物	4	0.639	0.441	0.198
塑料的废料及碎屑	4	0.616	0.235	0.381
预制建筑物	3	0.561	0.712	-0.151
其他塑料（原始形态的）	4	0.549	0.454	0.095
杀虫剂及类似产品，零售用	4	0.549	0.581	-0.032
颜料、涂料、清漆及相关材料	4	0.512	0.280	0.232
聚醚，环氧树脂；聚碳酸酯，聚酯	4	0.453	0.526	-0.073
肥皂，清洁和抛光制剂	4	0.444	0.408	0.036
土木工程和承包商设备	3	0.444	0.328	0.116
铁路车辆及相关设备	2	0.365	-0.165	0.053
乙烯聚合物，原始形态的	4	0.344	0.236	0.108
杂类化学产品	4	0.321	0.388	-0.067
电影摄影和照相用品	4	0.321	-0.032	0.353
管、水管、塑料软管	4	0.312	0.135	0.177
其他有机化学品	4	0.303	-0.070	0.373
农用机械（拖拉机除外）及零件	3	0.259	0.387	-0.128
其他无机化学品	4	0.240	-0.056	0.296
拖车和半挂车	2	0.238	0.212	0.026
船舶及漂浮结构	2	0.231	0.195	0.036

数据来源：联合国贸易数据库。

表 2 - 4 列示了美国 2010 年出口显示比较优势最大的 20 个工业行业。武器和弹药，艺术品、珍藏品及古董，医用电子诊断设备，炸药及烟火制品，医用仪器及器械，矿物油用精制添加剂；润滑油，防冻液是美国 2010 年国际市场竞争力最大的 6 个工业行业，显示比较优势指数在 2.5 以上，具有很强的竞争力。与 1995 年相比，所有 20 个行业的显示比较优势都有上升，其中艺术品、珍藏品及古董，炸药及烟火制品，氯乙烯聚合物或卤化烯聚合物上升幅度最大，竞争力从较强变为很强。

表 2 - 4　美国 2010 年出口显示比较优势最大的 20 个行业

行　业	技术水平	2010 年出口显示比较优势	1995 年出口显示比较优势	2010 年较 1995 年的变化
武器和弹药	0	4.9	4.6	0.3
艺术品、珍藏品及古董	0	4.1	2.1	2
医用电子诊断设备	3	2.9	2.2	0.6
炸药及烟火制品	4	2.8	1.6	1.3
医用仪器及器械	4	2.8	2.1	0.7
矿物油用精制添加剂；润滑油，防冻液	4	2.5	1.9	0.7
氯乙烯聚合物或卤化烯聚合物	4	2.4	1.1	1.3
土木工程和承包商设备	3	2.2	2.1	0.1
测量、分析及控制用仪器	4	2.2	2.1	0.1
拖拉机	3	1.9	1.3	0.6
电影摄影和照相用品	4	1.9	1.1	0.8
农用机械（拖拉机除外）及零件	3	1.8	1.7	0.1
医用和药用产品，药物除外	4	1.7	1.3	0.3
其他塑料（原始形态的）	4	1.7	1.2	0.4
塑料的废料及碎屑	4	1.7	1.4	0.3
杂类化学产品	4	1.7	1.5	0.2
载货用及特殊用途车辆	3	1.7	0.9	0.8
其他有机化学品	4	1.6	1.2	0.4
无机酸和金属的盐类及过氧盐	4	1.6	1.6	0
特定工业用的其他机械	3	1.6	1.2	0.4

数据来源：联合国贸易数据库。

联合国贸易和发展会议按照技术水平对制造业进行了分类。图 2－4 显示了美国 1995 年至 2010 年各年各技术水平制造业出口额占世界的比例，可以看出，美国在高等、中等技术水平和未分类制造业的国际竞争力很强，未分类制造业主要是武器和弹药，艺术品、珍藏品及古董竞争力很强。劳动密集和资源密集型、低等技术水平的行业竞争力较弱。各技术水平行业的出口国际市场份额呈现逐年下降趋势，全部制造业的市场份额由 1995 年的 12% 下降到 2010 年的 9% 附近，而且高等技术水平行业国际市场份额下降较快，已从 1995 年的 16% 下降到 2010 年的 10%。

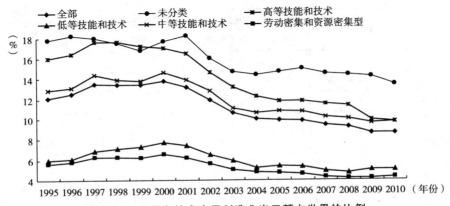

图 2－4　美国各技术水平制造业出口额占世界的比例

数据来源：联合国贸易数据库。

2. 服务贸易的国际竞争力及演化

表 2－5 列示了美国各服务行业 2009 年国际竞争力及 2000 年以来的变化情况。可以看出，美国的商业服务总体具有很强的国际竞争力，商业服务出口的国际市场份额在 2009 年为 14.1%，贸易竞争力指数为 0.175。美国国际竞争力最强的服务业是版权和许可费，国际市场份额为 40.5%，显示比较优势指数为 2.9，显示了很强的国际竞争力。其次是个人、文化和再创造服务，国际市场份额为 38.9%，显示比较优势指数为 2.8。金融、保险、通信也具有较强的竞争力，国际市场份额分别为 22.2%、17.4%、10.6%。2000 年出口的国际市场份额最大的服务行业是版权和许可费，个人、文化和再创造服务，旅游，金融，计算机和信息。与 2000 年相比，版权和许可费服务的出口国际市场份额下降了 10.6 个百分点，是下降幅度最大的服务业，但仍然极具竞争优势；计算机和信息、旅游服务分别下降了 7.3 个、

6.6 个百分点，竞争优势下降；个人、文化和再创造服务的出口国际市场份额提高了 2.7 个百分点。

版权业迅速发展成为美国的支柱产业。美国的制造业在经济中的重要性在下降，但知识密集型产业在迅速发展，成为取代传统工业支持美国经济的新支柱，版权产业就是其中之一。1996 年，版权、电影、音乐、电视节目、图书杂志和计算机软件的出口超过汽车、农业、航空和军工等行业，成为最大的出口项目，真正成为美国的支柱产业，而且仍然具有强劲的活力。版权业保持快速增长，其速度远超过同期美国 GDP 的年均增长速度。

表 2 – 5　美国各服务行业的国际竞争力及其变化

单位：%

行　业	出口的国际市场份额			贸易竞争力指数			出口显示比较优势		
	2009 年	2000 年	变化	2009 年	2000 年	变化	2009 年	2000 年	变化
商业服务总计	14.1	18.4	− 4.4	0.175	0.148	0.027	1	1	0
1 运输	9	13.4	− 4.4	− 0.044	− 0.140	0.096	0.6	0.7	− 0.08
2 旅游	14	20.6	− 6.6	0.204	0.186	0.018	1	1.1	− 0.12
3 除运输、旅游外其他服务总计	16	19.5	− 3.6	0.222	0.267	− 0.045	1.1	1.1	0.08
1) 通信	10.6	12.3	− 1.8	0.120	− 0.179	0.299	0.8	0.7	0.08
2) 建筑	1.2	2.3	− 1.1	0.195	0.571	− 0.375	0.1	0.1	− 0.04
3) 保险	17.4	14.2	3.2	− 0.581	− 0.513	− 0.068	1.2	0.8	0.47
4) 金融	22.2	22.1	0.1	0.542	0.338	0.204	1.6	1.2	0.38
5) 计算机和信息	7	14.3	− 7.3	− 0.124	0.055	− 0.179	0.5	0.8	− 0.27
6) 版权和许可费	40.5	51.1	− 10.6	0.561	0.448	0.113	2.9	2.8	0.11
7) 其他商业服务	10.9	12.7	− 1.8	0.207	0.258	− 0.051	0.8	0.7	0.09
8) 个人、文化和再创造服务	38.9	36.2	2.7	0.720	0.950	− 0.231	2.8	2	0.81

数据来源：世界贸易组织。

版权业中的文化产品反映了一个国家的社会意识形态，文化产业的优势地位则能够使这个国家的文化在世界各地都容易被接受，能带来意识的同化和世界话语权，该国企业在世界各地都能更有效率地组织工作和推广产品。美国的电影和电视产业就是典型的例子。美国电影占据了世界电影市场份额的 90% 以上，控制了世界 75% 的电视节目和 60% 以上广播节目的生产和制作。

电影和电视产业对美国经济做出了重要贡献，它由遍布美国全国的小企业网络组成，2009 年有 9.5 万户企业，提供了大量就业岗位；2008 年提供了 240 万工作岗位和超过 1400 亿美元的薪酬，其中核心产业有超过 29.6 万的工作岗位。美国的电影和电视产业世界第一，2008 年，音像服务出口额 136 亿美元，贸易顺差 117 亿美元，占美国私营部门服务贸易顺差的 7%，顺差额超过通信、管理和咨询、法律、医疗、计算机和保险服务，是能持续保持顺差的少有产业，在世界各国都是顺差。美国企业在全球的票房收入在 2010 年达到 318 亿美元，比 2009 年上涨 8%，主要是除美国、加拿大外的国际市场的快速增长。2006 ~ 2010 年，美国、加拿大的票房收入从 92 亿美元增长到 106 亿美元，而国际市场则从 163 亿美元（占 64%）增长到 212 亿美元（占 67%）。从图 2 - 5 可以看出，美国的音像及相关服务出口额遥遥领先其他国家，2009 年，出口额为 138.1 亿美元，1986 ~ 2009 年的年平均增长率为 13.7%。第 2 名的英国出口额不到 80 亿美元，年平均增长率为 9.1%。

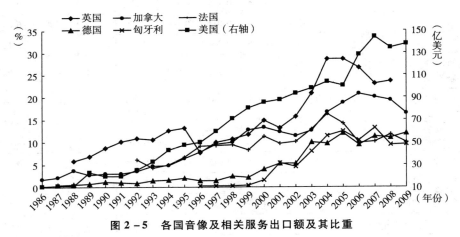

图 2 - 5　各国音像及相关服务出口额及其比重

数据来源：经济合作与发展组织。

　　通过分析美国经济构成变化可以看出，美国经济中制造业的比重在持续下降，而知识和技术密集型的金融、保险和商业服务业在快速上升（见图 2 - 6）。美国经济由制造业向知识密集型服务业转变。从资源、劳动力密集型的传统制造业向知识密集型的高端服务业的转化，使美国庞大的经济保持稳定增长。美国能顺利实现这一转变是由于其在经济发展过程中积累的科学技术和人才。没有这些积累，只靠购买国外的核心技术和设备，无法实现产业的升级，还会因长期从事简单加工而降低国民收入。

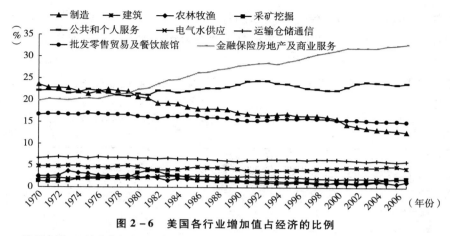

图 2－6　美国各行业增加值占经济的比例

数据来源：经济合作与发展组织。

　　美国制造业比重下降最典型的例子是汽车制造业逐渐没落。汽车制造业
是 20 世纪美国工业的支柱和象征。美国早在 20 世纪 20 年代就在汽车制造产
业取得领先地位，其优势最初源于丰富的天然资源和国内需求，土地便宜、
城市密度低造成对汽车的大量需求。19 世纪末，美国的经济已经处于世界前
列，钢铁和石油化工业的发展为汽车业的发展创造了条件。1893 年，福特发
明世界上第一辆汽车，随后福特、通用汽车公司分别凭借廉价的 T 型车系列
产品主导了市场。从 20 世纪中期开始，美国汽车企业受到国外竞争者的威胁，
汽车厂一直把高能耗、高污染、高利润的多功能运动型汽车和小型轿厢车作
为利润来源，当油价上涨时，这些车的销量开始下降，70 年代国内汽车巨头
获得政府限制进口的保护。80 年代日本的本田、日产、三菱和富士公司相继
在美国设立工厂，更经济的日本汽车进入美国市场，美国汽车业的生产率不
如日本和德国，导致进口不断增加，国内市场占有率下降，美国通用、福特
和克莱斯勒 3 大汽车公司逐渐失去了美国市场的中心地位。1998 年，外国工
厂的总产量已赶上通用汽车在美国制造汽车的总量。1998 年福特、通用公司
汽车的全球总产量为 758 万辆、656 万辆，分别排在第 1、2 位，日本丰田公
司的产量为 521 万辆，排在第 3 位。而 2009 年丰田汽车的全球总产量为 723
万辆，排在第一，福特、通用分别为 646 万、469 万辆，排在第二、第四位。
通用和福特公司年产量在 2008 年和 2009 年有明显的下降，而日本汽车公司则
保持增长（见表 2－6）。1998 年 5 月，德国汽车制造商戴姆勒公司和美国第 3
大汽车制造商克莱斯勒公司合并，2007 年 7 月，戴姆勒—克莱斯勒公司又将

克莱斯勒公司出售给美国。受金融危机的影响，通用公司在 2009 年巨额亏损，2009 年 7 月，美国财政部接管并重组了通用公司，大幅裁员，成立了新通用公司。新通用的经营正在恢复，2011 年前 3 个月，实现净利润为 31.51 亿美元，而 2010 年前 3 个月为 8.65 亿美元。美国的汽车业逐渐没落。

表 2 - 6　美国、日本、德国主要汽车制造商汽车产量及其世界排名

单位：万辆

年份 汽车制造商		1998	2000	2005	2006	2007	2008	2009
美国—通用	产量	656	732	650	651	625	541	469
	排名	2	2	3	4	4	4	4
美国—福特	产量	758	813	910	897	935	828	646
	排名	1	1	1	1	1	2	2
日本—丰田	产量	521	595	734	804	853	924	723
	排名	3	3	2	2	2	1	1
日本—本田	产量	233	251	344	367	391	391	301
	排名	8	10	7	5	5		7
德国—大众	产量	481	511	521	568	627	644	607
	排名	4	4	4	3	3	3	3
德国—戴姆勒*	产量	451	467	482	204	210	217	145
	排名	5	5	5	13	13	12	12

注：1998～2006 年为戴姆勒—克莱斯勒公司合并后的数值，2007～2009 年为戴姆勒公司的数值。企业合并使 1998～2006 年与 2007 年以后的数值不可比。

数据来源：国际汽车制造商联合会。

二　竞争优势的来源

（一）资源优势

美国的强盛具有得天独厚的条件，美国天然资源丰富，战争和冷战刺激了科技的重大突破，电子、飞机、太空、合成材料等领域的巨额投资促进了核心科技迅速发展，例如化学和制药就是在战争需求刺激下发展起来的。汽车的发展促进了石化行业的发展，而美国国内有丰富的石油资源，支持其石油化工行业成为世界领先者。美国有强大的国内市场，最活跃的资本市场，为优秀产业的发展提供了市场和资金。

（一）创新优势

1. 控制产业链的高端反映美国具有创新优势

美国控制产业链的高端，经济保持稳定增长。国际贸易使得一个国家能专注于生产率较高的产业，进口生产率低的产品和劳务，或将生产率低的项目移到国外。经济强国竞相抢占价值链高端，控制核心技术和产业链的高附加值环节，将低附加值的标准化制造环节向国外转移，发展国外生产基地，占领国际市场，增强本国的竞争优势。因此，美国的工业规模虽然下降了，但控制着整个产业链的顶端，经济一直保持世界第一的地位。版税和特许权费能较好地衡量创新的产出，并能直接衡量市场价值。图2-7显示了各国版税和特许费的变化，可以看出美国有大量具有商业价值的创新。由于不同国家对专利的界定标准、交易成本不同，不同国家之间专利的数量就缺乏可比性，因此本书没有采用专利数量衡量创新产出量。高国民收入维持着巨大的私人消费市场，美国私人消费支出占GDP的比例从1970年不断增长，2009年达到71%，英国、日本、德国在58%~65%，而中国仅有35%。

2. 世界一流的教育和科研环境为创新奠定了基础

美国有世界上最好的教育，培养了经济发展的高素质人才，世界一流的科学研究环境吸引了全世界的精英，使得美国成为科技的世界核心。美国政府对教育持续大量投资，美国是第一个普及中学教育的国家，很早就发展了商学院。大学研究所和各种研究机构之间紧密合作，美国的私立大学和公立大学的混合机制促进了大学之间的竞争，顶级的私立大学有充足

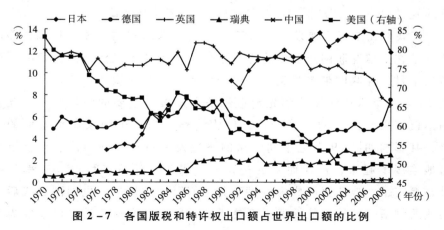

图 2-7 各国版税和特许权出口额占世界出口额的比例

数据来源：世界银行。

的财政预算，能提供高薪水，建造先进的实验室，保证高质量的教学，吸引了全世界高水平的教师和学生。政府支持的研究项目倾向于有实力的年轻学者，而不是没有创新的著名教授。

3. 信息技术支持美国经济重新崛起

美国处于信息技术产业的最前沿，信息技术支持美国经济重新崛起。2009 年，美国信息技术服务出口额为 229 亿美元，居世界第一，这与计算机产业密切相关。电子计算机在 20 世纪初发明于美国，自计算机发明之后，半导体技术、软件工程、信号处理、通信技术飞速发展，显著降低了计算机的成本，促进计算机的大规模应用。1971 年，英特尔公司开发了第一个微处理器，使计算机领域发生了革命。不久个人电脑苹果机问世并流行，替代了商用的高价电脑。计算机行业的技术进步使得计算机价格下降，导致了计算机投资高涨，计算机投资的高涨对生产率增长起到了直接推动作用，提高了全社会生产率。

互联网技术是继计算机之后的又一个重大发明。它的发明和商业化都首先发生在美国，体现了美国的国家创新优势。互联网最早是美国国防部在 20 世纪 60 年代资助的一个国防科研项目，最初仅是连接美国 3 个科研机构的实验性网络。在经历了 20 多年的技术积累和完善之后，互联网开始从公共管理转交由私人商业组织参与运营，在 20 世纪末经历了爆发性增长，全球使用网络的人数激增，网络浏览器和电子商务迅速发展，并带动了计算机的需求和技术升级，互联网产业产值和经济增长贡献率超过了其他所有传统产业，成为当时美国第一大产业。图 2 - 8 显示近 20 年互联网的发展和普及，美国、日本等国家的普及率从 0 增长到 80%。

互联网在全球飞速发展。由于单一国家掌握和制定技术规范，美国确立了在全球互联网产业中的优势地位。作为各个经济部门运行的重要通信工具，互联网带来了又一次生产效率的提高和服务升级，是美国过去 20 年在全球持续保持领先创造经济奇迹极为重要的因素之一。互联网不仅带来了巨大的经济产值，作为能够提高整个国家竞争效率的工具，其影响如同 19 世纪中期铁路的飞速发展将东西部经济、社会更紧密地连接了起来，接踵而来的是钢铁、煤矿、建筑工程行业效率的提升，奠定了一战前美国成为世界工业产值第一的地位；也如同二战后金融业的创新，使美国能够通过更灵活的手段控制全球政治经济，成为其享有霸主地位并超越历史规律经久不衰的原因。

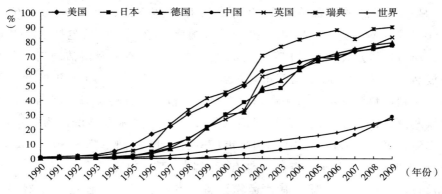

图 2-8 互联网使用人数占人口比例

数据来源：世界银行。

第二节 英国产业竞争优势的演化

一 竞争优势及其演变

英国是最早的工业化国家，是 19 世纪的工业超级强国。英国的经济在整个 20 世纪一直下滑，国力逐渐衰落，国民收入增长很缓慢，产业集群逐渐萎缩，产业竞争力不断下降，只有极少数产业仍能维持竞争优势。在 20 世纪 60 年代迅速被法国、日本、德国所超越，英国的 GDP 占世界的比例从 1970 年的 6% 逐步下降到 2009 年的 4.2%。造成英国落后的原因主要是教育体系落后和研发投资不足，产业发展缺少高素质人才和研究资金，而且英国文化也不鼓励竞争。

近 40 年英国的 GDP 始终保持在世界前 5 名左右，从人均 GDP 或国土资源角度看，英国仍然具有强大的国家竞争力，仍然在很多产业中保持着全球领先的地位。英国有优势的产业数量多且分布广泛，主要集中在消费品产业（包括酒精饮料、食品、香烟、化妆品、家庭用品等）、以贵金属交易为代表的贸易产业、金融相关的服务业（包括财务管理、金融、保险、拍卖、国际法律等）、医药、化学和石油化工产业。具有绝对优势的产业很少，也没有强大的相关产业集群。英国失去竞争优势的产业有运输、机械、专业元件产业和综合商业，这些产业都是重要的核心产业。

1. 商品贸易的国际竞争力及其演化

英国各行业 2010 年国际竞争力及 1995 年以来的变化情况（见表 2—

7）显示，英国的商品在国际市场的占有率并不高，1995年为4.6%，2010年下降为2.7%。2010年出口具有国际竞争力的产品包括饮料及烟草，动力机械及设备，医用和药用产品，香精油、香料及清洁制剂，杂类制成品，2010年的出口国际市场份额为4.7%~7.9%。1995年的竞争优势产业是饮料及烟草，医用和药用产品，香精油、香料及清洁制剂，动力机械及设备，专业、科学及控制用仪器和设备，国际市场份额为7.9%~11.3%，可见这些优势行业的国际市场份额在15年间下降了30%~40%。与1995年相比，几乎所有行业都有所下降，下降幅度最大的是办公用机器及自动数据处理机器，其他运输设备，专业、科学及控制用仪器和设备，化学材料和产品，香精油、香料及清洁制剂，这都是英国的传统优势产业，说明英国的竞争优势在全面减弱。2010年，贸易竞争力指数最高的5个行业是染、鞣及着色材料，医用和药用产品，特种工业专用机械，动力机械及设备，饮料及烟草，贸易竞争力指数分别为0.206、0.179、0.164、0.093、0.053，说明其竞争优势并不明显；最低的是肥料（天然肥料除外）、软木和木材制品（家具除外）、鞋类、家具及零件、各种服装和服饰品，进口额远超过出口额。饮料及烟草、动力机械及设备、医用和药用产品是2010年显示比较优势指数最高的3个行业，显示比较优势指数在2.8~3之间，具有很强的国际竞争力。然后是香精油、香料及清洁制剂，杂类制成品，染、鞣及着色材料。与1995年相比，这些行业的显示比较优势指数提高了，这一结果与国际市场份额的结果不同。

表2-7　英国各行业的国际竞争力及其变化

行 业	出口的国际市场份额(%)			贸易竞争力指数			显示比较优势指数		
	2010年	1995年	变化	2010年	1995年	变化	2010年	1995年	变化
全部	2.7	4.6	-1.9	-0.160	-0.055	-0.105	1	1	0
0 食品和活动物	1.7	3	-1.3	-0.468	-0.316	-0.152	0.7	0.7	-0.01
1 饮料及烟草	7.9	11.3	-3.4	0.053	0.257	-0.204	3	2.5	0.49
2 非食用原料，燃料除外	1.5	1.7	-0.2	-0.197	-0.448	0.251	0.6	0.4	0.2
3 矿物燃料、润滑油及相关材料	2.2	3.9	-1.7	-0.103	0.222	-0.326	0.8	0.8	-0.02
4 动植物油、脂和蜡	0.8	1.4	-0.7	-0.477	-0.437	-0.039	0.3	0.3	-0.02
5 化学品和相关产品	4.3	6.1	-1.8	0.035	0.036	-0.001	1.6	1.3	0.26

续表

行　业	出口的国际市场份额（%）			贸易竞争力指数			显示比较优势指数		
	2010 年	1995 年	变化	2010 年	1995 年	变化	2010 年	1995 年	变化
有机化学品	3.5	5.9	-2.4	-0.057	-0.025	-0.032	1.3	1.3	0.02
无机化学品	2.1	4.8	-2.7	-0.218	-0.037	-0.018	0.8	1.1	-0.26
染、鞣及着色材料	4.4	5.6	-1.2	0.206	0.083	0.123	1.7	1.2	0.42
医用和药用产品	7.4	10.5	-3.1	0.179	0.274	-0.095	2.8	2.3	0.49
香精油、香料及清洁制剂	5.4	9.2	-3.8	-0.023	0.216	-0.239	2	2	-0
肥料（天然肥料除外）	0.2	0.7	-0.5	-0.811	-0.649	-0.163	0.1	0.2	-0.08
原始形态的塑料	1.7	2.2	-0.5	-0.215	-0.468	0.254	0.6	0.5	0.14
非原始形态的塑料	3	5.3	-2.4	-0.097	-0.078	-0.019	1.1	1.2	-0.05
化学材料和产品	3.9	7.8	-3.9	0.051	0.255	-0.204	1.5	1.7	-0.25
6 主要按原料分类的制成品	2.2	4.2	-2	-0.212	-0.115	-0.097	0.8	0.9	-0.09
皮革、皮革制品、裘皮	1.1	3.2	-2.1	0.006	0.218	-0.212	0.4	0.7	-0.27
橡胶制品	2.1	5.3	-3.3	-0.280	-0.035	-0.245	0.8	1.2	-0.39
软木和木材制品（家具除外）	0.6	1	-0.4	-0.772	-0.700	-0.073	0.2	0.2	0.01
纸和纸制品	2.2	3.7	-1.5	-0.446	-0.380	-0.067	0.8	0.8	0.01
纺织纱丝及相关产品	1.4	2.9	-1.5	-0.294	-0.228	-0.066	0.5	0.6	-0.12
非金属矿制品	3.8	6.9	-3.1	-0.086	0.017	-0.103	1.4	1.5	-0.08
钢铁	1.8	4.5	-2.7	-0.024	0.098	-0.121	0.7	1	-0.31
有色金属	2.6	4.2	-1.6	-0.209	-0.153	-0.056	1	0.9	0.06
金属制品	2.3	4.4	-2.1	-0.218	-0.035	-0.183	0.8	1	-0.11
7 机械及运输设备	2.5	5.3	-2.8	-0.155	-0.025	-0.13	0.9	1.2	-0.23
动力机械及设备	7.7	8.6	-0.8	0.093	0.179	-0.086	2.9	1.9	1.03
特种工业专用机械	2.9	5.1	-2.2	0.164	0.118	0.047	1.1	1.1	-0.02
金属加工机械	1.9	3.7	-1.8	0.047	-0.029	0.075	1	1.2	-0.08
通用工业机械和设备及机器零件	2.9	5.2	-2.3	-0.043	0.043	-0.086	1.1	1.1	-0.06
办公用机器及自动数据处理机器	1.5	7.4	-5.8	-0.413	-0.027	-0.386	0.6	1.6	-1.04

续表

行　业	出口的国际市场份额(%)			贸易竞争力指数			显示比较优势指数		
	2010 年	1995 年	变化	2010 年	1995 年	变化	2010 年	1995 年	变化
电信、录音设备	1.7	5 3	-3.6	-0.429	0.005	-0.434	0.6	1.2	-0.52
电动机械、设备、装置	1.4	4.3	-2.9	-0.190	-0.052	-0.138	0.5	0.9	-0.42
公路车辆	3.3	4.2	-0.9	-0.182	-0.215	0.034	1.2	0.9	0.33
其他运输设备	0.8	6.3	-5.5	-0.147	0.174	-0.321	0.3	1.4	-1.08
8 杂类制成品	2.9	4.7	-1.8	-0.280	-0.091	-0.189	1.1	1	0.05
预制建筑物；卫生，供暖，照明装置	1.8	3.2	-1.4	-0.551	-0.134	-0.417	0.7	0.7	-0.03
家具及零件	1.3	2.8	-1.5	-0.622	-0.186	-0.436	0.5	0.6	-0.13
旅行用具、手提包及类似容器	1.4	1.2	0.2	-0.597	-0.589	-0.009	0.5	0.3	0.27
各种服装和服饰品	1.5	2.7	-1.2	-0.614	-0.300	-0.315	0.5	0.6	-0.04
鞋类	1.3	1.7	-0.3	-0.628	-0.500	-0.128	0.5	0.4	0.14
专业、科学及控制用仪器和设备	3.3	7.9	-4.6	0.045	0.103	-0.058	1.3	1.7	-0.48
摄影仪器、光学制品、表、钟	2.5	4.5	-2.1	-0.149	-0.085	-0.064	0.9	1	-0.07
杂类制成品	4.7	6.8	-2.1	-0.110	-0.002	-0.107	1.8	1.5	0.27

数据来源：联合国贸易数据库。

表 2 - 8 显示，在按照 SITC3 分类的 157 个工业行业中，英国 2010 年出口额占世界比例最大的 5 个工业行业是艺术品、珍藏品及古董，非电动的发动机及零件，其他无机化学品，印刷品，药物（包括兽医用药物），前两者国际市场份额分别为 28.3%、20.5%，其余三者在 9% 左右，竞争优势不十分明显。在 20 个优势行业中，大部分属于中等、高等技术水平的行业，而艺术品、珍藏品及古董，印刷品，珠宝及贵重材料制品属于未确定技术水平的行业。与 1995 年相比，非电动的发动机及零件的国际市场竞争力有所提升，约 3 个百分点，几乎所有其他工业行业的国际市场份额都有所下降。1995 年，国际竞争力很强的艺术品、珍藏品及古董下降了 2.9 个百分点，拖拉机的国际市场份额也缩小到不足 1995 年的 50%，竞争优势明显下降。

表 2 - 8 英国 2010 年出口额占世界比例最大的 20 个行业

行 业	技术水平	2010 年出口额占世界比例（%）	1995 年出口额占世界比例（%）	2010 年较 1995 年的变化（百分点）
艺术品、珍藏品及古董	0	28.3	31.2	-2.9
非电动的发动机及零件	3	20.5	17.8	2.7
其他无机化学品	4	9.1	8.9	0.3
印刷品	0	9.1	11.4	-2.3
药物（包括兽医用药物）	4	8.8	13.4	-4.6
拖拉机	3	7.2	16.6	-9.3
有机无机化合物、杂环化合物、核酸	4	6.4	7.5	-1.1
香料、化妆品或盥洗用品（肥皂除外）	4	5.9	9.9	-4
珠宝及贵重材料制品	0	5.6	7.4	-1.7
杀虫剂及类似产品（零售用）	4	5.5	10.9	-5.4
测量、分析及控制用仪器	4	5.4	9	-3.6
内燃活塞发动机及零件	3	4.9	6.5	-1.6
颜料、涂料、清漆及相关材料	4	4.8	7.7	-2.8
肥皂，清洁和抛光制剂	4	4.8	8.1	-3.3
客运汽车	3	4.7	4.7	-0
电影摄影和照相用品	4	4.7	10.1	-5.4
香精油、香料	4	4.5	8.9	-4.4
办公用品和文具	0	4.4	5.4	-1.1
印刷和装订机械及其零件	3	4.3	6.6	-2.3
医用和药用产品，药物除外	4	4.2	5.4	-1.1

数据来源：联合国贸易数据库。

表 2 - 9 显示英国 2010 年贸易竞争力指数最大的 5 个行业，分别是飞机和相关设备、航天飞机等，塑料废料及碎屑，其他无机化学品，烃及卤化、硝化衍生物，金属加工机床（切削材料除外）。在这些行业中，除其他无机化学品外，其他行业的出口国际市场份额都不高。贸易竞争力指数高行业的出口国际市场份额不一定高，这是由于该行业的进口额相对出口额很小。贸易竞争力指数和出口国际市场份额同时排在前 20 位的行业一共有 7 个，包括其他无机化学品，印刷品，药物（包括兽医用药物），拖拉机，杀虫剂及

类似产品（零售用），颜料、涂料、清漆及相关材料，印刷和装订机械及其零件，它们是英国在国际和国内市场上都具有较强竞争力的行业。

表 2 - 9　英国 2010 年贸易竞争力指数最大的 20 个行业

行　业	技术水平	2010 年贸易竞争力指数	1995 年贸易竞争力指数	2010 年较 1995 年的变化
飞机和相关设备、航天飞机等	2	0.999	0.201	0.798
塑料废料及碎屑	4	0.752	− 0.086	0.838
其他无机化学品	4	0.679	0.321	0.358
烃及卤化、硝化衍生物	4	0.429	0.175	0.254
金属加工机床（切削材料除外）	3	0.366	− 0.234	0.600
已曝光和显影的电影胶片	4	0.352	0.568	− 0.216
土木工程和承包商的设备	3	0.342	0.278	0.064
锭状和其他原始形态的铁或钢；半成品	2	0.329	0.473	− 0.144
钢轨及铁道铺轨用的材料、钢铁	2	0.328	0.711	− 0.383
其他纺织纤维织物	1	0.265	0.177	0.088
印刷和装订机械及其零件	3	0.254	− 0.077	0.331
矿物油用精制添加剂；润滑油，防冻液	4	0.247	0.586	− 0.339
金属加工机械（机床除外）及零件	3	0.240	0.083	0.157
印刷品	0	0.237	0.240	− 0.003
药物（包括兽医用药物）	4	0.235	0.345	− 0.110
颜料、涂料、清漆及相关材料	4	0.232	0.260	− 0.028
杀虫剂及类似产品（零售用）	4	0.224	0.394	− 0.170
拖拉机	3	0.198	0.513	− 0.315
特定工业用的其他机械	3	0.191	0.047	0.144
管、水管、塑料软管	4	0.180	0.338	− 0.158

数据来源：联合国贸易数据库。

表 2 - 10 列示了英国 2010 年出口显示比较优势最大的 20 个工业行业，与出口国际市场份额最高的 20 个行业完全相同。显示比较优势指数最大的行业是艺术品、珍藏品及古董，非电动的发动机及零件，显示比较优势指数分别

为 10.3、7.4，具有极强的竞争力。艺术品、珍藏品及古董也是美国第 2 大优势行业，但其显示比较优势指数只有4.1，与 1995 年相比，英国在这 2 个行业上的显示比较优势还有大幅度的提高，竞争力进一步加强。其他无机化学品，印刷品，药物（包括兽医用药物），拖拉机的显示比较优势指数在 2.6 ~ 3.3 之间，也具有很强的竞争力。与 1995 年相比，20 个行业中的 16 个的显示比较优势都有上升，幅度较大的还有其他无机化学品、印刷品行业。

表 2 - 10　英国 2010 年出口显示比较优势最大的 20 个行业

行　业	技术水平	2010 年出口显示比较优势	1995 年出口显示比较优势	2010 年较 1995 年的变化
艺术品、珍藏品及古董	0	10.3	6.2	4.1
非电动的发动机及零件	3	7.4	3.5	3.9
其他无机化学品	4	3.3	1.8	1.5
印刷品	0	3.3	2.3	1
药物（包括兽医用药物）	4	3.2	2.7	0.5
拖拉机	3	2.6	3.3	- 0.7
有机无机化合物、杂环化合物、核酸	4	2.3	1.5	0.8
香料、化妆品或盥洗用品（肥皂除外）	4	2.2	2	0.2
杀虫剂及类似产品（零售用）	4	2	2.2	- 0.2
测量、分析及控制用仪器	4	2	1.8	0.2
珠宝及贵重材料制品	0	2	1.5	0.6
内燃活塞发动机及零件	3	1.8	1.3	0.5
颜料、涂料、清漆及相关材料	4	1.7	1.5	0.2
肥皂，清洁和抛光制剂	4	1.7	1.6	0.1
客运汽车	3	1.7	0.9	0.8
电影摄影和照相用品	4	1.7	2	- 0.3
香精油、香料	4	1.6	1.8	- 0.1
印刷和装订机械及其零件	3	1.6	1.3	0.3
办公用品和文具	0	1.6	1.1	0.5
医用和药用产品（药物除外）	4	1.5	1.1	0.5

数据来源：联合国贸易数据库。

从英国各技术水平制造业出口额占世界的比例（见图 2 - 9）可以看出，英国在未分类制造业的出口国际市场份额远高于其他制造业，2010 年约为

6%，这主要是由于艺术品、珍藏品及古董行业的大量出口。高等、中等技术水平制造业的国际市场份额 2010 年约为 3%。劳动密集和资源密集型、低等技术水平的行业竞争力较弱。各技术水平行业的出口国际市场份额呈现逐年下降的趋势，全部制造业的市场份额由 1995 年的 5% 下降到 2010 年的不到 3%，而且高等技术水平的行业国际市场份额下降较快，已从 1995 年的 6% 下降到 2010 年的不到 3%，与美国的情况类似。

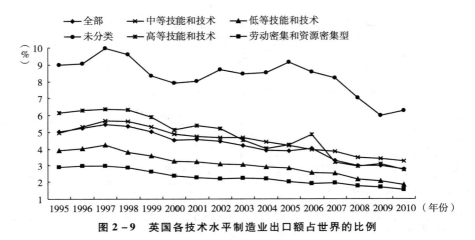

图 2 - 9   英国各技术水平制造业出口额占世界的比例

数据来源：联合国贸易数据库。

2. 服务贸易的国际竞争力及其演化

在制造业衰落的同时，英国的金融等服务业迅速发展。服务业在经济中的比重不断上升，从 1970 年的 13% 上升到 2007 年的 31.9%（见图 2 - 10）。百年工业发展的历史培养了大量商业服务业人才，英国金融服务业的竞争优势世界领先，从保险服务、金融服务的出口额可以看出，英国在这些领域排在世界第一，只有美国与其相近。金融业的发展带动了新闻和出版、法律服务、广告、电信服务等相关产业的发展。

表 2 - 11 列示了英国各服务行业在 2009 年的国际竞争力及 2000 年以来的变化情况。英国的商业服务总体具有较强的国际竞争力，商业服务出口的国际市场份额在 2009 年为 0.067，贸易竞争力指数为 0.183。金融和保险是英国国际竞争力最强的服务业，国际市场份额分别为 21%、15%，显示比较优势指数分别为 3.1、2.3，贸易竞争力指数分别为 0.669、0.785，具有很强的国际竞争力。其次是个人、文化和再创造服务和通信服务，国际市场

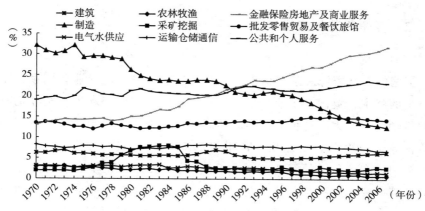

图 2-10 英国各行业增加值占经济比例

数据来源：经济合作与发展组织。

份额分别为 7.9%、7.6%，显示比较优势指数分别为 1.2、1.1。与 2000 年相比，版权和许可费服务的出口国际市场份额下降了 4.3 个百分点，是下降幅度最大的服务业，不具有竞争优势；计算机和信息、其他商业服务分别下降了 3.2 个、3.1 个百分点。

表 2-11 英国各服务行业的国际竞争力及变化

行 业	出口的国际市场份额(%)			贸易竞争力指数			显示比较优势指数		
	2009 年	2000 年	变化	2009 年	2000 年	变化	2009 年	2000 年	变化
商业服务总计	6.7	8	-1.3	18.3	0.101	0.083	1	1	0
1 运输	4.7	5.6	-0.9	0.072	-0.115	0.187	0.7	0.7	-0.01
2 旅游	3.5	4.6	-1.1	-0.249	-0.275	0.026	0.5	0.6	-0.05
3 除运输，旅游外其他服务总计	9.1	11.7	-2.7	0.352	0.385	-0.033	1.3	1.5	-0.12
1）通信	7.6	8.4	-0.8	0.04	-0.002	0.042	1.1	1	0.08
2）建筑	2.7	1.1	1.6	0.063	0.603	-0.54	0.4	0.1	0.26
3）保险	15.4	15.9	-0.4	0.785	0.577	20.7	2.3	2	0.31
4）金融	21.1	22.1	-1	0.669	0.664	0.06	3.1	2.8	0.36
5）计算机和信息	5.6	8.9	-3.2	0.287	0.546	-0.258	0.8	1.1	-0.27
6）版权和许可费	5.4	9.6	-4.3	0.134	0.102	0.031	0.8	1.2	-0.41
7）其他商业服务	7.5	10.7	-3.1	0.206	0.333	-0.127	1.1	1.3	-0.22
8）个人、文化和再创造服务	7.9	8.2	-0.2	0.49	0.251	0.239	1.2	1	0.15

数据来源：世界贸易组织。

二　竞争优势的来源

1. 创新优势

英国的天然资源匮乏，但由于种种原因成为最早的工业化国家，积累了充足的资本，英国在工业化早期培养了很多一流的劳动力，至今仍有很强的科学研究实力。这种科研实力体现在英国的化学与制药产业有很强的竞争优势。2000年，药品出口占世界的10%，2009年下降到7.4%，但仍是英国最有竞争力的行业（见图2-11）。英国的化学、制药产业有大量的基础研究，英国企业的研发投资很高，还与大学密切联系。从研发支出占经济中研发支出总额（表2-12）可以看出，英国制药业的研发支出比其他国家高很多，还在逐年增加，2006年高达27.6%，而且英国研发产生的价值也是最高的，2006年为42.4%（见表2-13），这说明英国的制药业生产率比其他国家高。世界上制药类的研发活动在英国进行，世界很多畅销药品是在英国实验室研发出来的，英国最优秀的毕业生通常会选择化学、制药等研究型产业。由于英国在生物医学的学术研究实力雄厚，大量外国企业都将研发实验室设在英国，以便接近强大的学术研究基地，吸收高素质人才，并迅速获得新技术和观点。此外，药品价格的灵活管理和质量的严格标准激励制药企业大力研发，而不是价格竞争，也是英国生物医药国际领先的原因之一。

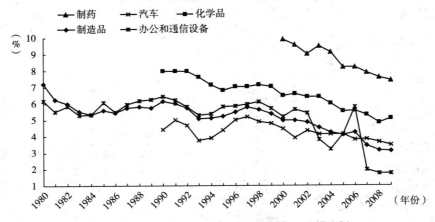

图2-11　英国工业品出口额占世界出口总额比例

数据来源：世界贸易组织。

表 2 - 12　制药行业研发支出占经济中研发支出总额的比例

单位：%

年　份	1997	1998	1999	2000	2001	2002	2003	2004	2005	2006
美　国	7.6	7.5	6.9	6.3	5.0	7.3	8.0	15.1	15.4	15.7
日　本	6.0	6.3	6.5	6.9	7.1	8.3	7.5	7.6	8.2	8.8
德　国	6.5	6.5	6.2	6.3	6.3	6.7	8.0	8.2	8.8	8.9
英　国	22.5	22.1	22.4	24.7	25.3	25.3	24.7	25.6	25.4	27.6
瑞　典	15.2	15.9	16.5	17.0	17.9	19.5	19.5	15.8	11.8	11.1

数据来源：经济合作与发展组织。

表 2 - 13　制药行业的研发支出与经济增加值的比例

单位：%

年　份	1997	1998	1999	2000	2001	2002	2003	2004	2005	2006
美　国	27.6	26.9	24.2	23.2	15.9	20.3	21.1	40.3	45.6	42.5
日　本	19.4	21.8	19.6	22.3	23.3	27.3	24.0	24.6	29.7	37.1
德　国	23.4	25.2	23.9	24.2	22.5	24.4	26.4	24.8	23.4	23.6
英　国	45.9	45.5	47.8	51.1	46.2	48.6	47.1	44.8	42.6	42.4
瑞　典	40.5	37.8	34.9	40.8	40.9	37.0	35.6	30.1	21.1	21.1

数据来源：经济合作与发展组织。

2. 品牌优势

英国仍具有国际竞争优势的产业主要集中在奢侈消费品、娱乐领域，如香水、化妆品、珠宝、香烟等。英国在奢侈消费品产业能长久保持优势有几个原因：首先，作为历史上最老牌的工业化国家，在扩张中积累的财富带动了国内对高档商品和服务的消费，而当时英国的国际领先地位和殖民地优势使这类消费品成为全世界的标杆。其次，奢侈品的品牌优势同其他行业建立起来的优势有着很关键的区别，它有先入优势，一旦确立起来，使用者的忠诚度很难被新产品影响，英国长期建立的国际品牌知名度很难被超越，而且其中某些靠传统制作经营的行业的技术更新缓慢，不存在价格竞争压力。作为重要的关联产业，英国的运输贸易也非常发达，这为原料的流通和产品的传播提供了重要保障。可以看出，由于具备了合适的生产要素、需求和关联产业，英国在消费品产业上维持了长久品牌优势。

第三节   日本产业竞争优势的演化

一   竞争优势及其演变

1. 商品贸易的国际竞争力及演化

日本 2010 年出口具有国际竞争力的产品是金属加工机械，特种工业专用机械，公路车辆，摄影仪器、光学制品、表、钟，非原始形态塑料等，2010 年它们的出口国际市场份额在 12.1%~16.5%，出口显示比较优势指数在 2.4~3.3，是日本最具竞争力的 5 个行业（见表 2-14）。1995 年的优势产品是金属加工机械，摄影仪器、光学制品、表、钟，公路车辆，电动机械、设备、装置，动力机械及设备，办公用机器及自动数据处理机器，电信、录音设备，出口国际市场份额为 14.9%~23%。这 15 年日本国际市场占有率有所下降，特别是传统的优势产业，1995 年的优势产业在 2010 年国际市场占有率都下降了，办公用机器及自动数据处理机器是下降幅度最大的行业，下降了 11.5 个百分点，显示比较优势指数下降了 1.04；其次是电信、录音设备和电动机械设备、装置行业；公路车辆国际市场占有率下降幅度最低，为 4.5 个百分点，显示比较优势指数上升了 0.6。

表 2-14   日本各行业的国际竞争力及其变化

行　业	出口的国际市场份额(%)			贸易竞争力指数			显示比较优势指数		
	2010 年	1995 年	变化	2010 年	1995 年	变化	2010 年	1995 年	变化
全部	5.1	8.5	-3.6	0.053	0.137	-0.084	1	1	0
0 食品和活动物	0.4	0.4	-0	-0.86	-0.932	0.072	0.1	0.1	0.04
1 饮料及烟草	0.6	0.9	-0.3	-0.817	-0.82	0.004	0.1	0.1	0.01
2 非食用原料(燃料除外)	1.7	1.4	0.2	-0.67	-0.836	0.166	0.3	0.2	0.16
3 矿物燃料、润滑油及相关材料	0.6	0.7	-0.1	-0.877	-0.912	0.035	0.1	0.1	0.03
4 动植物油、脂和蜡	0.2	0.1	-0.1	-0.826	-0.844	0.018	0	0	0
5 化学品和相关产品	4.6	6.3	-1.7	0.127	0.113	0.014	0.9	0.7	0.17
有机化学品	6	10.1	-4	0.162	0.192	-0.03	1.2	1.2	0.02
无机化学品	4.5	5.3	-0.8	-0.291	-0.343	0.051	0.9	0.6	0.28

续表

行　业	出口的国际市场份额(%)			贸易竞争力指数			显示比较优势指数		
	2010 年	1995 年	变化	2010 年	1995 年	变化	2010 年	1995 年	变化
染、鞣及着色材料	6.9	6.3	0.6	0.498	0.357	0.14	1.4	0.7	0.63
医用和药用产品	0.9	2.6	-1.6	-0.60	-0.455	-0.146	0.2	0.3	-0.11
香精油、香料及清洁制剂	2.3	2.5	-0.2	-0.109	-0.254	0.145	0.5	0.3	0.17
肥料（天然肥料除外）	0.2	0.7	-0.4	-0.711	-0.617	-0.094	0	0.1	-0.03
原始形态的塑料	5.2	7.4	-2.2	0.45	0.605	-0.156	1	0.9	0.17
非原始形态的塑料	12.1	6.9	5.2	0.703	0.53	0.173	2.4	0.8	1.59
化学材料和产品	8	6.9	1.1	0.35	0.143	0.207	1.6	0.8	0.77
6 主要按原料分类的制成品	5	6	-1	0.259	0.116	0.143	1	0.7	0.3
皮革、皮革制品、裘皮	0.5	1.1	-0.6	-0.252	-0.179	-0.072	0.1	0.1	-0.03
橡胶制品	8.9	13.5	-4.7	0.662	0.674	-0.012	1.7	1.6	0.18
软木和木材制品（家具除外）	0.1	0.3	-0.2	-0.967	-0.953	-0.014	0	0	-0.01
纸和纸制品	2	2.5	-0.4	-0.017	0.083	-0.10	0.4	0.3	0.12
纺织纱丝及相关产品	2.7	4.4	-1.8	-0.008	0.091	-0.98	0.5	0.5	0.01
非金属矿制品	3.9	5.1	-1.3	0.294	-0.059	0.353	0.8	0.6	0.17
钢铁	9.6	11.5	-1.8	0.657	0.502	0.155	1.9	1.3	0.57
有色金属	4.2	3.8	0.4	-0.112	-0.45	0.338	0.8	0.4	0.38
金属制品	3.8	6.3	-2.5	0.13	0.345	-0.215	0.7	0.7	0.02
7 机械及运输设备	8.9	16.1	-7.2	0.479	0.608	-0.129	1.8	1.9	-0.11
动力机械及设备	9.5	16.1	-6.6	0.538	0.685	-0.146	1.9	1.9	0
特种工业专用机械	14.3	14.6	-0.3	0.763	0.743	0.02	2.8	1.7	1.12
金属加工机械	16.5	23	-6.5	0.795	0.807	-0.012	3.3	2.7	0.59
通用工业机械和设备及机器零件	8	14.6	-6.6	0.494	0.695	-0.202	1.6	1.7	-0.11
办公用机器及自动数据处理机器	3.6	15.1	-11.5	-0.096	0.394	-0.49	0.7	1.7	-1.04
电信、录音设备	3.9	14.9	-11.1	-0.147	0.512	-0.659	0.8	1.7	-0.96
电动机械、设备、装置	8.1	17.3	-9.2	0.32	0.553	-0.233	1.6	2	-0.4

行　业	出口的国际市场份额（%）			贸易竞争力指数			显示比较优势指数		
	2010 年	1995 年	变化	2010 年	1995 年	变化	2010 年	1995 年	变化
公路车辆	13.5	17.9	-4.5	0.82	0.723	0.096	2.7	2.1	0.58
其他运输设备	9.2	10.5	-1.3	0.714	0.584	0.13	1.8	1.2	0.6
8 杂类制成品	3.5	5.5	-2	-0.182	-0.176	-0.006	0.7	0.6	0.06
预制建筑物；卫生，供暖，照明装置	0.3	0.9	-0.6	-0.674	-0.602	-0.071	0.1	0.1	-0.04
家具及零件	1	1	0.1	-0.598	-0.746	0.148	0.2	0.1	0.09
旅行用具、手提包及类似容器	0.1	0.3	-0.2	-0.984	-0.974	-0.01	0	0	-0.01
各种服装和服饰品	0.1	0.3	-0.2	-0.961	-0.945	-0.016	0	0	-0.01
鞋类	0.1	0.2	-0.1	-0.972	-0.935	-0.037	0	0	-0.01
专业、科学及控制用仪器和设备	7.9	13.6	-5.7	0.316	0.323	-0.007	1.5	1.6	-0.02
摄影仪器、光学制品、表、钟	13.5	20.1	-6.6	0.409	0.52	-0.111	2.7	2.3	0.33
杂类制成品	2.8	5	-2.1	-0.202	-0.098	-0.104	0.6	0.6	-0.02

数据来源：联合国贸易数据库。

　　表 2-15 列示了日本 2010 年出口额占世界比例最大的 20 个工业行业。其中国际市场占有率最高的 5 个工业行业是电影摄影和照相用品、切削材料的机床、水蒸汽轮机和其他蒸汽轮机及零件、特定工业用的其他机械、光学制品，出口额占世界的比例为 18%~27%。1995 年，国际市场份额最大的 5 个行业是摄影仪器和设备、机动车和脚踏车、切削材料的机床、船舶及漂浮结构、光学仪器，国际市场份额在 27.6%~34.4% 之间，这 5 个行业的市场份额在 15 年间都大幅度下降，其中摄影仪器和设备下降幅度最大，为 29 个百分点；其次是机动车和脚踏车、光学仪器，为 20.1 个百分点。这 3 个行业在 2010 年已不再是日本具有竞争力的 20 大工业行业。2010 年的前 5 大行业中，除切削材料的机床外，其余 4 个都是以前市场份额不高但在 15 年间保持稳定或小幅上升的行业。

表 2-15　日本 2010 年出口额占世界比例最大的 20 个行业

行　　业	技术水平	2010 年出口额占世界比例（%）	1995 年出口额占世界比例（%）	2010 年较 1995 年的变化（百分点）
电影摄影和照相用品	4	26.9	23.2	3.7
切削材料的机床	3	25.1	31.2	-6.1
水蒸汽轮机和其他蒸汽轮机及零件	3	21.8	18.7	3.1
特定工业用的其他机械	3	20.5	18.3	2.1
光学制品	4	18.1	20.4	-2.3
船舶及漂浮结构	2	16.4	29.2	-12.8
客运汽车	3	16	18.2	-2.1
录音机或放音机	4	15.6	25.8	-10.2
滚珠轴承或滚柱轴承	3	15.5	20.7	-5.1
未包覆、未镀或未涂的铁或非合金钢压延产品	2	14.8	12.8	1.9
板、片、薄膜、箔及条状塑料	4	14.7	7.8	6.9
合金钢的压延产品	2	14.5	21.5	-7
玻璃	1	14.2	13.3	0.9
钢轨及铁道铺轨用的材料、钢铁	2	13.6	11.4	2.2
内燃活塞发动机及零件	3	13.6	23.5	-10
传动轴	3	13.1	22.6	-9.5
土木工程和承包商的设备	3	12.9	14.9	-2
塑料的废料及碎屑	4	12.8	5	7.8
纺织及皮革用机械及零件	3	12	18.5	-6.5
土木工程、客运、货运、公路汽车零件及附件	3	11.9	17.4	-5.5

数据来源：联合国贸易数据库。

从 1980 年以来 30 年的变化情况看，日本工业产品的出口额占世界的比例大幅度下降（见图 2-12），特别是办公和通信设备，1984 年至 1986 年达到 29% 的高峰，随后不断下降，1990 年以后加速下降，到 2009 年只有 6%。汽车也是日本的优势产业，1990 年以后的出口市场份额也有所下降，1993 年最高达到 23%，2000 年只有 15%，随后较为稳定。按照世界贸易组织的统计数据，日本汽车出口额在美国、日本、德国、英国、法国、韩国这6个汽车出口大国中所占的比例一直在下降，从1994年的32.6%下降到2009年的23%，其中在北美市场的下降幅度最大，从46.7%下降到33.4%。由于日本在20世纪末大规模进行海外直接投资，这就降低了其本国的出口数字，所以从日本本国的出口额看其竞争力虽然下降，但实际未必如此。

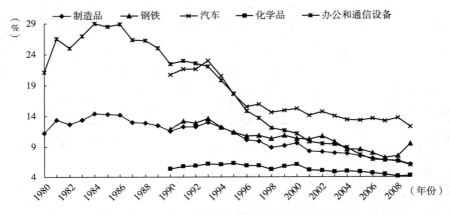

图2–12　日本工业品出口额占世界出口总额比例

数据来源：世界贸易组织。

表2–16列示了日本2010年贸易竞争力指数最大的20个工业行业。这些行业的贸易竞争力指数都非常高，最低值也高达0.762，远远高于其他发达国家的数字，这说明日本在这些行业的出口额远高于进口额。塑料废料及碎屑，公路汽车，钢轨及铁道铺轨用的材料、钢铁，船舶及漂浮结构，载货用及特殊用途车辆是日本2010年贸易竞争力最强的5个工业行业，净出口占贸易总额的比例都在94%以上，塑料的废料及碎屑、公路汽车更是高达99.5%、97.7%。日本是垃圾分类回收资源再利用最好的国家，日本国内的塑料垃圾经回收后就成为有价值的资源，大量出口，因此塑料的废料及碎屑的出口国际市场占有率在日本各行业中排在第18位，1995年以来贸易竞争力指数还提升了5.2个百分点。此外，钢轨及铁道铺轨用的材料、船舶及漂浮结构、切削材料的机床、合金钢的压延产品的贸易竞争力指数和出口国际市场占有率都排在前20位，是日本最具竞争力的行业。

表 2-16 日本 2010 年贸易竞争力指数最大的 20 个行业

行　业	技术水平	2010 年贸易竞争力指数（%）	1995 年贸易竞争力指数（%）	2010 年较 1995 年的变化（百分点）
塑料的废料及碎屑	4	0.995	0.943	0.052
公路汽车	3	0.977	0.969	0.008
钢轨及铁道铺轨用的材料、钢铁	2	0.966	0.884	0.082
船舶及漂浮结构	2	0.966	0.961	0.005
载货用及特殊用途车辆	3	0.941	0.962	-0.021
切削材料的机床	3	0.904	0.842	0.062
合金钢的压延产品	2	0.888	0.943	-0.055
锭状和其他原始形态的铁或钢；半成品	2	0.885	0.057	0.828
拖拉机	3	0.869	0.715	0.154
客运汽车	3	0.867	0.616	0.251
土木工程和承包商的设备	3	0.859	0.861	-0.002
金属加工机床（切削材料除外）	3	0.857	0.835	0.022
电影摄影和照相用品	4	0.854	0.678	0.176
经包覆、镀或涂的铁或非合金钢压延产品	2	0.827	0.766	0.061
水蒸汽轮机和其他蒸汽轮机及零件	3	0.811	0.498	0.313
钢铁的条材、棒材、角材、型材	2	0.806	0.75	0.056
蒸汽锅炉，附属设备；零件	3	0.786	0.904	-0.118
滚珠轴承或滚柱轴承	3	0.769	0.758	0.011
内燃活塞发动机及零件	3	0.762	0.92	-0.158
特定工业用的其他机械	3	0.762	0.741	0.021

数据来源：联合国贸易数据库。

日本 2010 年出口显示比较优势最大的 20 个工业行业与出口国际市场份额最高的 20 个行业完全相同（见表 2-17）。电影摄影和照相用品、切削材料的机床、水蒸汽轮机和其他蒸汽轮机及零件、特定工业用的其他机械、光学制品是日本 2010 年显示比较优势最大的 5 个工业行业，显示比较优势指数在 2.7~4，具有很强的竞争力。这 20 个行业的显示比较优势与 1995 年相比都保持稳定或有所上升，其中电影摄影和照相用品上升幅度最大，从 2.1 上升到 4，切削材料的机床从 2.8 上升到 3.7，显示比较优势大幅增强。

表 2-17　日本 2010 年出口显示比较优势最大的 20 个行业

行　业	技术水平	2010 年出口显示比较优势	1995 年出口显示比较优势	2010 年较 1995 年的变化
电影摄影和照相用品	4	4	2.1	1.9
切削材料的机床	3	3.7	2.8	0.9
水蒸汽轮机和其他蒸汽轮机及零件	3	3.2	1.7	1.6
特定工业用的其他机械	3	3	1.6	1.4
光学制品	4	2.7	1.8	0.9
客运汽车	3	2.4	1.6	0.8
船舶及漂浮结构	2	2.4	2.6	-0.2
滚珠轴承或滚柱轴承	3	2.3	1.8	0.5
录音机或放音机	4	2.3	2.3	0
板、片、薄膜、箔及条状塑料	4	2.2	0.7	1.5
未包覆、未镀或未涂的铁或非合金钢压延产品	2	2.2	1.1	1
玻璃	1	2.1	1.2	0.9
合金钢的压延产品	2	2.1	1.9	0.2
钢轨及铁道铺轨用的材料、钢铁	2	2	1	1
内燃活塞发动机及零件	3	2	2.1	-0.1
塑料的废料及碎屑	4	1.9	0.4	1.4
土木工程和承包商的设备	3	1.9	1.3	0.6
传动轴	3	1.9	2	-0.1
纺织及皮革用机械及零件	3	1.8	1.6	0.1
土木工程、客运、货运、公路汽车零件及附件	3	1.8	1.5	0.2

数据来源：联合国贸易数据库。

日本的优势产业中，大部分属于中等和高等技术水平，少量属于低等技术水平和劳动密集及资源密集型，如船舶及漂浮结构，合金钢的压延产品，未包覆、未镀或未涂的铁或非合金钢压延产品，钢铁的条材、棒材、角材、型材，锭状和其他原始形态的铁或钢，钢轨及铁道铺轨用的材料、钢铁，玻璃。日本与美国和英国不同的是，日本制造业出口国际市场占有率最高的是中等和低等技术水平的行业，随后才是高等技术水平的行业，未分类和劳动密集及资源密集型比例较低（见图 2－13）。1995 年以来，日本制造业出口额占世界的比例逐年下降，从 1995 年的 11.3% 下降到 2010 年的 6.8%，高等技术水平的行业下降速度快于其他行业，这与美国和英国的情况类似。

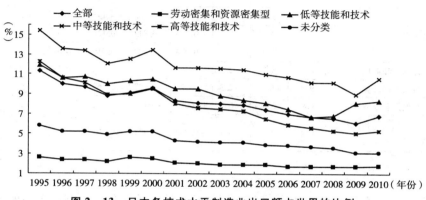

图 2－13　日本各技术水平制造业出口额占世界的比例

数据来源：联合国贸易数据库。

2. 服务贸易的国际竞争力及演化

从日本各服务行业在 2009 年的国际竞争力及 2000 年以来的变化情况（见表 2－18）可以看出，日本的商业服务总体国际竞争力较弱，商业服务出口的国际市场份额在 2009 年仅为 3.7%，贸易竞争力指数为 -0.77。日本国际竞争力最强的服务业是建筑，国际市场份额为 13.1%，显示比较优势指数为 3.5，国际竞争力很强，但与 2000 年相比竞争力下降，国际市场占有率、贸易竞争力指数、显示比较优势指数分别比 2000 年的水平下降了 33%、77%、16%。版权和许可费的出口国际市场占有率为 9.8%，是日本第二大服务出口行业。个人、文化和再创造服务，保险，计算机和信息，旅游服务是日本最弱的四个服务行业，出口国际市场份额很低，贸易基本是进口远高于出口。从 2000 年以来的变化趋势看，除计算机和信息服务的竞争力进一步减弱外，其他三个行业的劣势有所好转，旅游服务出口在贸易总额中的比例有了明显提高。

表 2 – 18　日本各服务行业的国际竞争力及变化

行　业	出口的国际市场份额(%)			贸易竞争力指数			显示比较优势指数		
	2009 年	20C0 年	变化	2009 年	2000 年	变化	2009 年	2000 年	变化
商业服务总计	3.7	4.7	– 1	– 0.077	– 0.205	0.128	1	1	0
1 运输	4.6	7 5	– 2.8	– 0.124	– 0.131	0.007	1.2	1.6	– 0.35
2 旅游	1.2	0.9	0.2	– 0.419	– 0.675	0.257	0.3	0.2	0.12
3 运输、旅游除外其他服务总计	4.6	5.9	– 1.4	0.017	– 0.106	0.123	1.2	1.3	– 0.04
1）通信	0.7	2.5	– 1.7	– 0.255	– 0.167	– 0.088	0.2	0.5	– 0.33
2）建筑	13.1	19.6	– 6.5	0.043	0.188	– 0.145	3.5	4.2	– 0.66
3）保险	1	0.7	0.3	– 0.713	– 0.842	0.128	0.3	0.1	0.13
4）金融	1.9	2.9	– 0.9	0.222	0.207	0.016	0.5	0.6	– 0.09
5）计算机和信息	0.5	3.2	– 2.8	– 0.627	– 0.323	– 0.304	0.1	0.7	– 0.57
6）版权和许可费	9.8	12.1	– 2.3	0.126	– 0.037	0.163	2.6	2.6	0.05
7）其他商业服务	4.9	5.6	– 0.7	0.045	– 0.157	0.202	1.3	1.2	0.13
8）个人、文化和再创造服务	0.4	0.5	– 0.1	– 0.732	– 0.833	0.101	0.1	0.1	0.01

数据来源：世界贸易组织。

图 2 - 14 显示了近 40 年来日本国内经济结构的变化。可以看出，日本经济中制造业的比重在持续下降，而金融、保险和商业服务业在快速上升。技术的进步使制造业利润越来越低，制造业的衰落是必然的，金融、通信、文化产业将替代制造业成为促进就业和经济增长的新动力。

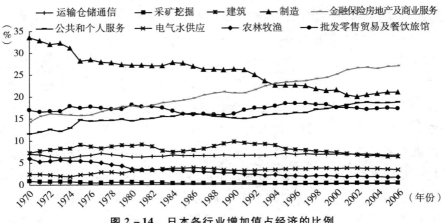

图 2 - 14　日本各行业增加值占经济的比例

数据来源：经济合作与发展组织。

二　竞争优势的来源

日本没有丰富的天然资源，在二战后紧随德国成为新兴的世界强国，可以说创造了奇迹。日本最有竞争力的产业是运输设备及相关机械、办公设备、电子产品、家用电器、照相机、传真机及工业机器人产业。在这些优势产业中，没有天然资源密集型产业，而其他发达国家都多少有一些天然资源优势产业。

1. 战后的重建需求促进了经济迅速发展

日本的工业化进程从 19 世纪就已经开始了，但被第二次世界大战这个特殊的历史事件所隔断。虽然本土并未像德国那样成为战场，战前和战时很多如光学设备制造的行业幸运地被保留了下来，但是由于战后的政治体制及世界环境完全不同，基础设施及金融的重建又受到了外来因素的支配，因此当今日本的大部分产业及其结构主要是在战后重新建立并逐步演化形成的。受战后初期政治因素的影响，日本通过终止的波利计划获得了好处。大部分未被战争摧毁的剩余重工业设施得以保留，而重建时期迅速恢复的需求使得钢铁、煤炭、造船、电力等行业开始复苏，上述产业也通过美国所提供的政策性贷款和商业投资获得了充沛的资金，率先完成了新设备的引进和技术升级。在整个经济解决了通货膨胀、政府盈余和国民收入稍有改善的时候，政府即开始制定产业规划和扶持政策，强化优势产业，通过规模化和设备大型化提高生产效率。1951 ~ 1955 年，日本制造业的劳动生产率提高了 47%，工业生产平均每年增长 12.3%，再加上朝鲜战争时期美国政府的庞大军需订单刺激了日本本土的相关产业的蓬勃发展，在 1956 年日本就具备了独立满足国内各方面需求的能力。但是在短暂的高速建设期结束后，这些产业必然面临产能和投资过剩的问题。为了保持国内经济的持续发展，日本政府从20 世纪 60 年代开始，一方面促进相关产业的出口，另一方面促进优势产业向下游和相关产业发展，重点支持汽车、电子、机械和石油化工产业，以保证原有产业的平稳调整，这种政策符合当时的国际国内情况。在国内，经过了 10 余年的恢复，国民生活水平早已超过了战前，正在追赶着发达国家的脚步，因此耐用个人消费品开始普及，手表、彩电、相机、摩托车呈现飞速增长；在国际上，美国开始集中发展半导体、通信设备等更先进产业，钢铁这类传统工业不再受到重视。日本利用自动化设备和精细管理下的高效率和低成本优势抓住机会取而代之，并维持了较长时间的优势。

2. 技术引进加速了产业升级转型

20 世纪 70 年代日本再一次转变产业结构，开始从资本密集型向技术密集型转变，从投资主导型向出口主导型转变。由于当时日元已经开始升值，传统的出口产业生存日益艰难，本国的产品竞争力持续下降。然而日本借助货币升值的机会进行技术引进，例如购买专利技术，1956 年引进以专利等基本技术为主的甲种技术约 100 项，1960 年约 300 项，1971 年突破了 1500 项。据日本长期信用银行的调查，日本通过引进技术在 15 年内就吸收了全世界用半个世纪开发的几乎全部先进技术，而支付的外汇不到 60 亿美元。后来这些技术转化为商用，并为日本企业提高产品的国际竞争力打下了基础。到 1970 年代末，日本的大企业，如索尼、东芝、三菱、松下、佳能、花王、三洋、夏普、丰田，都已成为各行业内最优秀的代表，它们不但在产品占有率上，而且在新技术研发成果方面也已经超越了原先的技术输出国美国。石油危机后的 1974～1980 年 GDP 年平均增长速度超过 10%。这得益于整个国家给予的各项支持。

20 世纪 80 年代初期日本经济仍持续繁荣，国内过剩的产能和激烈的竞争使国内产品物美价廉，贸易顺差使得资本充裕，海外扩张增加。1974～1985 年，出口对经济增长的拉动上升至 30% 以上，出口占总需求的比重不断上升。但出口在日元大幅升值之后受到了冲击。此时的日本政府为了保持经济增长采取了扩张性财政政策、超宽松的货币政策，错误的政策造成国内过剩的资本急剧增加，纷纷流向了股市和房地产等领域，泡沫逐步形成。泡沫破灭后，日本经济增长陷入了停滞。

3. 产业向国外转移扩大了出口需求

日本缺乏天然生产要素，缺乏可利用的土地，地形多山，自然资源匮乏，地理位置也远离原料来源地和市场。这些因素都不利于制造业的生产和发展，虽然日本在压缩生产空间、自动化、节约能源方面做出了极大的努力，并在世界领先，但无法弥补在天然条件上的劣势，大部分制造业转向国外。从 1973 年起，日元开始升值，国外的商品和服务涌入日本国内市场。受影响最大的是制造业，特别是以出口为主的制造业。制造业使日本成为世界经济强国，但产能过剩、竞争加剧迫使制造业通过自动化提高生产率，转型到更精细的相关产业，或从国内市场转向国外市场，以出口消耗国内过剩的产能，并在国外建立生产基地。

建造生产基地的地点一是要有廉价的生产要素，还要接近产品的市场。例如日本先将简单装配的电子工业转移到韩国、中国、马来西亚和泰国。在中国等亚洲新兴工业化地区有廉价的劳动力和较低的环境标准，而且中国人口多，市场需求巨大。1980 年后日本汽车生产企业在美国设立工厂也是为了接近目标市场。由于同亚洲新兴工业国家的竞争加剧，日本制造业中的标准化批量生产全部转移到国外。当北美、亚洲的生产基地不具备廉价生产要素和庞大市场需求的优势时，日本制造业又不断寻求新的生产基地。

三　日本产业转移的影响

日本对外产业转移中严格控制高技术外流，主要是将劳动密集和污染环境严重的产业转移到东亚其他国家和地区。日本的产业转移带动当地经济的发展，也造成竞争激烈和环境破坏。日本制造业的转移有几个方面的影响。

第一，缓解日本国内产能过剩、竞争激烈的状况，以国外市场的需求弥补国内市场需求不足。以工业机器人为例。日本是全球最大的工业机器人生产国和出口国，1980 年代中期日本制造的工业机器人占全球一半以上。工业用机器人最早发源于美国，而后由于日本的汽车和电子产业快速成长，人力短缺严重，对机器人有很大的需求，因此很早就引入了工业机器人。机器人能提高生产率、提高质量、保持稳定状态。而且不同于其他国家，日本有终身雇用制度保障，工人不把机器人视作对手，因此机器人在日本工业中大量使用。机器人制造有大量的关联产业，许多制造商同时也在机械和电子等相关产业整合经营，产业链上下游的紧密联系和反馈加速了技术的不断创新和积累，使日本成为世界最早、最大的机器人市场。机器人也为日本制造业带来了一次革新，使日本成为制造业强国。1987年，日本部分机器人的国内市场已经饱和，各汽车厂大部分装配线已自动化，竞争激烈，机器人厂商不断寻找机器人的新用途，并面向国外市场，出口开始增长，1981 年出口只占产值的 5%，而 1985 年已占 20%。

第二，对当地同行业企业造成竞争压力，挤压同行业企业利润。日本企业的生产效率高，日本的汽车制造商发明了一套全新的系统，比其他国家的汽车制造系统的效率都高。在 20 世纪 80 年代，日本多家汽车公司相继在美国、英国建立了工厂。美国汽车业的市场占有率下降，日本汽车却不断推出新型汽车。

第三，外商直接投资带动当地经济的发展。生产基地选在具有廉价生产要素的国家，促进当地就业人数的增加和工资的上涨，经济发展。中国近年来快速发展的重要原因就是廉价劳动力吸引了发达国家转移来的简单制造业，就业人数增加。

第四，发达国家将高污染、高耗能的产业转移到资源和环境成本低的地区，造成当地环境恶化，能源消耗增长。美国对高污染企业有严格的准入标准和监管，而中国的环境标准低，发达国家将不符合本国环境保护要求或环境成本过高的产业和生产技术转移到中国。

第五，高水平的技术和管理向转移地溢出，技术扩散速度加快。王红领等（2006）研究了 FDI 的进入对内资企业自主创新能力的影响，用科技开放和 FDI 行业数据支持 FDI 对民族企业自主创新有利的观点。吴延兵（2008）用 1996~2003 年中国地区工业面板数据发现，自主研发和国外技术引进对生产率有显著促进作用。

第四节 德国产业竞争优势的演化

德国许多产业的优势地位在 19 世纪末就已确立，并长久保持。德国的技术基础雄厚，尽管在两次世界大战中战败，资源和基础设施都被严重破坏，很长时间受到制裁，但在二战后不久的几十年间就从战争废墟中迅速再次变为强大的发达国家。

一 竞争优势及其演变

1. 商品贸易的国际竞争力及其演化

德国在机械制造业、化学、医药领域具有优势。2010 年德国出口具有国际竞争力的产品是公路车辆，金属加工机械，通用工业机械和设备及机器零件，染、鞣及着色材料，非原始形态的塑料，医用和药用产品，特种工业专用机械，动力机械及设备，化学材料和产品，纸和纸制品，出口额占世界出口总额的比例在 14%~18.3% 间，显示比较优势指数在 1.7~2.2 间，是德国最具竞争力的 10 个行业，其中金属加工机械，特种工业专用机械，公路车辆，通用工业机械和设备及机器零件，非原始形态的塑料，染、鞣及着色材料的贸易竞争力指数在 0.386~0.525，具有很强的贸易优势（见表 2 - 19）。1995 年的前 5 个优势行业是染、鞣及着色的材料，特种工业专用机械，通用工业机械和设备及机器零件，非原始形态的塑料，金属加工机械，出口国际市场占有率在 17.9%~21% 间。德国优势产业的国际市场占有率从 1995 年以来保持稳定，变化最大的是染、鞣及着色的材料和特种工业专用机械，分别降低了 5.2 个和 4.7 个百分点。

表 2-19 德国各行业的国际竞争力及其变化

行　业	出口的国际市场份额(%)			贸易竞争力指数			显示比较优势指数		
	2010 年	1995 年	变化	2010 年	1995 年	变化	2010 年	1995 年	变化
全部	8.4	10.2	-1.8	0.087	0.06	0.027	1	1	0
0 食品和活动物	6	5.9	0.1	-0.067	-0.286	0.22	0.7	0.6	0.14
1 饮料及烟草	8.5	6	2.5	0.113	-0.119	0.232	1	0.6	0.43
2 非食用原料（燃料除外）	3.6	4.6	-1	-0.268	-0.352	0.085	0.4	0.4	-0.02
3 矿物燃料、润滑油及相关材料	1	1.3	-0.3	-0.672	-0.703	0.031	0.1	0.1	-0.01
4 动植物油、脂和蜡	2.9	6.4	-3.4	-0.239	0.11	-0.349	0.3	0.6	-0.27
5 化学品和相关产品	11	14.6	-3.6	0.165	0.24	-0.075	1.3	1.4	-0.11
有机化学品	6.8	12.9	-6.1	-0.04	0.184	-0.224	0.8	1.3	-0.45
无机化学品	8.9	12.2	-3.3	0.035	0.192	-0.157	1.1	1.2	-0.13
染、鞣及着色材料	15.8	21	-5.2	0.386	0.505	-0.118	1.9	2.1	-0.17
医用和药用产品	14.4	14.2	0.2	0.164	0.213	-0.049	1.7	1.4	0.32
香精油、香料及清洁制剂	11.2	12.6	-1.4	0.281	0.179	0.102	1.3	1.2	0.11
肥料（天然肥料除外）	4	6.6	-2.6	0.249	-0.006	0.255	0.5	0.6	-0.17
原始形态的塑料	8.2	15	-6.8	0.115	0.186	-0.071	1	1.5	-0.48
非原始形态的塑料	14.9	17.9	-3	0.388	0.281	0.106	1.8	1.8	0.02
化学材料和产品	14	17.3	-3.3	0.246	0.349	-0.103	1.7	1.7	-0.02
6 主要按原料分类的制成品	8.3	10.4	-2.1	0.103	0.041	0.061	1	1	-0.03
皮革、皮革制品、裘皮	3.7	5.4	-1.7	0.013	-0.014	0.027	0.4	0.5	-0.09
橡胶制品	10.6	12.2	-1.7	0.074	0.041	0.033	1.3	1.2	0.06
软木和木材制品（家具除外）	9.5	6.2	3.2	0.088	-0.379	0.468	1.1	0.6	0.52
纸和纸制品	14	12.9	1.1	0.248	0.124	0.124	1.7	1.3	0.41

续表

行　业	出口的国际市场份额（%）			贸易竞争力指数			显示比较优势指数		
	2010 年	1995 年	变化	2010 年	1995 年	变化	2010 年	1995 年	变化
纺织纱丝及相关产品	5	8.9	-3.9	0.028	0.07	-0.043	0.6	0.9	-0.27
非金属矿制品	5.1	7.3	-2.2	0.204	-0.026	0.23	0.6	0.7	-0.1
钢铁	7.3	11.6	-4.3	0.04	0.061	-0.02	0.9	1.1	-0.27
有色金属	7.6	9.1	-1.5	-0.054	-0.096	0.042	0.9	0.9	0.01
金属制品	12.5	14.2	-1.7	0.227	0.165	0.062	1.5	1.4	0.1
7 机械及运输设备	11.4	12.4	-1.1	0.235	0.241	-0.006	1.4	1.2	0.14
动力机械及设备	14.1	12.1	2	0.192	0.188	0.005	1.7	1.2	0.5
特种工业专用机械	14.2	18.9	-4.7	0.524	0.565	-0.041	1.7	1.9	-0.15
金属加工机械	17	17.9	-0.9	0.525	0.47	0.054	2	1.8	0.28
通用工业机械和设备及机器零件	16.2	18.2	-2	0.409	0.415	-0.007	1.9	1.8	0.15
办公用机器及自动数据处理机器	4.7	5.2	-0.5	-0.189	-0.261	0.073	0.6	0.5	0.05
电信、录音设备	3.4	5.9	-2.5	-0.213	-0.046	-0.167	0.4	0.6	-0.17
电动机械、设备、装置	8.1	9.9	-1.8	0.087	0.132	-0.045	1	1	-0
公路车辆	18.3	17	1.3	0.448	0.314	0.134	2.2	1.7	0.52
其他运输设备	13.2	10.4	2.8	-0.005	0.32	-0.326	1.6	1	0.55
8 杂类制成品	7.8	8.1	-0.3	0.049	-0.139	0.187	1	0.8	0.14
预制建筑物；卫生，供暖，照明装置	11.3	12	-0.7	0.136	-0.132	0.267	1.3	1.2	0.17
家具及零件	8.1	10.1	-2	-0.069	-0.192	0.123	1	1	-0.03
旅行用具、手提包及类似容器	2.6	2.7	-0.1	-0.358	-0.503	0.145	0.3	0.3	0.04
各种服装和服饰品	4.5	4.5	-0	-0.316	-0.532	0.216	0.5	0.4	0.09
鞋类	3.9	3.1	0.8	-0.324	-0.546	0.222	0.5	0.3	0.17
专业、科学及控制用仪器和设备	11.7	15.4	-3.7	0.323	0.288	0.035	1.4	1.5	-0.12
摄影仪器、光学制品、表、钟	6.7	8.1	-1.4	0.14	0.011	0.129	0.8	0.8	0.01
杂类制成品	8.6	8.8	-0.2	0.15	0.058	0.092	1	0.9	0.16

数据来源：联合国贸易数据库。

　　表 2-20 列示了德国 2010 年出口额占世界比例最大的 20 个工业行业，这 20 个行业同时也是出口显示比较优势最大的 20 个行业（未另列示）。这些工业行业的国际市场占有率都很高，最低的是 16.4%，最高的是 38%，反映出德国具有很多很强的优势产业。其中国际市场占有率最高的 5 个工业行业是塑料单丝（截面 > 1 毫米）、印刷和装订机械及其零件、传动轴、客运汽车、飞机和相关设备及航天飞机，出口额占世界的比例为 22% ~ 38%，显示比较优势指数为 2.2 ~ 3.7。1995 年国际市场份额最大的 5 个行业是塑料单丝（截面 > 1 毫米），印刷和装订机械及其零件，液体泵，非电动机械、工具和机械器械及零件，纺织及皮革用机械及零件，国际市场份额在 25% ~ 39%。1995 年的前 20 个优势行业在 2010 年仍有 11 个位于前 20 位，塑料单丝（截面 > 1 毫米）和印刷装订机械的市场占有率一直保持稳定，分别在 38% 和 31% 左右，出口显示比较优势指数分别为 3.7 和 2.9。公路汽车、纺织及皮革用机械及零件 1995 年的市场占有率在 25% 以上，到 2010 年分别下降 14.5 个、16.2 个百分点，下降幅度约 40%。飞机和相关设备及航天飞机行业的市场占有率从 1995 年的 11.5% 提升到 2010 年的 22.3%，提升了约 1 倍，跃居第 5 大出口优势行业。

　　汽车和机械一直保持着国际竞争优势，专业化机械的出口优势还在增强。2009 年，机械和运输设备出口额占世界的比例为 12.5%，比 1991 年的 15.6% 有所下降。1990 年，德国的汽车出口额占世界的 22%，1993 ~ 1994 年下降到 15%，但随后又恢复到 18%，2009 年为 18.6%。日本汽车出口额在 1991 ~ 1994 年超过了德国，而后持续下降，2009 年占世界的 12%，远低于德国。德国汽车出口额在美国、日本、德国、英国、法国、韩国这 6 个汽车出口大国中所占的比例也在逐年上升，从 1994 年的 28% 到 2009 年的 35.8%，特别是在欧洲市场更是高达 55%，亚洲占 29%，北美占 17%，中国占 33%。从制造商产量来看，2009 年，德国大众公司的汽车产量为 606.7 万辆，次于美国通用的 645.9 万辆，排在第 3 位，戴姆勒排在第 12 位。德国汽车生产高级轿车，目标市场是高端消费者，宝马、奔驰是贵族品牌，因此产量规模不如美国和日本。

表 2 - 20　德国 2010 年出口额占世界比例最大的 20 个行业

行　业	技术水平	2010 年出口额占世界比例（%）	1995 年出口额占世界比例（%）	2010 年较 1995 年的变化（百分点）
塑料单丝（截面 >1 毫米）	4	38	38.5	- 0.5
印刷和装订机械及其零件	3	30.1	31.8	- 1.7
传动轴	3	23.5	24.4	- 0.9
客运汽车	3	22.8	20.9	1.9
飞机和相关设备、航天飞机等	4	22.3	11.5	10.8
造纸厂和制浆厂机械、制造纸制品的机械	3	21.1	21.2	- 0.1
铁路车辆及相关设备	2	20.9	17.8	3.1
非电动机械、工具和机械器械及零件	3	20.4	25.6	- 5.2
医用电子诊断设备	3	20.4	21.7	- 1.3
液体泵	3	18.5	25.7	- 7.2
管、水管、塑料软管	4	18.3	20	- 1.7
食品加工机械（非家用的）	3	18.2	19.1	- 0.9
适用于加工金属、切削材料的机器零件及附件	3	18.2	19.6	- 1.4
切削材料的机床	3	18.1	17.5	0.6
动力机械及零件	3	17.8	24.3	- 6.5
卫生、水道、供暖设备和配件	2	17.5	18.2	- 0.7
拖拉机	3	17.3	19.1	- 1.8
测量、分析及控制用仪器	4	16.9	15.9	1
农用机械（拖拉机除外）及零件	3	16.7	17.9	- 1.2
滚珠轴承或滚柱轴承	3	16.4	18.2	- 1.8

数据来源：联合国贸易数据库。

在德国 2010 年贸易竞争力指数最大的 20 个工业行业中，绝大部分是机械设备，贸易竞争力指数最高的是塑料单丝（截面 >1 毫米），为 0.707，最低值是 0.438，远高于美国、英国的水平（见表 2 - 21）。贸易竞争力指数在 60% 以上的行业还有纺织及皮革用机械及零件、食品加工机械（非家用的）、印刷和装订机械及其零件、塑料的废料及碎屑、金属加工机床（切削材料的除外）、金属加工机械（机床除外）及零件。其中除塑料的废料及碎屑、金属加工机械（机床除外）及零件这2个行业外，其他5个同时也是国际占有率最高的行业。塑料的废料及碎屑是与1995年相比变化最大的行业，从1995年的0.135上升到2010年的0.632。武器和弹药、客运汽车也有大幅度提升，分别比1995年提高了1倍和60%。其他优势产业的贸易竞争力指数变化不大。

表 2 - 21　德国 2010 年贸易竞争力指数最大的 20 个行业

行　业	技术水平	2010 年贸易竞争力指数	1995 年贸易竞争力指数	2010 年较 1995 年的变化
塑料单丝（截面 >1 毫米）	4	0.707	0.631	0.076
纺织及皮革用机械及零件	3	0.683	0.745	- 0.062
食品加工机械（非家用的）	3	0.649	0.664	- 0.015
印刷和装订机械及其零件	3	0.646	0.694	- 0.048
塑料的废料及碎屑	4	0.632	0.135	0.497
金属加工机床（切削材料的除外）	3	0.619	0.594	0.025
金属加工机械（机床除外）及零件	3	0.607	0.52	0.087
非电动机械、工具和机械器械及零件	3	0.57	0.591	- 0.021
客运汽车	3	0.57	0.353	0.217
造纸厂和制浆厂机械、制造纸制品的机械	3	0.559	0.574	- 0.015
公路汽车	3	0.546	0.448	0.098
机械装卸设备及零件	3	0.533	0.409	0.124
切削材料的机器	3	0.532	0.449	0.083
特定工业用的其他机械	3	0.519	0.565	- 0.046
拖拉机	3	0.502	0.625	- 0.123
医用电子诊断设备	3	0.493	0.462	0.031
武器和弹药	0	0.476	0.238	0.238
传动轴	3	0.472	0.476	- 0.004
土木工程和承包商的设备	3	0.448	0.26	0.188
管、水管、塑料软管	4	0.438	0.251	0.187

数据来源：联合国贸易数据库。

德国制造业出口国际市场占有率最高的是中等技术水平的行业，随后是低等技术水平的行业，其余类别的比例较低（见图 2 – 15）。1995 年以来，德国制造业出口额占世界的比例保持稳定，1995 年为 11.7%，2010 年为 10.4%，德国得以保持持久的竞争力不同于美国、英国、日本。在德国国内的经济结构中，德国中高技术水平的产业①增加值占制造业的比例约为 42%，而美国、日本、英国、瑞典分别为 26%、30%、26%、32%。但德国的高技术水平产业②增加值占制造业的比例不高，约为 10%，比例最高的是美国，为 17%。

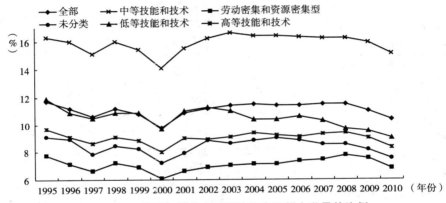

图 2 – 15　德国各技术水平制造业出口额占世界的比例

数据来源：联合国贸易数据库。

2. 服务贸易的国际竞争力及其演化

从德国各服务行业在 2009 年的国际竞争力及 2000 年以来的变化情况可以看出（见表 2 – 22），德国商业服务总体国际竞争力不强，一直是商业服务的净进口国家，近年来的状况大大好转，进口与出口的不平衡在大幅度减小，一些行业转为净出口。德国商业服务出口的国际市场份额 2009 年为 6.7%，与英国相当，贸易竞争力指数为 – 0.056，进口仍高于出口，但已明显好于 2000 年的 – 0.261。德国国际竞争力最强的服务业是建设，国际市场份额为 13.6%，高于日本，显示比较优势指数为 2，与 2000 年相比，建筑服务的国际市场占有率保持稳定，贸易竞争力指数大幅度提高，由净进口转为净出口，出口显示比较优势指数由 2.6 下降到

---

① 经济合作与发展组织统计的这些产业包括非制药类化学、机械设备、电动机械、汽车、铁路及机车。

② 经济合作与发展组织统计的这些产业包括制药、光电设备、飞机、航天器。

2。随后是其他商业服务、电子和信息服务,是德国出口国际市场占有率的第 2、第 3 大服务业。旅游,个人、文化和再创造服务,通信服务是德国进口超过出口最为突出的 3 个服务行业,但这 3 个行业的出口国际市场份额并不低,为 3%~5%。

与 2000 年相比,德国服务业的贸易竞争力明显增强,大部分服务业的出口国际市场占有率和贸易竞争力指数提高了,净进口占贸易总额的比例缩小或转为净出口。2000 年个人、文化和再创造服务的贸易竞争力指数为 - 0.80,2010 年为 - 0.40,类似的还有版权和许可费、通信、运输服务,都是净进口比例大幅缩小。保险、其他商业服务、电子和信息、建筑服务由净进口转为净出口。金融服务的净出口比例进一步提高。

表 2 - 22 德国各服务行业的国际竞争力及其变化

行 业	出口的国际市场份额(%)			贸易竞争力指数			显示比较优势指数		
	2009 年	2000 年	变化	2009 年	2000 年	变化	2009 年	2000 年	变化
商业服务总计	6.7	5.4	1.3	-0.056	-0.261	0.205	1	1	0
1 运输	7.6	5.8	1.8	-0.003	-0.115	0.112	1.1	1.1	0.06
2 旅游	4	3.9	0.1	-0.401	-0.479	0.078	0.6	0.7	-0.13
3 除运输、旅游外其他服务总计	7.6	6.2	1.4	0.076	-0.169	0.246	1.1	1.2	-0.02
1) 通信	5.3	4.3	1	-0.153	-0.368	0.215	0.8	0.8	-0.01
2) 建筑	13.6	14.2	-0.6	0.132	-0.075	0.207	2	2.6	-0.61
3) 保险	6	2.2	3.8	0.188	-0.292	0.48	0.9	0.4	0.49
4) 金融	4.7	3.5	1.1	0.307	0.279	0.028	0.7	0.7	0.04
5) 计算机和信息	7.6	7.8	-0.2	0.086	-0.134	0.22	1.1	1.5	-0.32
6) 版权和许可费	6.2	3.4	2.7	-0.018	-0.322	0.304	0.9	0.6	0.29
7) 其他商业服务	8.7	7.6	1.1	0.08	-0.147	0.228	1.3	1.4	-0.11
8) 个人、文化和再创造服务	3.1	1.6	1.5	-0.396	-0.80	0.405	0.5	0.3	0.17

数据来源:世界贸易组织。

从德国的经济结构看,德国的制造业增加值占本国经济的 23%,高于日本的 20% 和美、英的 12%。德国一直是工业品的净出口国。近 40 年德国服务业迅速发展,增加值在 20 世纪末已超过制造业,是经济中最大的成分(见图 2 - 16)。2010 年服务出口额占世界的 6%,与英国相当,排在第 2~3

位。德国一直是商业服务的净进口国。

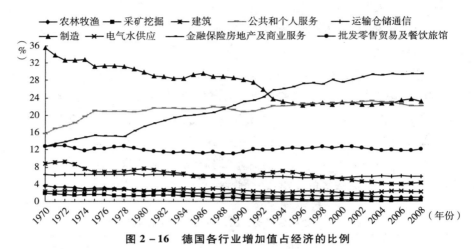

图 2 – 16　德国各行业增加值占经济的比例
数据来源：经济合作与发展组织。

二　竞争优势的来源

1. 研发优势

德国的科技基础雄厚，劳动力技术水平高。德国的劳动人口受到良好的教育、政局稳定、基础设施健全。虽然缺乏丰富的天然资源，但具有高素质的劳动力，这是德国产业升级的优势和迅速崛起的原因。德国的人力资源培养体系特点突出，德国科技基础雄厚，在许多科学领域的成就已领先百年，科学和工程领域有世界级水平的研究。教育质量高，重视技术职业教育，有完备的学徒教育制度，紧密结合技术和实务，因此其劳动力的专业技术水平高。这种教育模式使得人才专注于传统技术，擅长进行传统产业技术升级。

德国因劳动力缺乏导致德国的新产业开发较落后，在电子和计算机等新兴产业大幅落后于美国和日本，只能通过在海外与外国合作来学习，制约了其发展。德国的办公和通信设备制造有下降趋势。机械制造中的办公和通信设备制造并不是德国的强项，仅占世界出口额的 4%~6%，仍有下降的趋势。由于日本和美国办公和通信设备制造的出口在近 30 年有大幅度下降，2009 年分别占 8.5%、6%，德国的差距不是很大；而 1982 年、1984 年，美国、日本分别占 22%、29%，德国当时十分落后，德国在新兴技术发展方面不如美国和日本。

2. 产业集群优势

德国有很多集群产业。在产业群的发展过程中，强大的上游产业会带动下游和相关产业的发展。化学、制药、金属制品和机械、运输设备制造、印刷设备都是德国最具竞争力的重要产业群。德国具有国际竞争优势的产业很多，特别是研发密集型制造产品，占世界出口比例很高。德国企业在生产流程复杂的行业有强大的竞争力，如合成化学与精密制造机械，一直保持着强大的竞争优势。德国的化学产业是最具国际竞争力的产业群，在化学相关的很多领域都世界领先。比如在 1990 年，德国化学品出口额占世界 18%，远超过位居第二的美国（13%）和第三的英国（8%）。近 20 年德国化学品的国际市场份额有所下降，2009 年下降到 12.6%，而美国为 11%，英国为5%，与美国的优势在逐步缩小。

第五节　瑞典产业竞争优势的演化

瑞典是北欧的工业强国，它凭借国际化在二战后发展起来，国土面积很小，但经济水平却很高，是世界上人均 GDP 最高的国家之一。2009 年，瑞典人均 GDP 为 30899 美元（2000 年美元），在本章研究的 5 个发达国家中次于美国、日本排在第 3 位；1970 年为 16526.55 美元（2000 年美元），排第 2 位，1970 ~ 2009 年增长了 87%，年均增长 2.2%。1970 ~ 2009 年瑞典的 GDP 平均增长率为 2.5%，而世界同期为 3.09%。受经济危机影响，2009 年萎缩了5.14%，而世界萎缩了 1.92%。

一　竞争优势及其演变

1. 商品贸易的国际竞争力及演化

从瑞典各行业的国际竞争力及变化（见表 2 - 23）看，2010 年，瑞典出口具有国际竞争力的产品是纸和纸制品，出口额占世界出口总额的比例是 6.6%，出口显示比较优势指数是 6.3，贸易竞争力指数是 0.69，表现出很强的国际竞争力。瑞典在其他行业的国际市场占有率都低于 2%，瑞典还在医用和药用产品，电信、录音设备，动力机械及设备，通用工业机械和设备及机器零件，钢铁这 5个行业有竞争优势，出口的国际市场份额在 1.7% ~ 2% 间，贸易竞争力指数在0.11 ~ 0.39 间，出口显示比较优势指数在 1.6 ~ 1.9 间，优势不如纸和纸制品。从近年来的变化趋势看，瑞典的前 3 个优势产业一直是纸和纸制品，医用和药用产品，电信、录音设备，但它们的国际竞争力在下降，与 1995 年相比，国际市场份额分别下降了 1.2 个、1.5 个、1.7 个百分点，由于市场份额本来就不高，相当于 1995 年水平的 15%、43%、49%。1995 年的其他优势行业，如预制建筑物及卫生、供暖、照明装置，非食用原料（燃料除外），钢铁，家具及零件，软木和木材制品（家具除外），动力机械及设备，通用工业机械和设备及机器零件，竞争力也都在下降。除纸和纸制品外，瑞典各行业的国际市场份额都不高，而且还在下降，1995 年国际市场份额超过 2% 的行业有 13 个，而 2010 年仅有 1 个，表明瑞典的国际竞争力在减弱。

表 2-23　瑞典各行业的国际竞争力及其变化

行　业	出口的国际市场份额（%）			贸易竞争力指数			显示比较优势指数		
	2010 年	1995 年	变化	2010 年	1995 年	变化	2010 年	1995 年	变化
全部	1	1.5	-0.5	0.032	0.114	-0.082	1	1	0
0 食品和活动物	0.7	0.4	0.3	-0.277	-0.423	0.146	0.7	0.3	0.41
1 饮料及烟草	0.8	0.4	0.4	-0.162	-0.285	0.123	0.8	0.2	0.53
2 非食用原料（燃料除外）	1.6	2.8	-1.2	0.388	0.44	-0.052	1.6	1.9	-0.29
3 矿物燃料、润滑油及相关材料	0.5	0.4	0.1	-0.286	-0.424	0.138	0.5	0.3	0.2
4 动植物油、脂和蜡	0.3	0.3	0.1	-0.418	-0.406	-0.012	0.3	0.2	0.14
5 化学品和相关产品	1.1	1.1	-0	0.055	-0.129	0.184	1	0.7	0.3
有机化学品	0.3	0.4	-0.1	-0.493	-0.496	0.003	0.3	0.2	0.05
无机化学品	0.4	0.5	-0.1	-0.603	-0.605	0.002	0.4	0.3	0.08
染、鞣及着色材料	1.5	1.2	0.3	0.135	-0.124	0.26	1.4	0.8	0.61
医用和药用产品	2	3.5	-1.5	0.389	0.371	0.018	1.9	2.3	-0.4
香精油、香料及清洁制剂	0.7	0.8	-0.1	-0.166	-0.295	0.129	0.7	0.5	0.13
肥料（天然肥料除外）	0.3	0.4	-0.1	-0.336	0.075	-0.411	0.2	0.3	-0.02
原始形态的塑料	1	0.4	0.7	0.051	-0.62	0.671	1	0.2	0.74
非原始形态的塑料	0.9	1.3	-0.4	-0.035	-0.096	0.061	0.9	0.9	0.01
化学材料和产品	1	0.9	0	-0.00	-0.212	0.212	0.9	0.6	0.31
6 主要按原料分类的制成品	1.5	2.2	-0.7	0.189	0.28	-0.091	1.4	1.5	-0.06

续表

行　业	出口的国际市场份额(%)			贸易竞争力指数			显示比较优势指数		
	2010 年	1995 年	变化	2010 年	1995 年	变化	2010 年	1995 年	变化
皮革、皮革制品、裘皮	0.3	0.4	−0.1	0.068	−0.023	0.091	0.3	0.2	0.04
橡胶制品	0.9	1.5	−0.6	−0.228	−0.204	−0.024	0.8	1	−0.15
软木和木材制品（家具除外）	1.4	2.4	−1	−0.063	0.333	−0.396	1.4	1.6	−0.25
纸和纸制品	6.6	7.8	−1.2	0.693	0.775	−0.083	6.3	5.2	1.16
纺织纱丝及相关产品	0.3	0.5	−0.1	−0.21	−0.205	−0.005	0.3	0.3	0
非金属矿制品	0.3	0.6	−0.3	−0.262	−0.10	−0.162	0.3	0.4	−0.08
钢铁	1.7	2.8	−1.1	0.11	0.22	−0.11	1.6	1.8	−0.23
有色金属	1	1.2	−0.2	0.077	−0.052	0.129	1	0.8	0.18
金属制品	1.3	2.1	−0.7	0.05	0.089	−0.039	1.3	1.4	−0.09
7 机械及运输设备	1.1	1.7	−0.5	0.046	0.118	−0.072	1.1	1.1	−0.03
动力机械及设备	1.8	2.4	−0.6	0.24	0.16	0.08	1.7	1.6	0.14
特种工业专用机械	1.3	1.6	−0.3	0.226	0.161	0.066	1.3	1.1	0.2
金属加工机械	1.3	1.9	−0.5	0.306	0.154	0.151	1.3	1.2	0.05
通用工业机械和设备及机器零件	1.8	2.4	−0.6	0.188	0.116	0.072	1.7	1.6	0.17
办公用机器及自动数据处理机器	0.4	0.4	0	−0.411	−0.573	0.162	0.4	0.3	0.1
电信、录音设备	1.9	3.5	−1.7	0.22	0.401	−0.181	1.8	2.3	−0.56
电动机械、设备、装置	0.7	0.8	−0.2	−0.161	−0.173	0.012	0.6	0.6	0.1
公路车辆	1.2	2	−0.8	−0.028	0.268	−0.296	1.2	1.3	−0.15
其他运输设备	0.4	1.4	−1	0.099	0.29	−0.19	0.4	0.9	−0.57
8 杂类制成品	0.8	1	−0.2	−0.082	−0.131	0.049	0.8	0.6	0.14
预制建筑物；卫生，供暖，照明装置	1.5	2.9	−1.4	0.032	0.298	−0.266	1.4	1.9	−0.46
家具及零件	1.7	2.7	−1	0.051	0.264	−0.213	1.6	1.8	−0.19
旅行用具、手提包及类似容器	0.2	0.1	0.1	−45	−0.755	0.305	0.002	0.1	0.17
各种服装和服饰品	0.4	0.2	0.2	−0.424	−0.70	0.277	0.4	0.1	0.23
鞋类	0.2	0.1	0.1	−0.582	−0.714	0.132	0.2	0.1	0.12

行　业	出口的国际市场份额(%)			贸易竞争力指数			显示比较优势指数		
	2010 年	1995 年	变化	2010 年	1995 年	变化	2010 年	1995 年	变化
专业、科学及控制用仪器和设备	1	2	-1	0.139	0.029	0.11	1	1.3	-0.38
摄影仪器、光学制品、表、钟	0.3	0.4	-0.1	-0.301	-0.397	0.096	0.3	0.3	0.02
杂类制成品	1	1.1	-0.1	-0.027	-0.039	0.013	1	0.7	0.26

数据来源：联合国贸易数据库。

表 2 - 24 列示了瑞典 2010 年出口额占世界比例最大的 20 个工业行业，这 20 个行业同时也是出口显示比较优势最大的（见表 2 - 26）。纸和纸板，合金钢的压延产品，动力机械及零件，造纸厂和制浆厂机械、制造纸制品的机械，公路汽车是瑞典 2010 年国际市场竞争力和出口显示比较优势最大的 5 个工业行业，纸和纸板的国际市场份额是 8.5%，出口显示比较优势是 7.3，其他 4 个行业的国际市场份额在 4.2% ~ 5.2% 间，出口显示比较优势在 3.6 ~ 4.5 间。1995 年，国际市场份额最大的 5 个行业是纸和纸板，预制建筑物，造纸厂和制浆厂机械、制造纸制品的机械，铁丝或钢丝，合金钢的压延产品，市场份额在 5.8% ~ 9.3% 间。纸和纸板，合金钢的压延产品，动力机械及零件，造纸厂和制浆厂机械、制造纸制品的机械一直是瑞典最有竞争力的几个行业。而 1995 年国际市场份额为 8.3%、排在第 2 位的预制建筑物行业在 2010 年下滑到 2.6%，排在第 12 位。水蒸汽轮机和其他蒸汽轮机及零件、公路汽车的国际市场份额上升，成为新的优势产业。

表 2 - 24　瑞典 2010 年出口额占世界比例最大的 20 个行业

行　业	技术水平	2010 年出口额占世界比例（%）	1995 年出口额占世界比例（%）	2010 年较 1995 年的变化（百分点）
纸和纸板	1	8.5	9.3	-0.8
合金钢的压延产品	2	5.2	5.8	-0.6
动力机械及零件	3	5.2	5.6	-0.4
造纸厂和制浆厂机械、制造纸制品的机械	3	4.7	7.8	-3
公路汽车	3	4.2	2.4	1.8

行　业	技术水平	2010 年出口额占世界比例（%）	1995 年出口额占世界比例（%）	2010 年较 1995 年的变化（百分点）
水蒸汽轮机和其他蒸汽轮机及零件	3	3.5	0.7	2.8
机械装卸设备及零件	3	3.4	4.4	- 0.9
手用或机器用工具	2	2.9	4.7	- 1.8
铁丝或钢丝	2	2.8	5.9	- 3.1
适用于加工金属、切削材料的机器零件及附件	3	2.7	2.1	0.6
滚珠轴承或滚柱轴承	3	2.7	4.5	- 1.8
预制建筑物	3	2.6	8.3	- 5.7
木制品	1	2.5	5.2	- 2.7
切成一定尺寸或形状的纸和纸板及其制品	1	2.5	3.7	- 1.2
非电动机械、工具和机械器械及零件	3	2.5	3.2	- 0.7
药物（包括兽医用药物）	4	2.4	5.2	- 2.8
橡胶制品	3	2.2	2.7	- 0.5
金属加工机械（机床除外）及零件	3	2.2	4.1	- 1.9
电信设备及零件	4	2.2	5.4	- 3.1
加热和冷却设备及零件	3	2.1	1.8	0.3

数据来源：联合国贸易数据库。

　　表 2 - 25 列示了瑞典 2010 年贸易竞争力指数最大的 20 个工业行业，排在前 5 位的是纸和纸板、皮革、预制建筑物、合金钢的压延产品、水蒸汽轮机和其他蒸汽轮机及零件。由于瑞典的贸易额较小，其进口额和出口额的微小变化都可能引起贸易竞争力指数的较大变动，因此我们看到瑞典各行业的贸易竞争力指数变化较大，一些变化可能是短期的。长期保持稳定的是纸和纸板，贸易竞争力指数一直在 0.80 以上，显示了很强的竞争力。保持较强贸易竞争力的还有合金钢的压延产品，造纸厂和制浆厂机械、制造纸制品的机械。与 1995 年相比，预制建筑物的竞争力下降，水蒸汽轮机和其他蒸汽轮机及零件的竞争力上升。

表 2 – 25 瑞典 2010 年贸易竞争力指数最大的 20 个行业

行　业	技术水平	2010 年贸易竞争力指数	1995 年贸易竞争力指数	2010 年较 1995 年的变化
纸和纸板	1	0.800	0.860	– 0.060
皮革	1	0.603	0.181	0.422
预制建筑物	3	0.599	0.801	– 0.202
合金钢的压延产品	2	0.569	0.624	– 0.055
水蒸汽轮机和其他蒸汽轮机及零件	3	0.561	0.080	0.481
造纸厂和制浆厂机械、制造纸制品的机械	3	0.541	0.443	0.098
非电动的发动机及零件	3	0.523	– 0.002	0.525
公路汽车	3	0.521	0.770	– 0.249
机械装卸设备及零件	3	0.499	0.552	– 0.053
金属加工机械（机床除外）及零件	3	0.474	0.563	– 0.089
铁丝或钢丝	2	0.466	0.558	– 0.092
适用于加工金属、切削材料的机器零件及附件	3	0.454	0.101	0.353
药物（包括兽医用药物）	4	0.452	0.443	0.009
氯乙烯聚合物或卤化烯聚合物	4	0.412	– 0.610	0.102
武器和弹药	0	0.391	– 0.199	0.590
针织物或钩编织物	1	0.384	0.169	0.215
塑料的废料和碎屑	4	0.377	0.630	– 0.253
特定工业用的其他机械	3	0.359	0.185	0.174
动力机械及零件	3	0.356	0.195	0.161
手用或机器用工具	2	0.345	0.313	0.032

数据来源：联合国贸易数据库。

瑞典优势产业的出口显示比较优势都很大，纸和纸板的出口显示比较优势最高为 7.3，在出口显示比较优势指数最大的 20 个工业行业中，4 个行业值在 4 以上，4 个行业值在 2.5 ~ 4 之间，有 8 个的值在 2 ~ 2.5 之间（见表 2 – 26）。出口显示比较优势反映的是一个国家的出口产品结构中某产业的比例与世界平均情况的差异。瑞典出口显示比较优势较大说明瑞典的出口产品结构与其他国家有较大差异，在贸易和全球分工中具有自身独特的优势产品。

表 2 - 26　瑞典 2010 年出口显示比较优势最大的 20 个行业

行　业	技术水平	2010 年出口显示比较优势指数	1995 年出口显示比较优势指数	2010 年较 1995 年的变化
纸和纸板	1	7.3	5.7	1.7
合金钢的压延产品	2	4.5	3.5	1
动力机械及零件	3	4.5	3.4	1.1
造纸厂和制浆厂机械、制造纸制品的机械	3	4.1	4.7	- 0.6
公路汽车	3	3.6	1.5	2.1
水蒸汽轮机和其他蒸汽轮机及零件	3	3	0.4	2.6
机械装卸设备及零件	3	3	2.7	0.3
手用或机器用工具	2	2.5	2.9	- 0.4
铁丝或钢丝	2	2.4	3.6	- 1.2
适用于加工金属、切削材料的机器零件及附件	3	2.3	1.3	1
滚珠轴承或滚柱轴承	3	2.3	2.7	- 0.4
预制建筑物	3	2.3	5.1	- 2.8
木制品	1	2.2	3.2	- 1
切成一定尺寸或形状的纸和纸板及其制品	1	2.2	2.3	- 0.1
非电动机械、工具和机械器械及零件	3	2.2	2	0.2
药物（包括兽医用药物）	4	2.1	3.2	- 1.1
橡胶制品	3	1.9	1.7	0.2
金属加工机械（机床除外）及零件	3	1.9	2.5	- 0.6
加热和冷却设备及零件	3	1.9	1.1	0.8
电信设备及零件	4	1.9	3.3	- 1.4

数据来源：联合国贸易数据库。

　　瑞典制造业出口国际市场占有率最高的是低等和中等技术水平的行业，随后是劳动密集和资源密集型行业，其余类别的比例较低（见图 2 - 17）。瑞典的优势产业纸和纸制品是低等技术水平行业，合金钢的压延产品属于中等技术水平的行业。瑞典制造业出口额占世界的比例不高，且有不断下降的趋势，1995 年为 1.6%，2010 年为 1.2%。低等和中等技术水平行业下降速

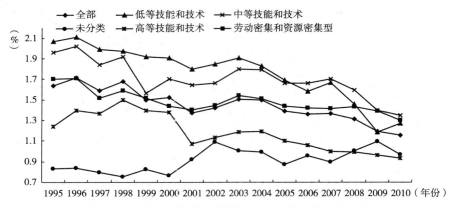

图 2 - 17　瑞典各技术水平制造业出口额占世界的比例

数据来源：联合国贸易数据库。

度快于其他行业。

2. 服务贸易的国际竞争力及演化

表 2 - 27 列示了瑞典各服务行业 2009 年的国际竞争力及 2004 年以来的变化情况。可以看出，瑞典商业服务总体的国际竞争力较弱，出口的国际市场占有率不高，但一直是商业服务的净出口国，除旅游服务等少数行业外，其他行业都是出口额高于进口额，说明瑞典服务业能够很好地满足国内需求。计算机和信息是瑞典竞争力最强的服务行业，2009 年的出口国际市场占有率为 3.4%，贸易竞争力指数为 0.405，出口显示比较优势指数为 2。其次是其他商业服务，国际市场占有率为 2.5%。旅游服务一直是净进口，近年来进口与出口不平衡的状况在改善，贸易竞争力有大幅度提高。

表 2 - 27　瑞典各服务行业的国际竞争力及其变化

行　业	出口的国际市场份额(%)			贸易竞争力指数			出口显示比较优势		
	2009 年	2000 年	变化	2009 年	2000 年	变化	2009 年	2000 年	变化
商业服务总计	1.7	1.7	0	0.128	0.079	0.049	1	1	0
1 运输	1.5	1.6	-0.2	0.151	0.238	-0.087	0.8	0.9	-0.10
2 旅游	1.2	1	0.2	-0.075	-0.242	0.167	0.7	0.6	0.12
3 除运输，旅游外其他服务总计	2.1	2.2	-0.1	0.191	0.154	0.037	1.2	1.3	-0.08
1) 通信	2.1	2.4	-0.3	-0.045	-0.063	0.017	1.2	1.4	-0.18

续表

行　业	出口的国际市场份额(%)			贸易竞争力指数			出口显示比较优势		
	2009 年	2000 年	变化	2009 年	2000 年	变化	2009 年	2000 年	变化
2）建筑	0.7	1.7	−1	−0.079	0.195	−0.274	0.4	1	−0.56
3）保险	1	1.4	−0.4	0.308	0.408	−0.10	0.6	0.8	−0.22
4）金融	0.5	0.8	−0.3	0.398	0.343	0.056	0.3	0.5	−0.19
5）计算机和信息	3.4	2.6	0.8	0.405	0.285	0.12	2	1.5	0.48
6）版权和许可费	2.1	2.6	−0.4	0.443	0.419	0.024	1.2	1.5	−0.26
7）其他商业服务	2.5	2.7	−0.1	0.121	0.081	0.041	1.5	1.5	−0.08
8）个人、文化和再创造服务	1	0.5	0.4	0.037	0.055	−0.018	0.6	0.3	0.24

数据来源：世界贸易组织。

　　从瑞典经济结构来看，商业服务业在国内经济中的比重快速增长。从行业增加值占经济的比例来看，瑞典经济结构在近 40 年发展最快的是金融保险等商业服务业，占经济的比例从 1970 年的 15.8% 增加到 2007 年的 25.4%，制造业比重从 26% 下降到 20%，农林业从 5.9% 下降到 1.4%（见图 2 - 18）。

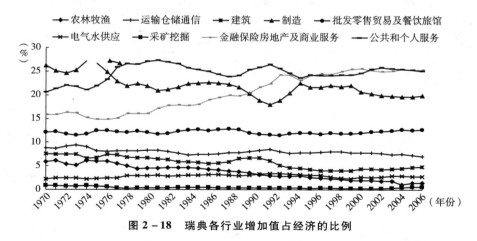

图 2 - 18　瑞典各行业增加值占经济的比例

数据来源：经济合作与发展组织。

二　竞争优势的来源

1. 资源优势

瑞典在资源依赖型产业具有优势。瑞典的早期发展主要是依赖丰富的天然资源，如森林、磷、铁矿、水力资源。瑞典的优势产业数量不多，多与天然资源密切相关，一些精密制造产业竞争力强大，如运输设备、林业、金属、采矿设备、重型机械、发电与配电系统，都与林产和金属资源丰富有关。在一些依赖天然资源的产业上，瑞典正逐步失去优势地位，如铁矿和林产。瑞典低磷的铁矿石曾让瑞典保持竞争优势，而除磷技术使瑞典铁矿石的优势丧失。丰富的自然资源已不能维持长期的竞争优势。瑞典正从资源依赖型产业向相关和下游产业发展，例如纸浆和造纸过程的化学产业。

　　瑞典目前在天然资源依赖型产业仍然具有优势。表2-28将瑞典的出口与美国、日本、德国、英国、法国、加拿大这6个发达国家的出口相比，可以看出，2010年，瑞典相对这些发达国家有优势的产业有矿石、水产、纸制品、木材，反映出瑞典依然在天然资源依赖型产业具有优势，特别是矿产的出口优势还在增强，水产是新兴的优势产业，电动和电子设备也在增长，而以前的优势产业钢铁、汽车和药品的竞争力在下降。受金融危机影响，瑞典最大的汽车企业沃尔沃公司在2010年被中国企业收购。

表2-28　瑞典商品出口额占发达国家出口总额的比例及在国内商品出口的排名

单位：%

年　份		1989	1995	2000	2005	2006	2007	2008	2009	2010
矿石矿渣矿灰	比例	12.5	15	15	15.7	15.8	14.9	15.8	15.1	19.6
	排名	5	1	1	1	1	1	1	1	1
鱼等水产	比例	1.5	2.3	4.6	8.5	10.7	10.7	12	14	15.8
	排名	62	36	12	6	5	5	5	4	2
纸和纸板	比例	17.6	14.1	12.5	13.7	13.8	14.1	14.6	14.8	14.5
	排名	1	2	3	2	2	3	3	3	3
木材木制品	比例	11.9	13.1	9.8	10.7	12.1	14.1	14	14.9	14
	排名	6	3	4	4	3	2	2	2	4
木浆纤维素	比例	15.8	11.3	12.6	12.9	12	12.3	12.9	12.2	11.9
	排名	2	4	2	3	4	4	4	5	5
钢铁	比例	5.9	6.2	6.8	7.4	6.5	7.4	6.4	4.9	5.5
	排名	14	8	8	7	9	8	8	10	10
药品	比例	8	8.2	7.8	5.9	6.4	5.3	4.7	4.5	4.5
	排名	11	5	5	12	10	12	13	13	13

续表

年　份		1989	1995	2000	2005	2006	2007	2008	2009	2010
电动/电子设备	比例	2.8	3.2	4.2	3.8	3.5	3.8	4	4.1	4.1
	排名	37	26	13	24	24	21	18	15	15
汽车	比例	2.7	2.7	2.4	3.2	3	3.1	2.9	2.3	2.3
	排名	38	29	35	33	34	33	37	50	47

数据来源：经济合作与发展组织。

2. 创新优势

除了矿产、林业、机械制造、汽车、电力这些优势传统产业外，瑞典还有信息通信、制药等一些知识密集型产业，新兴知识密集型产业发展迅速。移动通信技术起源于瑞典，1876 年成立的爱立信公司在 2000 年成为全球最大的 3G 移动通信系统供应商，它的电信网络目前承载着全球近一半移动业务。1913 年成立的阿斯特拉是一家全球性制药公司，后与英国捷利康公司合并成立了阿斯利康公司，是全球 5 大制药公司之一，其研发基地位于瑞典。瑞典制药行业的研发支出占经济中研发支出总额的 11.1%，仅次于生物医药大国美国和英国（见表 2 - 12）。瑞典的研发支出占 GDP 的比例在发达国家中也名列前茅，2007 年为 3.6%，高于日本、美国、德国（见表 2 - 29）。这都说明瑞典不仅在资源密集型产业有优势，在高新科技领域也位于世界前列。

表 2 - 29　各国研发支出占 GDP 比例

单位：%

年　份	1996	1998	2000	2001	2002	2003	2004	2005	2006	2007	2008
美　国	2.55	2.61	2.75	2.76	2.66	2.66	2.58	2.61	2.65	2.72	2.82
日　本	2.81	3.00	3.04	3.12	3.17	3.20	3.17	3.32	3.40	3.44	—
德　国	2.19	2.27	2.45	2.46	2.49	2.52	2.49	2.48	2.53	2.54	—
英　国	1.83	1.76	1.81	1.79	1.79	1.75	1.69	1.73	1.76	1.82	1.88
瑞　典	—	—	—	4.17	—	3.85	3.62	3.60	3.74	3.61	3.75
中　国	0.57	0.65	0.90	0.95	1.07	1.13	1.23	1.34	1.42	1.44	—
世　界	2.01	2.06	2.14	2.17	2.13	2.11	2.05	2.03	2.06	2.07	—

数据来源：世界银行。

第六节　对全球经济危机的可能解释

产品复杂度对经济增长的促进作用体现之一是国家能力总数的增加，能力的积累有凸性特征，能力越多，能力积累的红利越大，如同垒积木，一个积木模型中模块越少，能够组合出来的模型越少；模块越多，能够组合出来的模型就越多。所以一个只能生产土豆的国家，能够生产出坦克的可能性就很小，而一个能够生产出飞机的国家能够生产出坦克的可能性就很大。产品复杂度提升的另外一种体现是产品种类的增加，产品种类增加能够提高产品空间的密集程度，而能力总数的增加能够提升演化的速度，减少产品升级断档的可能性。所以能力较少的国家，产品空间稀疏，产品种类增加得很缓慢，比较优势演化越慢，能力积累就越慢，产品升级断档的风险就越大；而能力越多的国家，比较优势演化越快，产品复杂程度增加越快，能力积累的速度越快，产业升级越快，经济绩效越好。

一个国家发展过程中，如果比较优势演化缓慢甚至停止，则产品种类会减少，产品复杂程度降低，比较优势降低，则产业升级就会出现断档，经济增长停滞。在世界范围内，如果很多国家出现类似的产业升级断档现象，则全球范围的经济危机就会发生，这种升级断档的主要表现是：出口产品种类减少，知识技术密集型产品种类及比重降低，产业升级失去动力与方向。本书认为，2008 年经济危机的根源在于，包括发达国家在内的绝大部分经济体找不到产业升级的方向，比较优势演化中断，产业升级停滞，致使经济出现危机。这从各个国家的出口结构演变中可以得到证明。

在 SITC 四位码的 1006 种产品中，1980 年，美国出口产品共 681 种，其中，有显示比较优势的产品种类为 257 种，占总产品种类的 25.55%，占出口产品种类的 37.74%。而且出口的优势产品绝大多数为工业制成品，占 70.82%。工业制成品中，劳动密集型产品占少数，为 62 种，而知识与技术密集型产品为 116 种，在有显示比较优势产品中占比 45.14%。2000 年，美国出口产品种类为 736 种，其中有显示比较优势的有 299 种，与 1980 年相比，出口总数和有显示比较优势的产品种类数都有增加，优势产品种类中工业制成品比重上升至 76.25%，299 种优势产品中，知识与技术密集型的出口优势产品为 146 种，占优势产品总数的 48.83%，比 1980 年增加了 30 种。截至 2008 年，美国出口产品为 725

种，其中有显示比较优势的产品种类为 305 种，占总产品种类的
42.07%。其中资源密集型产品 78 种，比 2000 年增加了 6 种；知识与技
术密集型产品种类为 142 种，与 2000 相比，种类有所下降，占优势产品
总数的 46.56%，占比也有所下降。

1980 年，日本出口产品 707 种，占总产品种类的 70.27%，其中，
有显示比较优势的产品种类为 219 种，占总产品种类的 21.76%，占出
口产品种类的 30.97%。而且出口的产品绝大多数为工业制成品，占
219 种中的 204 种，资源①等初级产品一共只有 15 种。工业制成品中，
劳动密集型产品占少数，为 66 种，而知识与技术密集型产品为 110 种、
即在有显示比较优势的产品中占了 50%。2000 年，日本出口产品种类
为 709 种，其中有显示比较优势的有 190 种，相比 1980 年种类虽然有
所减少，但是其中工业制成品比重上升，190 种出口有优势的产品中，
初级产品减少至 6 种，而工业制成品占据出口优势产品的 97.89%，知
识与技术密集型的出口优势产品占到 120 种，占优势产品总数的
63.15%，比 1980 年增加了 10 种；劳动密集型产品减少至 64 种。2008
年，日本出口产品种类为 705 种，其中，有显示比较优势的产品种类为
194 种，占出口产品种类的 27.52%。优势产品中工业制成品比重为
92.63%，其中，知识与技术密集型产品种类为 111 种，比 2000 年减少
9 种，占优势产品总数的 58.42%，比重较 2000 年降低约 5 个百分点；
劳动密集型产品为 65 种。

美国、日本等技术前沿国家的经济复杂程度在 2006、2007 年开始
呈现普遍下降趋势，即比较优势演化出现终端，从美国、日本出口产品
的结构演变也可以看出，2008 年，这些国家的出口优势产品不仅种类
减少，而且占出口产品的比重也有大幅度降低，产品升级失去方向与动
力，维持经济增长的比较优势演化与技术进步停止，经济复杂程度得不
到提升，最终导致经济危机爆发。

---

① 国际贸易标准分类将产品分为 10 部门：0 食品及活动物；1 饮料及烟类；2 非食用原
料（燃料除外）；3 矿物燃料、润滑油及有关原料；4 动植物油、脂及蜡；5 化学品及
有关产品（他处未列名的）；6 主要按原料分类的制成品；7 机械及运输设备；8 杂项
制品；9 未归入 SITC 其他类的商品和交易。通常将 0 ~ 4 类初级产品归为资源密集型
产品，第 6、8 类工业制成品归为劳动密集型产品，第 5、7 类工业制成品归为资本和
技术密集型产品。

参考文献

波特：《国家竞争优势》，李明轩等译，华夏出版社，2002 年版。

王红领、李稻葵、冯俊新：《FDI 与自主研发：基于行业数据的经验研究》，《经济研究》2006 年第 2 期。

吴延兵：《自主研发、技术引进与生产率——基于中国地区工业的实证研究》，《经济研究》2008 年第 8 期。

Steil, B. Victor, D. G, Nelson, R. R., *Technological Innovation and Economic Performance*, Princeton University Press, 2002.

第3章

发展中国家产业竞争优势的演化

第一节 巴西产业竞争优势的演化

一 竞争优势评估

1. 市场占有率

市场占有率是一个国家某产业（产品/服务）出口占全球该产业（产品/服务）出口的比重，从出口总量的角度衡量一个国家该产业（产品/服务）在全球该产业（产品/服务）中的竞争优势。

2000～2010年巴西各类出口产品（SITC分类一位码）和出口服务的市场占有率见表3-1。总体来看，2000～2010年，巴西产品出口在世界市场占有一定的份额，市场占有率虽有所波动，但整体上呈现上升趋势；服务出口的市场占有率虽呈现上升趋势，但是其数值较低，说明巴西服务的竞争优势仍有待提高。

表 3 - 1 2000～2010 年巴西各类出口产品/服务市场占有率

单位：%

产品/服务 年份	2000	2001	2002	2003	2004	2005	2006	2007	2008	2009	2010
全部产品	2.8	2.8	3.1	2.9	3.0	2.7	3.3	3.2	3.3	3.8	4.1
食品和活动物	2.2	2.6	2.8	2.7	1.7	1.6	1.7	1.7	1.6	1.9	2.1

年份 产品/服务	2000	2001	2002	2003	2004	2005	2006	2007	2008	2009	2010
饮料和烟草	2.9	2.9	3.7	4.3	4.0	4.4	4.7	4.7	5.2	5.3	5.7
非食用原料（燃料除外）	0.1	0.1	0.1	0.1	0.1	0.1	0.3	0.5	0.5	0.4	0.5
其他动、植物原料	4.5	3.5	2.8	3.4	3.2	2.4	3.2	3.5	4.3	4.2	3.9
动植物油脂及动植物蜡	0.6	0.6	0.7	0.6	0.6	0.6	0.5	0.5	0.6	0.6	0.7
化学成品及有关产品	1.4	1.4	1.3	1.2	1.2	1.3	1.2	1.3	1.4	1.5	1.5
按原料分类的制成品	0.5	0.5	0.5	0.6	0.5	0.6	0.6	0.6	0.6	0.7	0.8
机械及运输设备	0.5	0.5	0.5	0.4	0.4	0.5	0.4	0.5	0.4	0.4	0.4
杂项制品（类）	0.7	0.8	0.8	0.6	0.8	0.6	0.7	0.7	0.5	0.6	0.8
未分类的商品	0.8	0.5	0.4	0.6	0.3	0.6	0.5	0.5	0.5	0.5	0.6
全部服务	0.2	0.2	0.2	0.3	0.4	0.4	0.4	0.4	0.5	0.5	0.6
交通运输	0.2	0.9	0.5	0.5	0.1	0.1	0.1	0.4	1.1	0.5	0.4
旅游	0.0	0.0	0.0	0.0	0.0	0.7	0.1	0.0	0.0	0.0	0.0
通信	0.8	0.0	0.1	0.0	0.0	1.1	0.6	0.5	0.2	0.2	0.3
建筑	1.7	0.6	0.5	0.4	0.3	0.4	0.3	0.4	0.3	0.3	0.3
保险	0.4	0.0	0.0	0.0	0.0	0.1	0.0	0.1	0.0	0.1	0.1
金融服务	0.1	0.1	0.2	0.2	0.2	0.2	0.1	0.1	0.1	0.1	0.1
计算机和信息	0.5	0.5	0.8	1.0	1.0	1.3	1.3	1.1	0.9	0.9	1.1
版税和许可证费用	0.4	0.6	1.0	0.7	0.2	0.3	0.3	0.3	0.2	0.2	0.2
其他商业服务	0.3	0.4	1.1	1.2	1.0	1.3	1.4	1.7	1.7	1.8	2.1
个人、文化和休闲服务	2.8	2.8	3.1	2.9	3.0	2.7	3.3	3.2	3.3	3.8	4.1
政府服务及其他	2.2	2.6	2.8	2.7	1.7	1.6	1.7	1.7	1.6	1.9	2.1

数据来源：http：//unctadstat. unctad. org，经作者整理和计算。

表 3 - 2 给出了 2000 ~ 2010 年巴西各类出口产品和服务市场占有率由高至低的排名。

从 2000 ~ 2010 年市场占有率的排名看，巴西出口产品/服务中，非食用原料（燃料除外）、食品和活动物、动植物油脂及动植物蜡、饮料和烟草、按原料分类的制成品等产品在该时期的平均排名居于巴西出口产品/服务的前五位，说明巴西上述类别产品的竞争优势较为明显；此外，建筑，计算机和信息，版税和许可证费用，个人、文化和休闲服务等服务和杂项制品（类）在该段时期的平均排名居于巴西出口产品/服务的末五位，说明巴西上述类别产品/服务的竞争优势较弱。总体来说，以市场占有率衡量的巴西各类出口产品/服务的竞争优势中，以资源密集型产业的竞争优势较为显著，而服务业的竞争优势相对较弱。

　　从 2000 ~ 2010 年市场占有率排名的波动情况来看（以历年排名的标准差度量），非食用原料（燃料除外）、食品和活动物、饮料和烟草等具有较强竞争优势的产品市场占有率位次波动较小，说明上述类别产品的竞争优势在该时期得以稳定保持；此外，保险，通信，个人、文化和休闲服务，政府服务及其他服务和其他动植物原料产品的市场占有率位次波动较大。其中，政府服务及其他的市场占有率排名从 2000 年的第 16 位上升至 2010 年的第 4 位，说明巴西该项服务的竞争优势提升迅速。其他动、植物原料的市场占有率排名从 2000 年的第 19 位上升至 2010 年的第 8 位，说明巴西该项产品的竞争优势提升迅速。而保险，通信，个人、文化和休闲服务等服务出口的市场占有率排名波动较大，且整体趋势并不稳定，说明巴西上述类别服务的竞争优势仍处于调整阶段，尚未定型。

表 3 - 2　2000 ~ 2010 年巴西各类出口产品/服务市场占有率排名

产品/服务 \ 年份	2000	2001	2002	2003	2004	2005	2006	2007	2008	2009	2010
产品											
食品和活动物	2	2	3	3	3	2	2	2	2	2	2
饮料和烟草	4	4	4	5	4	4	5	4	5	3	3
非食用原料（燃料除外）	1	1	1	1	1	1	1	1	1	1	1
其他动、植物原料	19	16	11	12	14	13	11	12	12	8	8
动植物油脂及动植物蜡	3	3	2	2	2	3	3	3	3	5	5
化学成品及有关产品	10	12	10	10	9	10	9	9	11	9	10
按原料分类的制成品	7	7	6	6	6	6	6	6	7	7	7
机械及运输设备	12	10	9	9	9	9	8	11	10	12	12
杂项制品（类）	13	13	14	15	15	14	15	16	17	17	17
未分类的商品	11	9	8	11	9	10	10	8	9	10	16
服务											
交通运输	14	14	15	14	12	12	13	14	13	14	13
旅游	15	15	16	13	11	11	12	13	14	13	11
通信	20	8	17	7	13	15	17	17	15	16	14

续表

年份 产品/服务	2000	2001	2002	2003	2004	2005	2006	2007	2008	2009	2010
建筑	9	20	21	21	21	21	21	21	21	21	21
保险	8	11	12	17	17	17	14	10	8	15	15
金融服务	16	17	13	16	16	16	16	15	16	11	9
计算机和信息	21	21	20	20	20	19	20	20	20	20	20
版税和许可证费用	18	19	19	19	19	20	19	19	18	19	19
其他商业服务	6	6	7	8	7	7	7	7	6	6	6
个人、文化和休闲服务	17	18	18	18	18	18	18	18	19	18	18
政府服务及其他	5	5	5	4	5	5	4	5	4	4	4

数据来源：http://unctadstat.unctad.org，经作者整理和计算。

2. 显示比较优势指数 （RCA）

显示比较优势指数 （RCA） 是一个国家某产品 （或某服务） 出口额占本国产品 （或服务） 出口总额比重与该产品 （或该服务） 全球出口额占全球产品 （或服务） 出口总额比重之比，以此衡量该国该产品 （或该服务） 的竞争优势。RCA 以 1 为界，RCA 大于 1 时表示具有比较优势，小于 1 时表示不具有比较优势；RCA 越大表示比较优势越显著，RCA 越接近 0 表示比较优势越弱。

巴西 2000～2010 年各类出口产品 （SITC 分类一位码） 和出口服务的显示比较优势指数见表 3 - 3。从 RCA 来看，2000～2010 年，巴西出口产品中的食品和活动物、饮料和烟草、非食用原料 （燃料除外）、其他动植物原料、动植物油脂及动植物蜡、化学成品及有关产品的 RCA 均大于 1，说明以 RCA 衡量的上述产品的比较优势持续显著；此外，2000～2009 年，按原料分类的制成品的 RCA 均大于 1，但在 2010 年该类产品 RCA 降低到 0.90，比较优势有所降低。2000～2010 年，巴西出口服务中的其他商业服务、政府服务及其他的 RCA 均大于 1，说明以 RCA 衡量的上述服务的比较优势持续显著。

表 3 - 3　2000～2010 年巴西各类出口产品/服务显示比较优势指数

年份 产品/服务	2000	2001	2002	2003	2004	2005	2006	2007	2008	2009	2010
产品											
食品和活动物	3.2	3.5	3.4	3.4	3.6	3.6	3.8	3.8	3.6	3.8	3.9

续表

年份 产品/服务	2000	2001	2002	2003	2004	2005	2006	2007	2008	2009	2010
饮料和烟草	1.9	1.8	1.8	1.7	1.8	1.9	1.7	1.9	1.9	2.3	1.9
非食用原料（燃料除外）	5.1	5.0	5.0	5.3	5.0	5.0	4.8	4.7	5.5	6.3	6.3
其他动、植物原料	0.2	0.4	0.5	0.5	0.4	0.4	0.6	0.6	0.5	0.6	0.7
动植物油脂及动植物蜡	2.8	3.4	3.8	4.4	4.0	3.4	2.7	2.7	2.7	1.8	1.5
化学成品及有关产品	0.7	0.6	0.6	0.6	0.6	0.6	0.7	0.6	0.6	0.6	0.6
按原料分类的制成品	1.5	1.3	1.4	1.4	1.4	1.3	1.3	1.2	1.1	1.0	0.9
机械及运输设备	0.7	0.7	0.6	0.6	0.6	0.7	0.6	0.6	0.6	0.6	0.5
杂项制品（类）	0.5	0.5	0.4	0.4	0.4	0.4	0.3	0.3	0.3	0.3	0.2
未分类的商品	0.7	0.7	0.6	0.6	0.5	0.7	0.6	0.8	0.6	0.5	0.2
服务											
交通运输	0.6	0.7	0.7	0.8	0.9	0.9	0.8	0.8	0.8	0.7	0.8
旅游	0.6	0.6	0.7	0.8	0.9	0.9	0.9	0.8	0.8	0.8	0.8
通信	0.2	1.1	0.7	2.0	0.9	0.7	0.4	0.5	0.6	0.5	0.6
建筑	1.1	0.1	0.1	0.0	0.0	0.0	0.0	0.0	0.0	0.0	0.0
保险	1.8	1.0	0.8	0.4	0.3	0.4	0.8	1.0	1.2	0.6	0.6
金融服务	0.6	0.6	0.8	0.6	0.5	0.5	0.5	0.5	0.5	0.8	1.0
计算机和信息	0.1	0.1	0.1	0.1	0.1	0.1	0.1	0.1	0.1	0.1	0.1
版税和许可证费用	0.3	0.2	0.2	0.2	0.2	0.1	0.1	0.3	0.3	0.3	0.2
其他商业服务	2.2	2.2	1.9	1.7	1.7	1.7	1.8	1.9	1.9	2.0	2.1
个人、文化和休闲服务	0.5	0.5	0.5	0.4	0.3	0.3	0.3	0.3	0.3	0.3	0.3
政府服务及其他	2.2	2.4	2.9	3.0	3.3	3.3	3.6	2.8	3.1	2.8	2.7

数据来源：http://unctadstat.unctad.org，经作者整理和计算。

　　表 3-4 给出了 2000～2010 年巴西各类出口产品和服务 RCA 由高至低的排名。

　　2000～2010 年 RCA 的排名来看，巴西出口产品/服务中，非食用原料（燃料除外）、食品和活动物、动植物油脂及动植物蜡、政府服务及其他、其他商业服务等产品/服务在该段时期的平均排名居于巴西出口产品/服务的前五位，说明以 RCA 衡量的巴西上述类别产品/服务的竞争优势较为明显；此外，计算机和信息、建筑、版税和许可证费用、杂项制品（类）及个人、文化和休闲服务等产品、服务在该段时期的平均排名居于巴西出口产品、服务的末五位，说明巴西上述类别的产品/服务的竞争优势较弱。总体来说，以 RCA 衡量的巴西各类出口产品和服务的竞争优势与以市场占有率衡量的结果具有较强的一致性，即以资源密集型产业的竞争优势较为显著，而服务业的竞争优势相对较弱。

2000~2010 年 RCA 排名的波动情况来看（以历年排名的标准差度量），非食用原料（燃料除外）、食品和活动物、政府服务及其他、其他商业服务等具有较强竞争优势的产品/服务的 RCA 位次波动较小，说明以 RCA 衡量的上述类别产品/服务的竞争优势在该段时期得以稳定保持；此外，通信、保险、建筑、金融服务和其他动、植物原料产品的 RCA 位次波动较大。其中，金融服务的 RCA 排名从 2000 年的第 15 位上升至 2010 年的第 7 位，其他动、植物原料的 RCA 排名从 2000 年的第 20 位上升至 2010 年的第 11 位，说明以 RCA 衡量的巴西上述服务/产品的竞争优势有较为明显的提升。

表 3 - 4   2000~2010 年巴西各类出口产品/服务显示比较优势指数排名

年份 产品/服务	2000	2001	2002	2003	2004	2005	2006	2007	2008	2009	2010
产品											
食品和活动物	2	2	3	3	3	2	2	2	2	2	2
饮料和烟草	6	6	6	6	5	5	6	6	6	4	5
非食用原料（燃料除外）	1	1	1	1	1	1	1	1	1	1	1
其他动、植物原料	20	18	16	15	15	16	14	14	16	11	11
动植物油脂及动植物蜡	3	3	2	2	2	3	4	4	4	6	6
化学成品及有关产品	10	14	15	13	12	13	12	12	14	12	14
按原料分类的制成品	8	7	7	8	7	7	7	7	8	7	8
机械及运输设备	12	12	14	12	11	11	11	13	13	15	15
杂项制品（类）	16	17	18	17	16	17	18	17	18	19	19
未分类的商品	11	10	9	14	14	10	13	10	11	14	17
服务											
交通运输	13	11	11	10	9	9	9	11	9	10	10
旅游	14	13	12	9	8	8	8	9	10	9	9
通信	19	8	13	5	10	12	10	10	12	16	12
建筑	9	20	21	21	21	21	21	21	21	21	21
保险	7	9	8	16	17	15	10	8	7	13	13
金融服务	15	15	10	11	13	14	15	15	15	8	7

年份 产品/服务	2000	2001	2002	2003	2004	2005	2006	2007	2008	2009	2010
计算机和信息	21	21	20	20	20	19	20	20	20	20	20
版税和许可证费用	18	19	19	19	19	20	19	19	17	18	18
其他商业服务	5	5	5	7	6	6	5	5	5	5	4
个人、文化和休闲服务	17	16	17	18	18	18	17	18	19	17	16
政府服务及其他	4	4	4	4	4	4	3	3	3	3	3

数据来源：http：//unctadstat. unctad. org，经作者整理和计算。

3. 贸易竞争力指数（TCI）

贸易竞争力指数（TCI）是一个国家某产品（或某服务）净出口与本国该产品（或该服务）进出口总额的比重，以此衡量该国该产品（或该服务）的竞争优势。TCI 的数值区间为 $[-1, 1]$，以 0 为界。TCI 大于 0 时表示具有比较优势，小于 0 时表示不具有比较优势；TCI 越接近 1 表示比较优势越显著，TCI 越接近 -1 表示比较优势越弱。

巴西 2000~2010 年各类出口产品（SITC 分类一位码）和出口服务的贸易竞争力指数见表 3-5。从 TCI 来看，2000~2010 年，巴西出口产品中的饮料和烟草、非食用原料（燃料除外）、动植物油脂及动植物蜡、按原料分类的制成品的 TCI 均大于 0，说明以 TCI 衡量的上述产品比较优势持续显著；此外，未分类的商品除 2007 年 TCI 小于 0 之外，其他年份 TCI 均大于 0。2000~2010 年，巴西出口服务中的通信、建筑的 TCI 均大于 0，说明以 TCI 衡量的上述产品的比较优势持续显著。

表 3-5　2000~2010 年巴西各类出口产品/服务贸易竞争力指数

年份 产品/服务	2000	2001	2002	2003	2004	2005	2006	2007	2008	2009	2010
产品											
食品和活动物	0.0	0.0	0.1	0.2	0.2	0.2	0.2	0.1	0.1	0.1	0.0
饮料和烟草	0.7	0.7	0.7	0.8	0.8	0.8	0.7	0.7	0.8	0.8	0.7
非食用原料（燃料除外）	0.7	0.7	0.7	0.8	0.7	0.8	0.7	0.7	0.8	0.8	0.8
其他动、植物原料	-0.8	-0.6	-0.4	-0.3	-0.4	-0.3	-0.2	-0.3	-0.3	-0.2	-0.2

续表

产品/服务 \ 年份	2000	2001	2002	2003	2004	2005	2006	2007	2008	2009	2010
动植物油脂及动植物蜡	0.4	0.6	0.7	0.8	0.8	0.7	0.6	0.6	0.6	0.4	0.4
化学成品及有关产品	-0.5	-0.5	-0.5	-0.4	-0.4	-0.3	-0.3	-0.4	-0.5	-0.4	-0.5
按原料分类的制成品	0.3	0.3	0.4	0.5	0.5	0.5	0.4	0.3	0.2	0.2	0.0
机械及运输设备	-0.2	-0.2	-0.1	0.0	0.0	0.0	0.0	0.0	-0.2	-0.3	-0.4
杂项制品（类）	0.0	0.0	0.1	0.1	0.1	0.0	-0.1	-0.1	-0.3	-0.3	-0.4
未分类的商品	1.0	1.0	1.0	1.0	1.0	1.0	1.0	-0.2	1.0	1.0	1.0
服务											
交通运输	-0.5	-0.5	-0.4	-0.3	-0.3	-0.2	-0.3	-0.3	-0.3	-0.3	-0.4
旅游	-0.4	-0.3	-0.1	0.0	0.1	-0.1	-0.1	-0.2	-0.3	-0.3	-0.5
通信	0.1	0.1	0.1	0.1	0.6	0.4	0.3	0.5	0.2	0.4	0.2
建筑	1.0	1.0	1.0	1.0	0.6	1.0	0.7	0.6	0.6	0.6	0.6
保险	0.0	-0.4	-0.5	-0.6	-0.7	-0.7	-0.4	-0.4	-0.3	-0.7	-0.6
金融服务	-0.3	-0.3	-0.2	-0.3	-0.1	-0.2	-0.1	0.1	0.0	0.0	0.1
计算机和信息	-0.9	-1.0	-0.9	-0.9	-0.9	-0.9	-0.9	-0.9	-0.9	-0.9	-0.9
版税和许可证费用	-0.8	-0.8	-0.3	-0.8	-0.8	-0.9	-0.8	-0.8	-0.7	-0.7	-0.8
其他商业服务	0.1	0.0	0.1	0.0	0.0	-0.1	0.0	0.0	0.0	-0.1	-0.1
个人、文化和休闲服务	-0.7	-0.7	-0.7	-0.7	-0.8	-0.8	-0.7	-0.8	-0.8	-0.8	-0.8
政府服务及其他	-0.3	-0.4	-0.1	-0.1	-0.1	-0.2	-0.1	-0.3	-0.3	-0.3	-0.3

数据来源：http：//unctadstat. unctad. org，经作者整理和计算。

表 3 - 6 给出了 2000 ~ 2010 年巴西各类出口产品和服务 TCI 由高至低的排名。

2000 ~ 2010 年 TCI 的排名来看，巴西出口产品/服务中，未分类商品、饮料和烟草、非食用原料（燃料除外）、建筑、动植物油脂及动植物蜡等产品/服务在该段时期的平均排名居于巴西出口产品/服务的前五位，说明以 TCI 衡量的巴西上述类别产品、服务的竞争优势较为明显；此外，计算机和信息，版税和许可证费用，个人、文化和休闲服务，保险，化学成品及有关产品等产品/服务在该段时期的平均排名居于巴西出口产品/服务的末五位，说明以 TCI 衡量的巴西上述类别的产品/服务的竞争优势较弱。

从 2000～2010 年 TCI 排名的波动情况来看（以历年排名的标准差度量），计算机和信息，版税和许可证费用，化学成品及有关产品，个人、文化和休闲服务等竞争优势较弱的产品/服务的 TCI 位次波动较小，说明上述类别产品/服务的竞争优势未能得到有效提升。未分类商品的 TCI 位次除 2007 年排名第 12 位之外，其余年份均居第 1 位。此外，金融服务、其他动植物原料、杂项制品（类）、旅游的 TCI 位次波动较大。其中，其他动植物原料的 TCI 排名从 2000 年的第 19 位上升至 2010 年的第 11 位，金融服务的 TCI 排名从 2000 年的第 13 位上升至 2010 年的第 7 位，说明巴西上述服务/产品的竞争优势有较为明显的提升。

表 3 - 6　2000～2010 年巴西各类出口产品/服务贸易竞争力指数排名

产品/服务 \ 年份	2000	2001	2002	2003	2004	2005	2006	2007	2008	2009	2010
产品											
食品和活动物	10	9	7	7	8	8	8	8	8	8	8
饮料和烟草	3	4	3	4	2	3	3	1	2	3	3
非食用原料（燃料除外）	4	3	4	5	4	4	2	2	3	2	2
其他动、植物原料	19	18	16	15	17	16	15	14	13	11	11
动植物油脂及动植物蜡	5	5	5	3	3	5	5	3	4	5	5
化学成品及有关产品	16	17	17	17	16	17	16	17	18	17	16
按原料分类的制成品	6	6	6	6	7	6	6	6	6	7	9
机械及运输设备	12	11	12	12	11	9	9	10	11	12	13
杂项制品（类）	9	10	9	8	9	10	11	11	14	15	15
未分类的商品	1	1	1	1	1	1	1	12	1	1	1
服务											
交通运输	17	16	15	14	15	14	17	16	16	14	14
旅游	15	12	11	10	10	12	14	13	15	16	17
通信	8	7	10	9	6	7	7	5	7	6	6
建筑	2	2	2	2	2	2	4	4	5	4	4
保险	11	15	18	18	18	18	18	18	17	18	18
金融服务	13	13	14	16	13	13	12	7	9	9	7
计算机和信息	21	21	21	21	21	21	21	21	21	21	21
版税和许可证费用	20	20	20	20	20	20	20	19	19	19	19
其他商业服务	7	8	8	11	12	11	10	9	10	10	10
个人、文化和休闲服务	18	19	19	19	19	19	19	20	20	20	20
政府服务及其他	14	14	13	13	14	15	13	15	12	13	12

数据来源：http：//unctadstat. unctad. org，经作者整理和计算。

4. 竞争优势评估小结

巴西 2000～2010 年各类出口产品（SITC 分类一位码）和出口服务的市场占有率、RCA 和 TCI 平均排名均位于前十位的见表 3 - 7 所示。从表 3 - 7 可以看出，巴西资源密集型产业的竞争优势较为显著，而服务业的竞争优势相对较弱。

表 3 - 7　2000～2010 年巴西各类出口产品/服务竞争力排名汇总

产品/服务	2000～2010 年平均排名		
	市场占有率	RCA	TCI
非食用原料（燃料除外）	1	1	3
动植物油脂及动植物蜡	3	3	5
饮料和烟草	4	6	2
食品和活动物	2	2	8
按原料分类的制成品	5	7	6
其他商业服务	7	5	9

数据来源：http：//unctadstat. unctad. org，经作者整理和计算。

二　巴西产业政策评价——以新能源产业为例

巴西的新能源产业近年来竞争优势提升较快。巴西作为石油资源短缺的国家，曾一度严重依赖能源进口。但是，自 2006 年起，巴西却已经实现了能源独立，这主要归功于巴西新能源产业的崛起。巴西新能源产业的迅速发展主要依赖于其自身的资源优势，包括生物资源、风能资源等。巴西新能源产业竞争优势的崛起与其产业政策有密切关系（《中国科技财富》编辑部，2010）：

1. 生物燃料方面的产业政策

巴西丰富的农作物资源为其发展生物资源提供了天然的资源优势。作为生物燃料的主要原料，甘蔗、大豆等占地面积仅为巴西可耕用地面积的 5%，但由于气候适宜，产量十分丰富，能够为巴西提供丰富的生物燃料原料。

巴西政府通过减税政策推动生物能源的使用。2003 年，大众汽车（巴西）公司推出了可同时以生物燃料和乙醇燃料为动力的"灵活燃料"汽车，凡购买者可以获得减税优惠，以抵消乙醇、汽油配比装置识别器的额外成本。在政府的推动下，目前巴西新售的汽车中有超过一半为这种新能源汽车。

　　巴西政府还着力发展生物柴油，在全国 23 个州建立生物柴油技术开发网络，并以法律形式规定生物柴油在普通柴油中的添加比例。为推广生物柴油技术，巴西政府于 2004 年提出"国家生物柴油生产和使用计划"，由总统府民事办公室牵头，并成立了部际执行委员会负责执行该计划。为实行该计划，巴西政府还于 2005 年公布了第 11097 号法律，对使用生物柴油做出强制性规定。按照法律规定，2012 年，生物柴油在普通柴油中的添加比例将达到 5%。同年，巴西政府又颁布了第 11116 号法律，对生物柴油原料作物的生产予以税收优惠，其中以家庭为单位的生产者种植生物柴油原料作物可获得免税待遇。2006 年，在充分准备的基础上，巴西全面启动生物柴油计划，开始在全国范围内销售的柴油中添加生物柴油。为充分发挥市场调节作用、利用本国生物多样性的优势，巴西仅对使用生物柴油的配比做出规定，但各地可根据自身优势和意愿选择生物柴油原料作物进行种植。为进一步发挥本国生产生物能源的优势，巴西还制订了一系列生产计划、政策措施，并对技术路线、人员及资金投入进行了长期规划，计划于 2013 年实现 100 亿升的乙醇燃料出口。

　　除了鼓励种植生物燃料原料作物之外，巴西社会发展银行还通过家庭农业计划对种植原料作物的农户提供融资贷款。2008 年，巴西政府宣布将在此后的两年间增加 5.65 亿美元用于人工栽培松子提炼柴油技术、棕榈树基因改善技术、再酯化及酯化提炼生物柴油技术等科研项目，以推动生物燃料的生产及推广、加强巴西的竞争优势。

2. 风能资源开发与利用方面的产业政策

　　巴西在成功发展生物燃料的基础上，将风能资源作为下一个重点发展的新能源目标。巴西拥有丰富的风能资源，据不完全统计，巴西全国潜在风能资源约 250 兆瓦，主要集中于东北、南部沿海，及里约热内卢、圣保罗、贝洛奥利藏特三座主要城市的西北部。

　　为了开发、利用风能资源，巴西政府通过 Proinfa 立法，对风电场发展进行规制，并严格限制了风电设备的国产化率，借此促进本国可替代能源产业的技术进步、实现可持续发展。根据 Proinfa 立法，自 2005 年起风电场设备及服务总投资计划中的 60% 必须用于国内采购，否则取消投标资格；自 2006 年起强制在国内出售不低于 3300 兆瓦可再生能源电力；此外，发展风电还可获得优惠贷款。为对有关法律规定的实施情况进行监督，巴西政府成立了 Proinfa 立法执行委员会。在多重力量的推动下，巴西国家电力公司与有关企业签订了 20 年的风电购电协议，第一阶段项目已于 2006 年 12 月并网，第二阶段预计将在未来提供达全国电力 10% 的可再生能源发电量。

3. 巴西新能源产业政策的经验总结

巴西发展新能源产业取得成功并建立起竞争优势，总结起来成功经验主要有以下几点（赵刚、林源园、程建润，2010）：

第一，政府支持。从国家发展乙醇计划，到 Proinfa 立法，巴西政府多次通过立法的形式，将新能源产业的发展规划提高到法律规范的层次，通过强有力的手段，促进并维护新能源产业的发展。

第二，为确保新能源产业发展战略的实施，巴西政府通过财政、金融、经济、科技等多种手段，形成了战略制定、研发、创新、产业化的完整环节，在各个环节有着明确的目标，并坚持进行成本、效益分析，严格考察项目的可行性，确保产出成果的市场价值。

第三，巴西政府在发展新能源产业的问题上立足长远，具有战略眼光。巴西的新能源产业在发展的过程中曾遇到较多的困难，其间石油价格一度回落至低位，但巴西政府并未因眼前困难的暂时缓解而放弃对新能源产业的发展，而是坚持走科学研发、可持续发展的道路，最终获得了优秀的科研成果，不但有效缓解了本国的能源危机，而且还将有望成为新能源出口国，抢占新能源市场未来的竞争优势地位。

第二节　印度产业竞争优势的演化

一　竞争优势评估

1. 市场占有率

印度 2000～2010 年各类出口产品（SITC 分类一位码）和出口服务的市场占有率见表 3 - 8。总体来看，2000～2010 年，印度产品出口的世界市场占有率虽然较低，但保持逐年上升的趋势；服务出口的市场占有率逐年上升，目前已经在世界市场上占有一定的份额。

表 3 - 8　2000 ~ 2010 年印度各类出口产品/服务市场占有率

单位：%

产品/服务 ＼ 年份	2000	2001	2002	2003	2004	2005	2006	2007	2008	2009	2010
全部产品	0.7	0.7	0.8	0.8	0.8	1.0	1.0	1.0	1.1	1.4	1.6
食品和活动物	1.4	1.5	1.6	1.4	1.4	1.5	1.6	1.7	1.9	1.5	2.3
饮料和烟草	0.3	0.3	0.4	0.4	0.4	0.4	0.4	0.5	0.6	0.9	0.8
非食用原料（燃料除外）	0.8	0.9	1.1	1.1	1.6	2.2	2.0	2.2	2.1	2.3	2.9
其他动、植物原料	0.2	0.4	0.4	0.5	0.6	0.7	1.0	1.2	1.1	1.3	1.6
动植物油脂及动植物蜡	1.2	1.1	0.7	0.6	0.9	0.9	0.7	0.7	0.7	0.9	1.1
化学成品及有关产品	0.8	0.8	0.8	0.9	0.9	1.0	1.1	1.1	1.2	1.3	1.5
按原料分类的制成品	1.9	1.9	2.1	2.2	2.1	2.3	2.2	2.2	2.3	2.8	3.3
机械及运输设备	0.1	0.2	0.2	0.2	0.2	0.3	0.3	0.3	0.5	0.6	0.6
杂项制品（类）	1.1	1.1	1.2	1.2	1.3	1.4	1.5	1.4	1.5	2.2	2.1
未分类的商品	0.3	0.6	0.5	0.3	0.3	0.3	0.3	0.3	0.4	1.3	0.0
全部服务	1.0	1.1	1.2	1.3	1.7	2.0	2.4	2.5	2.7	2.7	3.3
交通运输	0.5	0.6	0.7	0.7	0.9	1.0	1.2	1.3	1.3	1.6	1.7
旅游	0.7	0.7	0.8	1.0	1.1	1.1	1.1	1.2	1.2	1.3	1.6
通信	1.8	3.1	2.2	2.3	2.2	2.7	3.1	2.9	2.6	1.7	1.7
建筑	1.5	0.2	0.6	0.7	1.1	0.6	0.9	0.9	0.8	0.9	0.6
保险	0.9	0.9	0.7	0.8	1.5	1.9	1.8	2.0	1.8	1.8	2.2
金融服务	0.3	0.3	0.7	0.3	0.2	0.7	1.1	1.2	1.5	1.5	2.4
计算机和信息	10.5	13.9	15.0	16.0	17.0	20.2	21.7	22.6	23.6	23.7	26.1
版税和许可证费用	0.1	0.1	0.0	0.0	0.1	0.0	0.1	0.1	0.1	0.1	0.1
其他商业服务	1.2	0.6	0.7	0.5	1.5	2.1	2.5	2.5	2.6	1.8	3.2
个人、文化和休闲服务	0.0	0.0	0.0	0.0	0.2	0.4	0.9	1.3	1.7	1.3	0.8
政府服务及其他	1.6	1.3	0.8	0.5	0.7	0.6	0.4	0.5	0.6	0.6	0.7

数据来源：http://unctadstat.unctad.org，经作者整理和计算。

表 3 - 9 给出了 2000 ~ 2010 年印度各类出口产品和服务市场占有率由高至低的排名。

2000 ~ 2010 年市场占有率排名来看，印度出口产品/服务中，计算机和信息、按原料分类的制成品、通信、非食用原料（燃料除外）、食品和活动物等产品/服务在该段时期的平均排名居于印度出口产品/服务的前五位，说明印度上述类别产品/服务的竞争优势较为明显；此外，版税和许可证费用，机械及运输设备，未分类的商品，个人、文化和休闲服务，饮料和烟草等产品、服务在该段时期的平均排名居于印度出口产品/服务的末五位，说明印度上述类别产品/服务的竞争优势较弱。

2000~2010 年市场占有率排名波动情况来看（以历年排名的标准差度量），计算机和信息、按原料分类的制成品等具有较强竞争优势的产品/服务和饮料和烟草、版税和许可证费用、机械及运输设备等具有较弱竞争优势的产品/服务的市场占有率位次波动较小。市场占有率位次波动较大的产品/服务包括：政府服务及其他（从 2000 年的第 4 位降低至 2010 年的第 17 位）、建筑（从 2000 年的第 5 位降低至 2010 年的第 19 位）；个人、文化和休闲服务（从 2000 年的第 21 位提高至 2010 年的第 15 位）、金融服务（从 2000 年的第 17 位提高至 2010 年的第 5 位）、其他商业服务（从 2000 年的第 8 位提高至 2010 年的第 3 位）。综上可以看出，印度处于竞争优势最强和最弱两端的产品/服务的竞争优势变化较小，而处于竞争优势中间位置的产品/服务的竞争优势正在发生较为显著的调整。

表 3 - 9　2000~2010 年印度各类出口产品/服务市场占有率排名

年份 产品/服务	2000	2001	2002	2003	2004	2005	2006	2007	2008	2009	2010
产品											
食品和活动物	6	4	4	4	7	7	7	7	6	9	6
饮料和烟草	16	16	18	16	16	17	17	17	17	17	16
非食用原料（燃料除外）	11	9	6	6	4	4	5	4	5	3	4
其他动、植物原料	18	15	17	15	15	13	13	12	14	11	11
动植物油脂及动植物蜡	7	7	11	12	11	12	16	16	16	16	14
化学成品及有关产品	12	10	7	7	12	10	11	14	13	12	13
按原料分类的制成品	2	3	3	3	3	3	4	5	4	2	2
机械及运输设备	19	19	19	19	20	19	19	19	19	19	18
杂项制品（类）	9	6	5	5	8	8	8	8	10	4	8
未分类的商品	15	14	16	18	17	19	20	20	20	15	21
服务											
交通运输	14	13	12	10	13	11	9	11	11	8	9
旅游	13	11	15	8	10	9	10	10	12	13	12
通信	3	2	2	2	2	2	2	2	2	7	10
建筑	5	18	14	11	9	15	14	15	15	18	19
保险	10	8	9	9	5	6	6	6	7	5	7
金融服务	17	17	13	17	18	14	12	13	9	10	5
计算机和信息	1	1	1	1	1	1	1	1	1	1	1
版税和许可证费用	20	20	20	20	21	21	21	21	21	21	20

续表

产品/服务　　　　　　　年份	2000	2001	2002	2003	2004	2005	2006	2007	2008	2009	2010
其他商业服务	8	12	10	14	6	5	3	3	3	6	3
个人、文化和休闲服务	21	21	21	21	20	18	15	9	8	14	15
政府服务及其他	4	5	8	13	14	16	18	18	18	20	17

数据来源：http：//unctadstat. unctad. org，经作者整理和计算。

2. 显示比较优势指数（RCA）

印度 2000～2010 年各类出口产品（SITC 分类一位码）和出口服务的显示比较优势指数见表 3－10。从 RCA 看，2000～2010 年，印度出口产品/服务中的食品和活动物、非食用原料（燃料除外）、按原料分类的制成品、杂项制品（类）、计算机和信息的 RCA 均大于 1，说明以 RCA 衡量的上述产品/服务的比较优势持续显著；其中，计算机和信息（服务）历年 RCA 的平均值高达 10.2，在各类出口产品/服务中高居首位。此外，部分产品/服务近年来竞争优势有所降低：2000～2008 年化学成品及有关产品的 RCA 均大于 1，但 2009～2010 年其 RCA 降低到 1 之下；2000～2007 年通信（服务）的 RCA 均大于 1，但 2008～2010 年其 RCA 降低到 1 之下。

表 3－10　2000～2010 年印度各类出口产品/服务显示比较优势指数

产品/服务　　　　　　　年份	2000	2001	2002	2003	2004	2005	2006	2007	2008	2009	2010
产品											
食品和活动物	2.1	2.1	2.0	1.8	1.7	1.6	1.6	1.6	1.7	1.1	1.5
饮料和烟草	0.5	0.5	0.5	0.4	0.5	0.4	0.4	0.4	0.6	0.6	0.5
非食用原料（燃料除外）	1.2	1.2	1.5	1.3	1.9	2.3	2.0	2.1	1.8	1.6	1.9
其他动、植物原料	0.3	0.5	0.5	0.5	0.7	1.0	1.1	1.0	0.9	1.0	1.0
动植物油脂及动植物蜡	1.8	1.5	0.9	0.8	1.1	0.9	0.7	0.7	0.6	0.6	0.7
化学成品及有关产品	1.1	1.1	1.1	1.1	1.1	1.1	1.1	1.1	1.1	0.9	1.0
按原料分类的制成品	2.9	2.7	2.7	2.8	2.5	2.4	2.2	2.1	2.0	2.0	2.1
机械及运输设备	0.2	0.2	0.2	0.2	0.3	0.3	0.3	0.3	0.4	0.5	0.4
杂项制品（类）	1.7	1.6	1.5	1.5	1.6	1.5	1.5	1.3	1.2	1.6	1.3
未分类的商品	0.5	0.8	0.7	0.4	0.5	0.4	0.3	0.3	0.4	0.0	0.0
服务											
交通运输	0.5	0.5	0.6	0.6	0.5	0.5	0.5	0.5	0.5	0.6	0.5

续表

年份 产品/服务	2000	2001	2002	2003	2004	2005	2006	2007	2008	2009	2010
旅游	0.7	0.6	0.5	0.7	0.6	0.5	0.5	0.5	0.5	0.5	0.5
通信	1.7	2.8	1.9	1.9	1.3	1.3	1.3	1.1	0.9	0.6	0.5
建筑	1.4	0.2	0.6	0.6	0.7	0.3	0.4	0.4	0.3	0.3	0.2
保险	0.8	0.8	0.6	0.6	0.9	0.9	0.8	0.8	0.7	0.7	0.7
金融服务	0.3	0.3	0.6	0.3	0.1	0.3	0.4	0.5	0.5	0.6	0.7
计算机和信息	10.1	12.7	12.9	12.7	10.2	9.8	9.0	9.0	8.6	8.8	7.9
版税和许可证费用	0.1	0.0	0.0	0.0	0.0	0.1	0.0	0.0	0.0	0.0	0.0
其他商业服务	1.1	0.6	0.6	0.6	0.9	1.0	1.1	1.0	0.9	0.7	1.0
个人、文化和休闲服务	0.0	0.0	0.0	0.0	0.1	0.2	0.4	0.5	0.6	0.5	0.3
政府服务及其他	1.5	1.2	0.7	0.4	0.4	0.3	0.2	0.2	0.2	0.2	0.2

数据来源：http://unctadstat.unctad.org，经作者整理和计算。

表 3 - 11 给出了 2000 ~ 2010 年印度各类出口产品和服务 RCA 由高至低的排名。

2000 ~ 2010 年 RCA 排名来看，印度出口产品/服务中，计算机和信息、按原料分类的制成品、食品和活动物、非食用原料（燃料除外）、杂项制品（类）等产品/服务在该段时期的平均排名居于印度出口产品/服务的前五位，说明以 RCA 衡量的印度上述类别产品/服务的竞争优势较为明显；此外，版税和许可证费用，个人、文化和休闲服务，机械及运输设备，政府服务及其他，建筑等在该段时期的平均排名居于印度出口产品、服务的末五位，说明印度上述类别的产品/服务竞争优势较弱。总体来说，以 RCA 衡量的印度各类出口产品和服务的竞争优势与以市场占有率衡量的结果具有较强的一致性。

2000 ~ 2010 年 RCA 排名的波动情况来看（以历年排名的标准差度量），食品和活动物、计算机和信息、杂项制品（类）、按原料分类的制成品等具有较强竞争优势的产品、服务的 RCA 位次波动较小，说明以 RCA 衡量的上述类别产品、服务的竞争优势在该段时期得以稳定保持；版税和许可证费用的 RCA 位次波动也较小，说明 2000 ~ 2010 年其竞争优势一直保持较低水平，未能得到有效提升。此外，RCA 位次波动较大的产品、服务包括：保险（从 2000 年的第 8 位降低至 2010 年的第 19 位）、交通运输（从 2000 年的第 14 位降低至 2010 年的第 20 位）、建筑（从

2000 年的第 6 位降低至 2010 年的第 14 位）、其他动植物原料（从 2000 年的第 17 位提高至 2010 年的第 6 位）、政府服务及其他（从 2000 年的第 21 位提高至 2010 年的第 17 位）。综上可以看出，印度处于竞争优势最强和最弱两端的产品/服务的竞争优势变化较小，而处于竞争优势中间位置的产品/服务的竞争优势正在发生较为显著的调整。

表 3 - 11　2000 ~ 2010 年印度各类出口产品/服务显示比较优势指数排名

年份 产品/服务	2000	2001	2002	2003	2004	2005	2006	2007	2008	2009	2010
产品											
食品和活动物	3	4	3	4	4	4	4	4	4	5	4
饮料和烟草	16	16	18	14	15	14	15	16	13	12	13
非食用原料（燃料除外）	9	7	6	6	3	3	3	2	3	3	3
其他动、植物原料	17	15	17	11	11	11	9	7	7	6	6
动植物油脂及动植物蜡	4	6	8	8	7	10	11	11	12	11	10
化学成品及有关产品	10	9	7	7	8	7	8	6	7	7	7
按原料分类的制成品	2	3	2	2	2	2	2	3	2	2	2
机械及运输设备	19	18	19	19	18	18	18	18	17	18	16
杂项制品（类）	5	5	5	5	5	5	5	5	4	4	5
未分类的商品	3	4	3	4	4	4	4	4	4	5	4
服务											
交通运输	14	11	9	15	17	15	19	19	18	8	20
旅游	15	14	13	12	14	13	12	14	15	14	12
通信	13	12	16	9	13	12	13	13	16	16	15
建筑	6	2	4	3	6	6	6	6	8	13	14
保险	8	19	15	13	12	17	16	17	19	19	19
金融服务	12	10	11	10	9	9	10	10	10	9	11
计算机和信息	18	17	14	18	19	16	14	15	14	15	9
版税和许可证费用	1	1	1	1	1	1	1	1	1	1	1
其他商业服务	20	20	20	20	21	21	21	21	21	21	21
个人、文化和休闲服务	11	13	12	17	10	8	8	9	9	10	8
政府服务及其他	21	21	21	21	20	20	17	12	11	17	17

数据来源：http://unctadstat. unctad. org，经作者整理和计算。

3. 贸易竞争力指数（TCI）

印度 2000 ~ 2010 年各类出口产品（SITC 分类一位码）和出口服务的贸易竞争力指数见表 3 - 12。从 TCI 来看，2000 ~ 2010 年，食品和活动物、饮

料和烟草、按原料分类的制成品、杂项制品（类）、旅游、计算机和信息的
TCI 均大于 0，说明以 TCI 衡量的上述产品/服务的比较优势持续显著；此
外，通信（服务）除 2002 年 TCI 小于 0 之外，其他年份 TCI 均大于 0。

表 3 - 12　2000 ~ 2010 年印度各类出口产品/服务贸易竞争力指数

年份 产品/服务	2000	2001	2002	2003	2004	2005	2006	2007	2008	2009	2010
产品											
食品和活动物	0.6	0.6	0.5	0.6	0.5	0.5	0.5	0.5	0.6	0.4	0.6
饮料和烟草	0.7	0.7	0.7	0.6	0.5	0.4	0.5	0.5	0.6	0.7	0.7
非食用原料（燃料除外）	- 0.4	- 0.4	- 0.3	- 0.3	- 0.2	- 0.1	- 0.1	- 0.1	- 0.1	- 0.1	0.1
其他动、植物原料	- 0.7	- 0.4	- 0.4	- 0.4	- 0.1	- 0.3	- 0.5	- 0.5	- 0.5	- 0.5	- 0.5
动植物油脂及动植物蜡	- 0.8	- 0.8	- 0.9	- 0.9	- 0.8	- 0.8	- 0.8	- 0.8	- 0.8	- 0.8	- 0.8
化学成品及有关产品	- 0.2	- 0.1	- 0.1	- 0.1	- 0.2	- 0.2	- 0.1	- 0.1	- 0.3	- 0.2	- 0.1
按原料分类的制成品	0.2	0.2	0.2	0.2	0.1	0.2	0.1	0.0	0.1	0.1	0.1
机械及运输设备	- 0.6	- 0.5	- 0.5	- 0.6	- 0.6	- 0.6	- 0.6	- 0.5	- 0.5	- 0.4	- 0.4
杂项制品（类）	0.5	0.5	0.4	0.5	0.4	0.4	0.4	0.4	0.4	0.5	0.5
未分类的商品	- 0.7	- 0.6	- 0.6	- 0.8	- 0.9	- 0.8	- 0.8	- 0.8	- 0.8	- 0.5	- 1.0
服务											
交通运输	- 0.6	- 0.6	- 0.6	- 0.5	- 0.5	- 0.6	- 0.5	- 0.5	- 0.6	- 0.5	- 0.6
旅游	0.1	0.0	0.0	0.1	0.1	0.1	0.1	0.1	0.1	0.1	0.1
通信	0.7	0.6	- 0.1	0.2	0.3	0.6	0.6	0.5	0.4	0.1	0.1
建筑	0.6	- 0.8	- 0.4	- 0.6	- 0.2	- 0.3	- 0.1	0.0	- 0.1	- 0.1	- 0.3
保险	- 0.5	- 0.5	- 0.5	- 0.5	- 0.3	- 0.4	- 0.4	- 0.4	- 0.5	- 0.4	- 0.5
金融服务	- 0.6	- 0.7	- 0.4	- 0.1	- 0.4	0.1	0.1	0.0	0.1	0.0	- 0.1
计算机和信息	0.8	0.8	0.8	0.9	0.9	0.9	0.9	0.9	0.9	0.9	0.9
版税和许可证费用	- 0.5	- 0.8	- 0.9	- 0.9	- 0.8	- 0.5	- 0.9	- 0.8	- 0.8	- 0.8	- 0.9
其他商业服务	0.0	- 0.2	- 0.2	- 0.2	- 0.2	0.0	0.0	0.1	0.0	- 0.1	- 0.2
个人、文化和休闲服务	—	—	—	—	- 0.1	0.0	0.5	0.5	0.4	0.3	- 0.2
政府服务及其他	0.4	0.3	0.1	0.0	0.0	- 0.2	- 0.3	- 0.1	- 0.1	- 0.3	- 0.2

数据来源：http：//unctadstat. unctad. org，经作者整理和计算。

表 3 - 13 给出了 2000 年到 2010 年印度各类出口产品和服务 TCI 由高至

低的排名。

　　从 2000 ~ 2010 年 TCI 的排名来看，印度出口产品/服务中，计算机和信息、饮料和烟草、食品和活动物、通信、杂项制品（类）等在该段时期的平均排名居于印度出口产品/服务的前五位，说明以 TCI 衡量的印度上述类别产品、服务的竞争优势较为明显；此外，动植物油脂及动植物蜡、版税和许可证费用、未分类的商品、交通运输、机械及运输设备等产品/服务在该段时期的平均排名居于印度出口产品/服务的末五位，说明以 TCI 衡量的印度上述类别的产品/服务的竞争优势较弱。

　　从 2000 ~ 2010 年 TCI 排名波动情况来看（以历年排名的标准差度量），计算机和信息、食品和活动物、饮料和烟草、杂项制品（类）等产品/服务竞争优势较强的产品/服务的 TCI 位次波动较小，说明上述类别产品/服务的竞争优势在 2000 ~ 2010 年间得以持续保持；此外，动植物油脂及动植物蜡等产品/服务竞争优势较弱的产品/服务的 TCI 位次波动也较小，说明其竞争优势未能得到有效提升。此外，RCA 位次波动较大的产品/服务包括：建筑（从 2000 年的第 5 位降低至 2010 年的第 14 位）、政府服务及其他（从 2000 年的第 7 位降低至 2010 年的第 13 位）；金融服务（从 2000 年的第 17 位提高至 2010 年的第 9 位）。

表 3 - 13　2000 ~ 2010 年印度各类出口产品/服务贸易竞争力指数排名

产品/服务 \ 年份	2000	2001	2002	2003	2004	2005	2006	2007	2008	2009	2010
产品											
食品和活动物	4	4	3	3	2	3	3	3	3	4	3
饮料和烟草	3	2	2	2	3	4	5	2	2	2	2
非食用原料（燃料除外）	12	12	11	11	13	11	13	12	12	10	8
其他动、植物原料	19	11	13	12	9	14	16	16	17	19	17
动植物油脂及动植物蜡	20	20	19	19	19	20	19	20	19	21	19
化学成品及有关产品	11	9	8	9	11	13	11	13	14	13	10
按原料分类的制成品	8	7	5	6	7	9	7	8	11	8	6
机械及运输设备	15	14	16	16	18	19	18	17	16	15	15
杂项制品（类）	6	5	4	4	4	5	6	6	6	3	4
未分类的商品	18	16	18	18	21	21	20	21	20	17	21
服务											
交通运输	16	15	17	14	17	18	17	18	18	18	18
旅游	9	8	7	8	6	7	8	7	7	6	5

续表

年份 产品/服务	2000	2001	2002	2003	2004	2005	2006	2007	2008	2009	2010
通信	2	3	9	5	5	2	2	5	4	7	7
建筑	5	18	14	17	14	15	12	11	9	11	14
保险	13	13	15	13	15	16	15	15	15	16	16
金融服务	17	17	12	10	16	6	9	10	8	9	9
计算机和信息	1	1	1	1	1	1	1	1	1	1	1
版税和许可证费用	14	19	20	20	20	17	21	19	21	20	20
其他商业服务	10	10	10	15	12	10	10	9	10	12	11
个人、文化和休闲服务	—	—	—	—	10	8	4	4	5	5	12
政府服务及其他	7	6	6	7	8	12	14	14	13	14	13

数据来源：http：//unctadstat. unctad. org，经作者整理和计算。

4. 竞争优势评估小结

印度 2000 ~ 2010 年各类出口产品（SITC 分类一位码）和出口服务的市场占有率、RCA 和 TCI 平均排名均位于前十位的见表 3 - 14。从表 3 - 14 可以看出，印度的计算机和信息服务及与之关系密切的通信、其他商业服务的竞争优势持续显著，此外，资源密集型产业的竞争优势也较为显著。

表 3 - 14   2000 ~ 2010 年印度各类出口产品/服务竞争力排名汇总表

产品/服务	2000 ~ 2010 年平均排名		
	市场占有率	RCA	TCI
计算机和信息	1	1	1
按原料分类的制成品	2	2	8
通信	3	6	4
食品和活动物	5	3	3
杂项制品（类）	8	5	5
其他商业服务	6	10	10

数据来源：http：//unctadstat. unctad. org，经作者整理和计算。

二   印度产业政策评价——以计算机和信息服务业为例

2000 ~ 2010 年，印度的计算机和信息服务业都是该国最具竞争优势的产业。对于印度计算机及相关服务业所取得的成功，该国以下几个方面的产业政策起到了重要作用：

1. 人才培养政策

印度政府十分重视对信息技术人才的培养。印度商业工业联合会资料显示，从 20 世纪 50 年代以来，印度兴建了 6 所全国性信息技术学院、25 所地方性信息技术学院，每年可培养约 17 万名信息技术专业本科生及 5 万名研究生；从教育投入看，印度政府每年的教育投入约占 GDP 的 5%，此外还有国内外大量民间资本流入信息教育领域（陈利君、陈雪松，2010）。印度不仅建成了仅次于美国的世界第二大软件人才储备库，而且这些人才除了合格的专业水平之外，还具有数学、英语、设计、管理等多方面的综合知识基础。截至 2004 年，印度培养的信息技术人才已占全世界电脑软件开发人才的约三分之一，为印度计算机及相关服务业提供了重要的竞争优势。印度在人才培养方面主要采取了以下措施（李合敏，2004）：

（1）专业教育和梯队建设并重

印度政府早在 20 世纪 50 年代就将 14 岁以下儿童的受教育权写进宪法。60 年代末，又通过《国家教育政策》，进一步加强对教育的重视。其后，政府对该政策予以多次修订、补充，通过中央及地方五年计划及年度计划，对教育战略予以落实。印度按照美国麻省理工学院的模式，建立了一批理工科高等院校。截至 2000 年，印度高等学校在学人数已达 700 余万人，其中三分之一为理工科和农科。为了应对国内外信息技术人才需求层次的提高，印度对大学教育进行了重新设计，以提高学生素质为教育的主要目标。配套地，教育部建立了电子信息网络，以连接教育机构与国立实验室，并使国际互联网、数据库得到普及应用。印度政府还增加了理工科学院教育经费，并着力于升级部分地区性工程院校的教学质量，使之达到国立理工科高效的水准。此外，印度信息技术部还于 21 世纪初开始实施"知识行动"人才培养计划，并在班加罗尔、马德拉斯、瓜廖尔等地建立了信息技术学院，以培养高水平信息技术专业人才。从印度培养的科技人才质量上来看，截至 2004 年，先后有 4 位印度公民获得诺贝尔奖，17 位印度科学家入选英国皇家学会，3 位美籍印裔科学家获诺贝尔奖或美国最高科学奖；此外，约有 3000 位印裔科学家成为世界多个科技专业领域的顶尖人才。

除了提高教育质量之外，印度还特别重视改善教育结构，一方面迅速发展高等教育，另一方面也在不断夯实基础教育。为适应计算机及相关服务业的发展战略，印度普及了高小和初中的计算机应用教育，中级计算机软件培训学校的数量也大幅增加。此外，印度政府还在落后地区启动信息中心工程，传播电脑、软件知识。

（2）公立学校和私人办学相辅相成

印度的办学体制以国家办学为主、私人和企业办学为辅。除了上述提到的政府办学之外，印度还鼓励私人资本和外资办学，特别是从事电脑软件、硬件方面的教育培训。截至 2004 年，印度的私立理工科学院已超过 1000 所，其中有一半的学校能够培养硕士和博士研究生。IBM、微软、英特尔等世界著名的信息技术公司也已在印度出资办学。私人办学的发展不仅为印度提供了大量教育资金，还在办学的同时引进了国外大量先进技术。

（3）语言优势与创新能力结合

英语在印度的使用已经长达两个世纪。因此，印度的软件工程师在专业语言方面具有较强的优势。此外，印度还实施复合型人才培养战略，重视跨学科教学，软件工程师不仅在基础学科、专业技术和语言方面有着较高的水平，而且在哲学、历史、艺术等方面都有所涉猎。此外，印度的学校重视培养学生运用已掌握知识进行逻辑推理、分析的能力，在考试中不设选择题；在学习过程中，学生还需经常性地进行公开演讲，训练表达、沟通能力，学会将自己的竞争力以语言形式表达出来。在信息技术学校中，不但设有日常授课的正规教授，还邀请了业界老师，介绍实践中的最新发展和创新成果。这种教育理念，提高了专业人才的逻辑思维能力，拓展了思维空间，加强了创新能力，从而使印度的电子信息专业人才素质居于全球业内的前列。

（4）优惠政策吸引专业人才

计算机及相关服务业的发展使软件人才需求增加。美国目前仍是最能够吸引专业人才的国家之一。在美国信息技术移民中，来自印度的移民人数最多。印度最好的六所理工院校中，有 80% 的毕业生流入美国，美国硅谷的信息技术工作者中约 40% 为印籍或印侨。此外，新加坡、德国、英国、日本等国也有大量由印度流入的信息技术人才。

大量优秀人才的流失加剧了印度本国计算机及相关服务业人才短缺的矛盾。因此，印度政府制定了股权、税收、工资、创业资金、金融扶持、来去自由等一系列优惠措施，以留住人才、吸引海外人才回国。印度还修建高科技园区，为信息技术人才提供良好的工作、生活环境。

然而对于印度信息技术人才外流的现象，印度政府并未只表现出担忧，反而认为这也是推动本国计算机及相关服务业发展的力量，可以通过国外工作经历掌握计算机及相关服务业在全球的发展动态，人才回国时可将资金及先进技术带回国内。此外，大量印度技术人才的外流也证明了印度在软件技术人才方面教育模式的可靠性。事实证明，印度归国人员为推动本国计算机芯片、无线电话、电脑设备等方面的发展做出了重要贡献。

2. 促进风险投资方面的政策

在同层次的发展中国家之中，印度的风险投资发展相对较早。印度在1989 年的"七五计划"中已经明确强调要发展风险投资体制。经过二十年发展，近年来印度已经确立了以国外资金为主体、以计算机及相关服务业为导向的国际化风险投资体系，其中外国风险投资占印度风险投资总额的 2/3以上，而计算机及相关服务业风险投资占印度风险投资总额的五分之一以上。2003 年，印度吸纳的风险投资在亚洲已达第二位。风险投资的注入为印度计算机及相关服务业的发展带来大量的研发资金，自 2001 年以来已有超过 200 家跨国公司在印度建立了研发中心（方慧，2008）。一方面，国际风险投资的注入提高了印度软件产科的科技含量与创新能力，促进了印度计算机及相关服务业的迅速发展；另一方面，印度计算机及相关服务业的发展也提高了本产业吸纳风险投资的能力。国际风险投资与印度计算机及相关服务业形成互相促进的良性循环，为印度发挥计算机及相关服务业的竞争优势提供了必备的资金支持。

3. 发展产业集群方面的政策

印度计算机及相关服务业主要集中在孟买、班加罗尔、新德里、海德拉巴、海德拉斯、加尔各答、普那等几个大城市，软件公司基本都设立在上述城市的软件技术院区之内。产业集群式发展模式是印度计算机及相关服务业具有国际竞争优势的重要原因之一。印度于 1982 年建立了第一个科技园，用以进行软件、信息技术、电信等尖端技术项目研发。20 世纪90 年代，印度又陆续建立了 18 个具有世界先进水平的计算机软件科技园，以优惠的政策、完善的基础设施、良好的生活条件吸纳国内外投资及技术人才（李合敏，2004）。此后，地方政府也设立了一些邦级软件技术园区。软件技术园区的设立使该产业的重要资源得以集中，交流更为方便，容易产生较大的影响力。如 1995 年成立的海德拉巴软件园区，凭借产业集聚效应，吸引了美国微软公司在此设立了本土之外的第一个软件开发中心；IBM、爱立信、摩托罗拉、通用电气等企业也纷纷在海德拉巴软件园区设立研究中心。而产业园区对国际大企业的吸引力，是当时印度的单个公司所无力实现的。印度软件技术园区的设立有明确的目标：一是政府计算机及相关服务业政策的先驱和执行者；二是提供计算机设备，建立以数据通信为主的多项基础设施；三是提供技术评估、市场分析等服务，以促进计算机及相关服务业和相关服务的开发、出口；四是培训信息技术人才，加速软件技术的发展和软件设计开发。在这些产业园区内，政府提供了包括交通、厂房、服务单位、中央数据处理系统、卫星通信系统等完善的基础设施，使软件开发单位在园区内即可与全球的用户建立密切联系，并为软件开发人员提供良好的生活条件，提高工作效率。对于软件园区中的企业，印度政府赋予园区管理机构代理职能，对园区中的企业实施"一站式服务"管理模式，建立政府与企业之间桥梁的同时，为企业提供便利的服务，以促进企业的发展为主旨。印度政府还对进入软件园区的企业实施鼓励出口的优惠政策，如关税优惠、国内税优惠、取消进口许可证，等等（钟坚，2002）。印度的计算机及相关服务业园区一般具有良好的地理位置和雄厚的技术支撑，各园区之间能通过区域网络建立紧密联系，实现园区间的相互支撑和相互推动。其中，由处于核心地位的企业在创新方面做出主要贡献，并带动其他企业，进而推动整个系统竞争力的提升（李合敏，2004）。目前，印度已形成大型计算机及相关服务业集群，并借此在软件服务领域取得了国际竞争优势。

4. 促进知识产权保护方面的政策

为了给本国的计算机及相关服务业提供良好的发展环境，印度政府特别重视计算机及相关服务业的知识产权保护。概括起来，印度软件行业的知识产权战略主要包括以下的内容（詹映、温博，2011）。

（1）知识产权立法

印度通过在专利权、版权等方面的严厉立法，对计算机及相关服务业知识产权实施保护。

印度的专利保护起步较早。1856 年，在英国殖民者的统治之下印度就制定了《专利法》，1970 年通过了印度独立后的第一部《专利法》，此后为与 TRIPs 协议相一致，印度先后于 1999 年、2002 年、2005 年对 1970 年专利法进行了修订，目前已与 TRIPs 协议实现完全接轨。在新修订的《专利法》中，印度加强了对计算机软件专利权保护的条款，从而加大了对计算机及相关服务业的保护力度。

印度《版权法》的历史虽然没有《专利权》悠久，却以严厉的处罚标准而闻名。1994 年，印度政府对原有《版权法》予以修订，将计算机软件作品纳入保护范围，并对软件盗版的行为进行了明确规定、对处罚措施做出了详细说明。根据修订后的《版权法》，使用盗版软件的行为将被判处 7 天至 3 年的监禁，并予以 5.5 万至 2000 万卢比（约合 7900 元至 288 万元人民币）的经济处罚。

此外，印度政府还成立了内阁信息委员会，并针对行业情况制定了《信息技术法》，对计算机及相关服务业进行法律监管。

（2）知识产权执法

为了保证相关法律的执行，印度在各邦及中央直辖区的警局分别设立了地方性版权实施处，对当地的知识产权侵权案件、实施打击盗版具有独立处理权。印度政府还通过国家警察学院对警察及海关工作人员进行定期的知识产权课程培训，还组织编写了《知识产权法手册》，并向各级政府及警局免费发放，以此提高执法人员的专业素养和执法水平（朱瑾、谢静，2006）。NASSCOM 也为警察及执法官员提供数字犯罪调查、打击网络犯罪等方面的专业培训，并与商业软件联盟（BSA）共同于 1995 年 8 月设立了反盗版有奖举报热线。该热线在设立后的 15 个月内就收到了六千多条有效举报，协助警方破获了大量巨额的盗版案件（祁鸣、李建军，2007）。

（3）产业信息安全

印度的计算机及相关服务业主要承接美国、欧洲的离岸外包业务。因此，欧美客户最关心的信息安全问题也成了印度计算机及相关服务业所关注的重点。为提高海外竞争能力，印度的计算机及相关服务业已全面接受国际信息安全保护标准的严格检测。为了进一步提高印度计算机及相关服务业的商业秘密保护及数据安全保护水平，NASSCOM 还设立了印度数据安全委员会（DSCI），并通过年会的形式，每年向世界公布印度计算机及相关服务业在数据安全及商业秘密保护方面做出的工作。此外，NASSCOM 还积极组织印度业内人士参与国际交流，借此树立了印度计算机及相关服务业在全球外包服务中的可靠形象，为本国的计算机及相关服务业取得了大量国际离岸外包订单及数据管理、呼叫等服务。自 2001 年以来，已有超过 200 家跨国公司在印度设立了研发中心，其中包括阿尔卡特、飞利浦、英特尔等欧美国家业内巨头。

（4）其他促进知识产权保护的措施

除了立法机关和政府之外，印度还成立了国家软件和服务公司协会

（即上面提到的 NASSCOM），通过行业协会的作用，促进行业知识产权战略的实施。国家软件和服务公司协会成立于 1988 年，截至 2008 财年，该协会下属的各成员销售收入之和已达到印度计算机及相关服务业销售收入总和的95%，专业人员数逾 200 万人。国家软件和服务公司协会自成立以来就致力于印度反盗版法律法规的制定，并在国际上大力推进此项工作的进展。此外，印度政府为建立国民的知识产权意识，自小学开始就设立了有关知识产权道德的教育课程（王华芳，2008）。

在多种措施的共同作用之下，印度计算机及相关服务业的盗版率一直处于发展中国家的最低水平，并在国际上树立了良好的行业形象，为印度的计算机及相关服务业赢得了大量的国际订单，使印度的计算机及相关服务业的竞争优势能够长期得以维持。

第三节　马来西亚产业竞争优势的演化

一　竞争优势评估

1. 市场占有率

2000～2010 年马来西亚各类出口产品（SITC 分类一位码）和出口服务的市场占有率见表 3－15。总体来看，2000～2010 年，马来西亚产品出口和服务出口的世界市场占有率较为稳定，其中产品出口的市场占有率略高于服务出口的市场占有率。

表 3－15　2000～2010 年马来西亚各类出口产品/服务市场占有率

单位：%

年份 产品/服务	2000	2001	2002	2003	2004	2005	2006	2007	2008	2009	2010
全部产品	1.5	1.4	1.5	1.4	1.4	1.4	1.3	1.3	1.2	1.3	1.3
食品和活动物	0.5	0.5	0.5	0.5	0.5	0.5	0.5	0.6	0.6	0.6	0.6
饮料和烟草	0.6	0.6	0.6	0.6	0.6	0.5	0.6	0.6	0.6	0.6	0.8
非食用原料（燃料除外）	1.4	1.1	1.1	1.2	1.1	1.1	1.1	0.9	0.9	0.8	0.9
其他动、植物原料	1.4	1.4	1.3	1.4	1.4	1.3	1.3	1.2	1.3	1.3	1.4
动植物油脂及动植物蜡	17.5	16.9	18.7	20.2	18.7	16.8	16.6	18.7	18.9	19.0	20.4
化学成品及有关产品	0.7	0.6	0.7	0.7	0.7	0.7	0.7	0.7	0.7	0.7	0.7

续表

年份 产品/服务	2000	2001	2002	2003	2004	2005	2006	2007	2008	2009	2010
按原料分类的制成品	0.8	0.8	0.7	0.7	0.8	0.7	0.8	0.8	0.8	0.9	0.9
机械及运输设备	2.3	2.2	2.2	2.0	2.0	2.0	1.9	1.7	1.2	1.7	1.7
杂项制品（类）	1.0	1.0	1.0	1.0	1.0	1.0	1.0	1.0	1.0	1.0	1.1
未分类的商品	0.3	0.4	0.5	0.5	0.5	0.6	0.7	0.5	3.6	0.2	0.2
全部服务	0.9	0.9	0.9	0.7	0.7	0.8	0.7	0.8	0.8	0.8	0.9
交通运输	0.8	0.8	0.8	0.7	0.6	0.7	0.7	0.9	0.8	0.6	0.6
旅游	1.0	1.5	1.5	1.1	1.3	1.3	1.4	1.6	1.6	1.8	2.0
通信	0.5	0.7	0.7	0.5	0.8	1.1	0.8	0.7	0.6	0.6	—
建筑	0.9	1.0	1.2	0.7	1.0	1.4	1.5	1.6	1.1	0.9	—
保险	0.5	0.9	0.3	0.4	0.5	0.6	0.5	0.4	0.5	0.4	—
金融服务	0.2	0.1	0.1	0.1	0.1	0.0	0.0	0.0	0.0	0.0	—
计算机和信息	0.2	0.3	0.2	0.3	0.4	0.4	0.4	0.5	0.5	0.7	—
版税和许可证费用	0.0	0.0	0.0	0.0	0.0	0.0	0.0	0.0	0.1	0.1	—
其他商业服务	1.4	1.0	0.4	0.4	0.4	0.4	0.5	0.5	0.5	0.5	—
个人、文化和休闲服务	0.2	0.1	7.0	7.4	5.6	5.3	2.4	2.1	2.1	1.8	—
政府服务及其他	0.3	0.3	0.3	0.2	0.2	0.2	0.2	0.1	0.1	0.1	—

数据来源：http：//unctadstat.unctad.org，经作者整理和计算。

表 3 - 16 给出了 2000 ~ 2010 年马来西亚各类出口产品和服务市场占有率由高至低的排名。

从 2000 年到 2010 年市场占有率的排名来看，马来西亚出口产品、服务中，动植物油脂及动植物蜡，机械及运输设备，旅游，其他动植物原料，个人、文化和休闲服务等产品、服务在该段时期的平均排名居于马来西亚出口产品/服务的前五位，说明马来西亚上述类别产品/服务的竞争优势较为明显；此外，版税和许可证费用、金融服务、政府服务及其他、计算机和信息、保险等产品、服务在该段时期的平均排名居于马来西亚出口产品、服务的末五位，说明马来西亚上述类别产品/服务的竞争优势较弱。

从 2000 ~ 2010 年市场占有率排名波动情况来看（以历年排名的标准差度量），动植物油脂及动植物蜡、其他动植物原料等具有较强竞争优势的产品/服务和金融服务、版税和许可证费用、政府服务及其他等具有较弱竞争优势的产品/服务的市场占有率位次波动较小。市场占有率位次波动较大的产品/服务包括：个人、文化和休闲服务（从 2000 年的第 20 位提高至 2009 年的第 3 位）、计算机和信息（从 2000 年的第 18 位提高至 2009 年的第 10 位）、未分类的商品（从 2000 年的第 16 位提高至 2010 年的第 12 位）；其他商业服务（从 2000 年的第 3 位降低至 2009 年的第 16 位）、保险（从 2000 年的第 13 位降低至 2009 年的第 17 位）。综上可以看出，马来西亚处于竞争优势最强和最弱两端的产品/服务的竞争优势变化较小，而处于竞争优势中间位置的产品/服务的竞争优势正在发生较为显著的调整。

表 3 – 16　2000 ~ 2010 年马来西亚各类出口产品/服务市场占有率排名

产品/服务 ＼ 年份	2000	2001	2002	2003	2004	2005	2006	2007	2008	2009	2010
产品											
食品和活动物	15	15	15	13	14	16	15	14	14	15	10
饮料和烟草	12	14	13	12	13	15	14	13	15	13	8
非食用原料（燃料除外）	5	5	7	5	6	7	7	9	9	9	6
其他动、植物原料	4	4	5	4	4	5	6	6	5	5	4
动植物油脂及动植物蜡	1	1	1	1	1	1	1	1	1	1	1
化学成品及有关产品	11	13	11	11	11	10	11	12	12	11	9
按原料分类的制成品	9	11	10	8	10	11	10	10	10	8	7
机械及运输设备	2	2	3	3	3	3	3	6	4	3	
杂项制品（类）	7	6	8	7	7	9	8	7	8	6	5
未分类的商品	16	16	16	15	15	14	12	14	2	18	12
服务											
交通运输	10	10	9	10	12	12	13	8	11	12	11
旅游	6	3	4	6	5	6	5	4	4	2	2
通信	14	12	12	14	9	8	9	11	13	14	—
建筑	8	7	6	9	8	4	4	5	7	7	—
保险	13	9	17	17	16	14	17	18	17	17	—
金融服务	19	20	20	20	20	20	20	20	21	21	—
计算机和信息	18	17	18	18	18	18	18	15	16	10	—
版税和许可证费用	21	21	21	21	21	21	21	21	19	19	—
其他商业服务	3	8	14	16	17	17	16	16	18	16	—
个人、文化和休闲服务	20	19	2	2	2	2	2	2	3	3	—
政府服务及其他	17	18	19	19	19	19	19	19	20	20	—

数据来源：http：//unctadstat. unctad. org，经作者整理和计算。

2. 显示比较优势指数（RCA）

　　显示比较优势指数（RCA）是一个国家某产品（或某服务）出口额占本国产品（或服务）出口总额的比重与该产品（或该服务）全球出口额占全球产品（或服务）出口总额的比重之比，以此衡量该国该产品（或该服务）的竞争优势。RCA 以 1 为界，RCA 大于 1 时表示具有比较优势，小于 1 时表示不具有比较优势；RCA 越大表示比较优势越显著，RCA 越接近 0 表示比较优势越弱。

　　马来西亚 2000～2010 年各类出口产品（SITC 分类一位码）和出口服务的显示比较优势指数见表 3－17。从 RCA 来看，2000～2010 年，马来西亚出口产品/服务中的动植物油脂及动植物蜡、旅游的 RCA 均大于 1，说明以 RCA 衡量的上述产品/服务的比较优势持续显著；其中，动植物油脂及动植物蜡的历年 RCA 的平均值高达 13.6，在各类出口产品、服务中高居首位。

表 3－17　2000～2010 年马来西亚各类出口产品/服务显示比较优势指数

产品/服务 ＼ 年份	2000	2001	2002	2003	2004	2005	2006	2007	2008	2009	2010
产品											
食品和活动物	0.3	0.3	0.4	0.4	0.4	0.4	0.4	0.5	0.5	0.5	0.5
饮料和烟草	0.4	0.4	0.4	0.4	0.4	0.4	0.4	0.5	0.5	0.5	0.6
非食用原料（燃料除外）	0.9	0.7	0.8	0.8	0.8	0.8	0.8	0.7	0.7	0.7	0.7
其他动、植物原料	0.9	1.0	0.9	1.0	1.0	1.0	0.9	1.0	1.0	1.0	1.0
动植物油脂及动植物蜡	11.3	11.8	12.8	14.4	13.5	12.4	12.5	14.8	15.3	15.1	15.6
化学成品及有关产品	0.4	0.4	0.5	0.5	0.5	0.5	0.6	0.6	0.5	0.6	
按原料分类的制成品	0.5	0.5	0.5	0.5	0.5	0.6	0.6	0.6	0.7	0.7	
机械及运输设备	1.5	1.5	1.5	1.4	1.4	1.4	1.4	1.4	1.0	1.4	1.3
杂项制品（类）	0.7	0.7	0.7	0.7	0.7	0.7	0.8	0.8	0.8	0.8	0.9
未分类的商品	0.2	0.2	0.2	0.2	0.2	0.2	0.2	0.2	0.9	0.2	0.2
服务											
交通运输	0.9	0.9	0.9	1.0	0.9	0.9	0.9	1.1	1.0	0.8	0.7
旅游	1.2	1.6	1.6	1.5	1.7	1.7	1.8	1.9	2.1	2.2	2.2
通信	0.6	0.7	0.7	0.7	1.0	1.4	1.0	0.9	0.8	0.8	—
建筑	1.0	1.1	1.3	1.0	1.3	1.0	1.2	1.0	1.5	1.1	—
保险	0.6	1.0	0.4	0.6	0.7	0.8	0.6	0.6	0.6	0.5	—
金融服务	0.2	0.1	0.1	0.1	0.1	0.1	0.0	0.0	0.0	0.0	—

续表

产品/服务 ＼ 年份	2000	2001	2002	2003	2004	2005	2006	2007	2008	2009	2010
计算机和信息	0.2	0.4	0.3	0.4	0.5	0.5	0.6	0.6	0.6	0.9	—
版税和许可证费用	0.0	0.0	0.0	0.0	0.0	0.0	0.0	0.0	0.1	0.2	—
其他商业服务	1.6	1.1	0.6	0.6	0.6	0.6	0.7	0.6	0.5	0.6	—
个人、文化和休闲服务	0.2	0.2	7.9	10.4	7.5	6.9	3.2	2.5	2.8	2.1	—
政府服务及其他	0.4	0.3	0.3	0.3	0.3	0.3	0.2	0.1	0.1	0.1	—

数据来源：http://unctadstat.unctad.org，经作者整理和计算。

表 3－18 给出了 2000～2010 年马来西亚各类出口产品和服务 RCA 由高至低的排名。

从 2000 年到 2010 年 RCA 排名来看，马来西亚出口产品、服务中，动植物油脂及动植物蜡，旅游，机械及运输设备，建筑，个人、文化和休闲服务等产品、服务在该段时期的平均排名居于马来西亚出口产品/服务的前五位，说明以 RCA 衡量的马来西亚上述类别产品/服务的竞争优势较为明显；此外，版税和许可证费用、金融服务、政府服务及其他、食品和活动物、未分类的商品等产品、服务在该段时期的平均排名居于马来西亚出口产品/服务的末五位，说明马来西亚上述类别的产品/服务的竞争优势较弱。

从 2000 年到 2010 年 RCA 排名波动情况来看（以历年排名的标准差度量），动植物油脂及动植物蜡、旅游等具有较强竞争优势的产品/服务的 RCA 位次波动较小，说明以 RCA 衡量的上述类别产品/服务的竞争优势在该段时期得以稳定保持；版税和许可证费用、金融服务等竞争优势较弱的产品/服务的 RCA 位次波动也较小，说明 2000～2010 年其竞争优势一直保持较低水平，未能得到有效提升；此外，交通运输的 RCA 位次也相对稳定。此外，RCA 位次波动较大的产品/服务包括：个人、文化和休闲服务（从 2000 年的第 20 位提供至 2009 年的第 3 位）、未分类的商品（从 2000 年的第 17 位提高至 2010 年的第 12 位）、其他商业服务（从 2000 年的第 2 位降低至 2009 年的第 13 位）；计算机和信息（从 2000 年的第 18 位提高至 2009 年的第 7 位）、保险（从 2000 年的第 10 位降低至 2009 年的第 14 位）。综上可以看出，马来西亚处于竞争优势最强和最弱两端的产品/服务的竞争优势变化较小，而处于竞争优势中间位置的产品/服务的竞争优势正在发生较为显著的调整。

表 3 – 18　2000 ~ 2010 年马来西亚各类出口产品/服务显示比较优势指数排名

产品/服务　　　年份	2000	2001	2002	2003	2004	2005	2006	2007	2008	2009	2010
产品											
食品和活动物	16	16	16	17	17	18	18	17	17	17	11
饮料和烟草	14	14	15	16	16	17	17	16	18	16	9
非食用原料（燃料除外）	7	10	8	8	9	9	9	10	11	12	6
其他动、植物原料	6	6	6	5	7	7	7	7	6	6	4
动植物油脂及动植物蜡	1	1	1	1	1	1	1	1	1	1	1
化学成品及有关产品	13	13	13	14	14	13	15	13	14	15	10
按原料分类的制成品	12	12	12	13	13	14	13	11	12	11	8
机械及运输设备	3	3	4	4	4	5	5	5	8	4	3
杂项制品（类）	9	11	10	9	10	11	10	9	10	8	5
未分类的商品	17	18	17	18	18	16	16	18	2	18	12
服务											
交通运输	8	8	7	7	8	8	8	6	7	9	7
旅游	4	2	3	3	3	4	4	3	4	2	2
通信	11	9	9	10	6	6	6	6	6	10	—
建筑	5	4	5	6	5	3	3	4	5	5	—
保险	10	7	14	12	11	10	12	15	15	14	—
金融服务	19	20	20	20	20	20	20	21	21		—
计算机和信息	18	15	18	15	15	15	14	12	13	7	—
版税和许可证费用	21	21	21	21	21	21	21	21	19	19	—
其他商业服务	2	5	11	11	12	12	11	14	16	13	—
个人、文化和休闲服务	20	19	2	2	2	2	2	2	3	3	—
政府服务及其他	15	17	19	19	19	19	19	19	20	20	—

数据来源：http：//unctadstat. unctad. org，经作者整理和计算。

3. 贸易竞争力指数（TCI）

贸易竞争力指数（TCI）是一个国家某产品（或某服务）净出口与本国该产品（或该服务）进出口总额的比重，以此衡量该国该产品（或该服务）的竞争优势。TCI 的数值区间为［- 1，1］，以 0 为界。TCI 大于 0 时表示具有比较优势，小于 0 时表示不具有比较优势；TCI 越接近 1 表示比较优势越显著，TCI 越接近 - 1 表示比较优势越弱。

马来西亚 2000 ~ 2010 年各类出口产品（SITC 分类一位码）和出口服务的贸易竞争力指数见表 3 - 19。从 TCI 来看，2000 ~ 2010 年，食品和活动物、化学成品及有关产品、按原料分类的制成品、未分类的商品和大量服务的 TCI 均少于 0，说明以 TCI 衡量的上述产品/服务的比较优势持续不强。

表 3 – 19　2000 ~ 2010 年马来西亚各类出口产品/服务贸易竞争力指数

产品/服务　　　年份	2000	2001	2002	2003	2004	2005	2006	2007	2008	2009	2010
产品											
食品和活动物	- 0.3	- 0.3	- 0.2	- 0.2	- 0.2	- 0.2	- 0.3	- 0.3	- 0.2	- 0.3	- 0.3
饮料和烟草	0.3	0.2	0.1	0.1	0.1	0.1	0.1	0.1	0.1	0.1	0.1
非食用原料（燃料除外）	0.2	0.0	0.1	0.2	0.1	0.1	0.1	0.0	0.0	- 0.1	0.0
其他动、植物原料	0.4	0.4	0.4	0.4	0.4	0.3	0.3	0.3	0.4	0.4	0.3
动植物油脂及动植物蜡	0.9	0.9	0.9	0.9	0.8	0.8	0.8	0.9	0.8	0.8	0.8
化学成品及有关产品	- 0.2	- 0.2	- 0.1	0.0	- 0.1	0.0	- 0.1	- 0.1	- 0.1	- 0.1	- 0.1
按原料分类的制成品	- 0.1	- 0.1	- 0.1	0.0	- 0.1	- 0.1	- 0.1	- 0.1	- 0.1	0.0	- 0.1
机械及运输设备	0.1	0.1	0.1	0.1	0.1	0.1	0.1	0.1	0.1	0.1	0.0
杂项制品（类）	0.3	0.3	0.3	0.3	0.3	0.3	0.3	0.4	0.3	0.3	0.3
未分类的商品	- 0.5	- 0.4	- 0.4	- 0.3	- 0.3	- 0.2	- 0.1	- 0.3	0.2	- 0.3	- 0.4
服务											
交通运输	- 0.4	- 0.4	- 0.3	- 0.4	- 0.4	- 0.3	- 0.4	- 0.2	- 0.3	- 0.4	- 0.4
旅游	0.4	0.4	0.5	0.3	0.4	0.4	0.4	0.4	0.4	0.4	0.4
通信	- 0.1	- 0.1	0.0	- 0.1	- 0.1	- 0.1	- 0.1	- 0.2	- 0.2	- 0.2	—
建筑	- 0.6	- 0.4	- 0.1	- 0.2	- 0.1	- 0.1	- 0.1	- 0.1	- 0.1	- 0.1	—
保险	- 0.3	- 0.1	- 0.5	- 0.1	- 0.3	- 0.1	- 0.4	- 0.3	- 0.3	- 0.3	—
金融服务	0.0	- 0.3	- 0.3	0.0	- 0.1	- 0.3	- 0.3	- 0.4	- 0.6	- 0.5	—
计算机和信息	- 0.4	- 0.1	0.0	0.0	0.0	0.0	0.0	0.1	0.1	0.1	—
版税和许可证费用	- 0.9	- 0.9	- 1.0	- 0.9	- 0.9	- 1.0	- 0.9	- 0.9	- 0.7	- 0.6	—
其他商业服务	- 0.1	- 0.1	- 0.1	- 0.1	- 0.2	- 0.1	- 0.1	- 0.1	- 0.2	- 0.1	—
个人、文化和休闲服务	- 0.4	- 0.6	- 0.3	- 0.1	- 0.1	- 0.1	- 0.2	- 0.1	- 0.2	- 0.2	—
政府服务及其他	- 0.1	0.0	- 0.2	- 0.3	- 0.5	- 0.3	- 0.4	- 0.4	- 0.7	- 0.7	—

数据来源：http：//unctadstat. unctad. org，经作者整理和计算。

表 3 – 20 给出了 2000 ~ 2010 年马来西亚各类出口产品和服务 TCI 由高

至低的排名。

从 2000 年到 2010 年 TCI 排名来看，马来西亚出口产品/服务中，动植物油脂及动植物蜡、旅游、其他动植物原料、杂项制品（类）、饮料和烟草等产品/服务在该段时期的平均排名居于马来西亚出口产品/服务的前五位，说明以 TCI 衡量的马来西亚上述类别产品/服务的竞争优势较为明显；此外，版税和许可证费用、交通运输、保险、政府服务及其他、未分类的商品等产品/服务在该段时期的平均排名居于马来西亚出口产品/服务的末五位，说明以 TCI 衡量的马来西亚上述类别的产品/服务的竞争优势较弱。

从 2000 年到 2010 年 TCI 排名波动情况来看（以历年排名的标准差度量），动植物油脂及动植物蜡、旅游、其他动植物原料、杂项制品（类）等产品/服务竞争优势较强的产品/服务的 TCI 位次波动较小，说明上述类别产品/服务的竞争优势在 2000～2010 年得以持续保持；此外，版税和许可证费用等产品/服务竞争优势较弱的产品/服务的 TCI 位次波动也较小，说明其竞争优势未能得到有效提升。此外，RCA 位次波动较大的产品/服务包括：建筑（从 2000 年的第 20 位提高至 2009 年的第 10 位）、计算机和信息（从 2000 年的第 18 位提高至 2009 年的第 5 位）、未分类的商品（从 2000 年的第 19 位提高至 2009 年的第 11 位）；金融服务（从 2000 年的第 8 位降低至 2009 年的第 19 位）、政府服务及其他（从 2000 年的第 9 位降低至 2009 年的第 21 位）。

表 3-20　2000～2010 年马来西亚各类出口产品/服务贸易竞争力指数排名

产品/服务 \ 年份	2000	2001	2002	2003	2004	2005	2006	2007	2008	2009	2010
产品											
食品和活动物	14	16	15	13	16	16	16	15	16	15	10
饮料和烟草	4	5	7	6	6	6	6	6	6	6	5
非食用原料（燃料除外）	6	7	5	5	5	5	5	8	9	9	7
其他动、植物原料	3	3	3	2	3	3	3	4	3	3	3
动植物油脂及动植物蜡	1	1	1	1	1	1	1	1	1	1	1
化学成品及有关产品	13	13	12	11	12	9	12	9	10	11	9
按原料分类的制成品	11	11	11	10	11	12	11	11	11	8	8
机械及运输设备	7	6	6	7	7	7	7	7	8	7	6
杂项制品（类）	5	4	4	4	4	4	4	4	4	4	4

续表

产品/服务＼年份	2000	2001	2002	2003	2004	2005	2006	2007	2008	2009	2010
未分类的商品	19	19	19	18	18	15	14	16	5	17	11
服务											
交通运输	16	17	18	20	19	20	20	14	17	18	12
旅游	2	2	2	3	2	2	2	2	2	2	2
通信	12	9	9	12	14	10	13	13	14	13	—
建筑	20	18	10	14	10	14	10	12	12	10	—
保险	15	12	20	19	17	18	19	17	18	16	—
金融服务	8	15	17	9	13	19	17	19	19	19	—
计算机和信息	18	10	8	8	8	8	8	5	7	5	—
版税和许可证费用	21	21	21	21	21	21	21	21	21	20	—
其他商业服务	10	14	13	15	15	13	9	10	15	12	—
个人、文化和休闲服务	17	20	16	16	9	11	15	20	13	14	—
政府服务及其他	9	8	14	17	20	17	18	18	20	21	—

数据来源：http：//unctadstat. unctad. org，经作者整理和计算。

4. 竞争优势评估小结

马来西亚 2000～2010 年各类出口产品（SITC 分类一位码）和出口服务的市场占有率、RCA 和 TCI 平均排名均位于前十位的见表 3－21 所示。从表 3－21 可以看出，马来西亚的资源密集型产业、劳动密集型产业和旅游业等服务业的竞争优势较为显著。

表 3－21　2000～2010 年马来西亚各类出口产品/服务竞争力排名汇总

产品/服务	2000～2010 年平均排名		
	市场占有率	RCA	TCI
动植物油脂及动植物蜡	1	1	1
旅游	3	2	2
机械及运输设备	2	3	7
其他动、植物原料	5	6	3
非食用原料（燃料除外）	7	9	6
杂项制品（类）	8	10	4

数据来源：http：//unctadstat. unctad. org，经作者整理和计算。

二　马来西亚产业政策评价

1. 汽车产业政策评价

近年来马来西亚汽车产业发展速度稳定，是东盟主要的汽车生产国。2000～2009 年，马来西亚的汽车产业出口情况详见表 3 – 22 所示：

表 3 – 22　2000～2009 年马来西亚汽车产业出口情况

年　份	全　球	马来西亚		
	出口总值 （亿美元）	出口值 （亿美元）	占全球出口 （%）	占本国出口 （%）
2000	5778	3	0.1	0.3
2001	5694	3	0.0	0.2
2002	6279	3	0.1	0.3
2003	7236	4	0.1	0.3
2004	8603	6	0.1	0.4
2005	9204	7	0.1	0.5
2006	10159	9	0.1	0.5
2007	12020	11	0.1	0.5
2008	12458	12	0.1	0.5
2009	8467	9	0.1	0.5

数据来源：www.wto.org，经过整理和计算。

20 世纪 60 年代之前，马来西亚还未能建立本国的汽车工业，需要整车从国外进口。20 世纪 60 年代至 80 年代，为改变依赖整车进口局面，马来西亚政府开始实施整车进口的禁止性关税税率，从而导致国外汽车企业将厂址选在马来西亚国内，其中以日本企业的投资为主。此后，扶持本国汽车工业的自主发展、限制日本汽车在国内的市场份额，马来西亚开始实施国民车政策（National Automotive Policy，NAP），先后成立了宝腾（Proton）、派洛多（Perodua）、英诺康（Inokom）、MTB 等四家国民车制造公司。此外，马来西亚政府还通过税收、进口配额和许可证制度、本地成分要求等方式打压进口车、扶持国产车。在国民车政策之下，马拉西亚本地车成功实现了较高的国产化率，2002 年，宝腾和派洛多车的国产化率分别达到 50%～80% 和 35%～63%（孙海霞，2010）。此外，为继续做大做强本国的汽车工业，宝腾公司于 1996 年收购了莲花集团（Lotus），此后又收购了底特律汽车设计中心。

但是，总体来看马来西亚的汽车仍以低端车型为主，技术含量不高、产品附加值较低、品牌效应不强、出口需求小，与东盟其他国家相比，近年来的竞争优势已逐渐为泰国所赶超（孙海霞，2010）。

2. 计算机和信息服务业政策评价

电子计算机及相关服务业是马来西亚政府重点发展的产业。自20世纪70年代以来，计算机及相关服务业成为马来西亚发展速度最快的工业产业部门，对马来西亚经济增长产生了重要的带动作用（陈雯，2005）。为促进电子信息的发展，马来西亚在布特拉贾亚一带建立了多媒体超级走廊（MSC），建立了相关的教育、研究机构等配套设施。总体来看，马来西亚计算机和信息服务业的相关政策主要包括（孙海燕，2005）：

（1）人才储备方面的政策

马来西亚通过连续多年的资金投入和政策支持，吸引在国外工作的马来西亚籍优秀人才及世界其他国家的优秀人才到马来西亚工作，为马来西亚建立竞争优势储存了丰富的优秀人才资源。

（2）语言方面的政策

马来西亚政府对英语教育十分重视，在政府的支持下马来西亚的英语教育较为普及，大部分马来西亚人可以用英语进行沟通。英语是计算机及相关服务业重要的语言工具，便利的语言优势加强了马来西亚计算机及相关服务业的竞争优势。

（3）产业集群方面的政策

MSC管理机构一方面通过网络联通服务和技术支持，为入驻多媒体走廊的企业提供适合产业发展的硬件设施；另一方面为在多媒体走廊工作的各国人才提供舒适的生活社区。完善的基础设施为马来西亚吸引了来自全球各地的优秀人才和外商直接投资。

但是，马来西亚的电子计算机及相关服务业所具有的竞争优势较多地依赖于外商直接投资，特别是来自日本的投资，这给马来西亚的竞争优势前景带来了较大的限制（沈兆延，2002）。一方面，国际金融危机的蔓延给日本的经济体带来的冲击削弱了日本对外投资；另一方面，地震和海啸的冲击将给日本经济带来难以估计的损失。与此同时，与马来西亚形成竞争关系的其他国家的崛起也将对马来西亚电子计算机及相关服务业的竞争优势形成冲击。

第四节　对 "中等收入陷阱" 的一种解释

Arnelyn Abdon，Marife Bacate，Jesus Felipe，Utsav Kumar（2010）在 C. A. Hidalgo，B. Klinger，A. L. Barabási，R. Hausmann（2007）方法的基础上，研究了产品复杂性与经济发展的关系，结果显示，复杂性最高的产品是机械、化工和金属制品，而复杂性最低的是原材料、木料、纺织和农产品；世界上最复杂的经济体是日本、德国和瑞士，最不复杂的经济体是柬埔寨、巴布亚新几内亚、尼日利亚；主要出口复杂产品的国家都是高收入国家，而出口简单产品的国家是低收入国家；复杂产品的出口份额随收入增加，而简单产品的份额随收入递减。最后他们对比了产品复杂性的衡量方法与复杂产品及系统（CPs）的概念，发现两者高度一致，证明反射的方法用于衡量产品复杂性是有效的。

J. Felipe U. Kumar A. Abdon（2010）做了关于产品与国家的经验研究。与 Hausmann 等人的观点相同，Abdon 等人认为出口的多样化和升级可能由于市场失灵、协调失灵、能力的不可贸易性等而困难重重，他们根据 Hausmann 等对接近性（proximity）的定义，计算出产品的连接性[①]（connectivity），连接性由路径（PATH）来衡量；根据 PATH 值高低将产品分为三类。考虑产品内涵的收入水平，计算出 PRODY 来代表产品的复杂性，PRODY 也分为高中低三类。按照连接性与复杂性两个维度，将 SITC4 位数的 779 种产品归为 9 组（如表3 - 23），其中高级与中级产品的四组称为合意产品（good products），剩下的五组组合称为劣质产品（bad products），每种产品都可以归入 PRODY - PATH 矩阵。

按照 Leamer 分类方法，展示了 779 种产品的技术分布，发现原材料和谷物占据了 LPR - LPA 组中的很大份额；80% 的石油产品分布在低中 PATH 栏；金属业集中在 MPR - HPA（39%）和 HPE - HPA（20%）中；机械和化工产品基本上在中高 PRODY 栏中，但并非所有产品都分布在高 PATH 组，如机械产品中 54% 在 LPA 组中，该部分产品的连接性不高，占机械制造业总数的 31%。在 Hidalgo 等人的研究中，金属产品、机械和化工占据了产品空间的核心部分，遵循他们的研究，这里称为核心产品。平均而言，这些产

---

① 接近性用 PATH 衡量，$PATH_i = \sum_j \varphi_{1j}$。

表 3 - 23　779 种产品的 PRODY - PATH 分布

		PRODY		
		LOW PRODY（LPR）	MID PRODY（MPR）	HIGH PRODY（HPR）
PATH	LOW PATH（LPA）	LPR - LPA 产品数：93 平均 PRODY：$5480 平均 PATH：94	MPR - LPA 产品数：64 平均 PRODY：$15552 平均 PATH：98	HPR - LPA 产品数：103 平均 PRODY：$23434 平均 PATH：99
	MID PATH（MPA）	LPR - MPA 产品数：101 平均 PRODY：$7196 平均 PATH：138	MPR - MPA 产品数：91 平均 PRODY：$15027 平均 PATH：137	HPR - MPA 产品数：68 平均 PRODY：$22697 平均 PATH：137
	HIGH PATH（HPA）	LPR - HPA 产品数：66 平均 PRODY：$9132 平均 PATH：159	MPR - HPA 产品数：105 平均 PRODY：$15360 平均 PATH：167	HPR - HPA 产品数：88 平均 PRODY：$21227 平均 PATH：164

品有高的复杂程度（PRODY），同时有良好的连接性（高 PATH）。

根据有显示比较优势的出口产品中核心产品的份额将国家分为高低核两组（high - core 与 low - core），高核组份额超过 30%，低核组份额小于 30%。数据显示核心产品出口份额很大的国家与出口少的国家发展前景有很大的差异。高核组有 62 个国家，这些国家都不分布在 LPR - LPA 与 MPR - LPA 中，它们中 34 个国家是高收入国家。而其中 28 个国家分布在 HPA - LPA、LPR - MPA、LPR - HPA 三组中，分别拥有国家数 2 个、24 个、2 个。这些国家被认为处于“中等产品陷阱”，主要有中国、印度、巴西、墨西哥、泰国、马来西亚、俄罗斯等。低核组有 92 个国家，这些国家没有一个国家分布在复杂性很高的 PRODY 栏中，也没有一个在 MPR - LPA 组。很多石油富裕国（9 个）在 MPR - MPA 组中，这些国家与 MPR - HPA（5 个）、LPR - HPA（3 个）组中的 8 个国家正处于“中低产品陷阱”中。而 79 个低核国家在 LPR - LPA、LPA - MPA 组中，这些国家处于“低产品”陷阱中。这些国家生产和出口的产品连接性差、复杂性低，比较优势很难演进。

参考文献

《中国科技财富》编辑部：《巴西发展新能源产业启示录》，《中国科技财富》2010

年第 1 期。

赵刚、林源园、程建润:《巴西大力发展新能源产业的做法与启示》,《高科技与产业化》2010 年第 1 期。

陈利君、陈雪松:《印度 IT 产业发展现状及其原因——基于国家竞争优势理论的分析》,《东南亚南亚研究》2010 年第 4 期。

李合敏:《印度计算机及相关服务业发展中的人才战略》,《江汉大学学报》2004 年第 1 期。

方慧:《中印软件产业国际竞争力的比较研究》,《世界经济研究》2008 年第 6 期。

钟坚:《印度软件技术园计划与班加罗尔现象观察》,《经济前沿》2002 年第 2 期。

詹映、温博:《行业知识产权战略与产业竞争优势的获取——以印度计算机及相关服务业的崛起为例》,《科学学与科学技术管理》2011 年第 4 期。

朱瑾、谢静:《印度知识产权制度与相关管理机构概况》, http：//www. sipo. gov. cn/dtxx/gw/2006/200804/t20080401_ 353284. html, 2006。

祁鸣、李建军:《NASSCOM 在印度计算机及相关服务业发展中的作用》,《中国科技论坛》2007 年第 10 期。

王华芳:《中国印度知识产权制度之比较》,《湖南工业职业技术学院学报》2008 年第 2 期。

孙海霞:《马来西亚汽车市场分析兼与泰国比较》,《汽车与配件》2010 年第 50 期。

陈雯:《中、马、泰三国电子产品在美国市场的出口竞争力》,《国际贸易问题》2005 年第 1 期。

孙海燕:《马来西亚有自己的竞争优势——专访马来西亚驻上海总领事贾默》,《21 世纪商业评论》2005 年第 6 期。

沈兆延:《马来西亚产品能否与中国在 WTO 中竞争》,《国外社会科学》2002 年第 5 期。

Arnelyn Abdon, Narife Bacate, Jesus Felipe, Utsav Kumar, Product Comprexity and Econmic devewpment, Lery Economics Institute, 2010.

C. A. Hidalgo, R. B. Klinger, A. L. Barabassi, R. Hausman, The Product Space Conditious the Development of Nations, Sciences, Vol. 317, 2007.

第4章

产业竞争优势转型与"中等收入陷阱"：基于阿根廷的实证研究

20世纪初，阿根廷经济发展水平曾处于世界前列，居第八位。然而，二战以来，阿根廷接连不断发生政治和经济危机，尽管20世纪70年代达到中等收入水平，但是迄今为止，人均GDP仍未突破10000美元而进入高收入国家之列。20世纪90年代，阿根廷经济略有起色，然而，从阿根廷战后的经济发展历程来看，阿根廷在过去40年间始终在中等收入阶段徘徊不前。同期，东亚地区的日本和韩国以及亚洲四小龙等后起经济体都成功实现经济转型，跨越中等收入阶段，阿根廷与东亚经济体在中等收入阶段的经济绩效的差异以及造成这种差异的原因，成为发展经济学家重要的研究课题。

Alan M. Taylor（1998）认为，拉美国家错误的政策选择导致一系列的经济扭曲，阻碍了资本深化，导致经济增长陷入停滞甚至长期衰退。Jose De Gregorio（1992）考察了1950～1985年12个拉美国家经济增长的决定因素，指出全要素生产率的增长和政治稳定与经济增长存在正相关关系；而政府消费和通货膨胀对经济增长则存在负面效应；贸易条件、开放程度和收入分配等与经济增长之间没有呈现显著的关联关系。Jeffrey D. Sachs Williamson，John Williamson（1985）认为，制度是长期经济增长的基本要素，拉美国家巨大的社会鸿沟和种族差异是阻碍经济增长最主要的社会政治因素，经济绩效差异与外部冲击及外债规模没有很大的关系。以上文献研究了阿根廷等拉美国家经济增长停滞的原因，但是他们的研究都是针对拉美多个国家的分析,单个国家的具体研究很少。国家之间的发展可能有相似性,但是也有异质性。基于这个背景,本章选取阿根廷作为分析对象,基于比较优势演化理论,探讨阿根廷的产业升级与经济增长的关系,试图研究阿根廷产业升级与陷入"中等收入陷阱"的成因。在文章结构上,本章首先对阿根廷 20 世纪 70 年代以来的产业结构变动进行描述性分析,接下来,回顾已有的研究,最后,对阿根廷的比较优势演化与经济增长进行实证研究。

第一节 阿根廷 1970 年代至今的产业结构变迁

一 经济发展概况

1970~1990 年,阿根廷经济长期增长缓慢。以 2005 年为基期,根据 GDP 平减指数对阿根廷的人均 GDP 平减后发现,在这 20 年间,阿根廷的实际人均 GDP 均值为 1027.55 美元。1980~1990 年,阿根廷经济 8 年负增长,直到 1990 年,实际人均 GDP 才突破 2000 美元。1990 年以后,阿根廷出现一轮经济增长时期,到 1999 年,实际人均 GDP 接近 10000 美元,与 1980 年相比,增长了 7 倍多,很有可能突破中等收入的瓶颈,进入高收入国家行列。然而,2000 年以后,阿根廷经济又经历了 2 年多的负增长,经济发展受到较大的负面冲击,实际人均 GDP 水平在 2001~2002 年出现大幅下降,重新跌入中等收入阶段。尽管随后经济出现明显好转,但整体水平仍未恢复

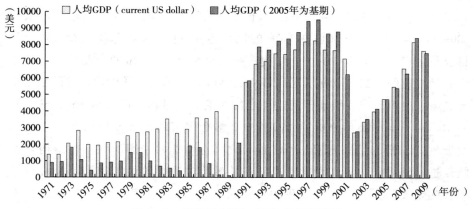

图 4-1 阿根廷 1970~2009 年经济状况

数据来源:根据 World bank 数据库计算所得。

到 1999 年的水平，实际人均 GDP 依然在中等收入阶段缓慢提升。总体来看，1970 年以来，阿根廷始终未能实现从中等收入国家转型为高收入国家，长期陷入"中等收入陷阱"。在过去的 40 年间，阿根廷有 15 年实际人均 GDP 负增长，经济发展波动较大，长期在低水平徘徊不前。

二　产业结构变化

从产业结构的变化情况来看，1970～2009 年，阿根廷三次产业在国民经济中的比重变化不是很明显。其中，第一产业增加值在 GDP 中所占比重长期保持稳定状态，1971 年，第一产业占 GDP 的份额为 10.87%，到 70 年代末，份额下降到 6.47%。20 世纪 80 年代，第一产业在 GDP 占比又开始上升，截至 1989 年，比重上升到 9.62%。20 世纪 90 年代，伴随阿根廷经济复苏，经济出现快速增长，第一产业增加值在 GDP 中比重也相应下降，截至 2000 年，第一产业的份额仅为 4.97%。然而，在此后的 8 年间，阿根廷第一产业的占比又呈现上升趋势，至 2008 年，第一产业增加值在 GDP 中占比恢复到 1989 年的水平。第二产业增加值在国民经济中的比重呈现下降趋势，由 1971 年的 45.96% 下降到 2009 年的 31.79%，在此期间，20 世纪 90 年代以前，阿根廷第二产业比重基本保持不变，长期稳定在 42.63% 的均值水平，此后，第二产业在国民经济中的份额持续下降，1998 年降至 27.60%。2000 年以后，第二产业比重有所回升，均值达到 33.11%，但是远没有恢复到 70 年代水平。第三产业一直是阿根廷经济中非常重要的部分，从 70 年代到 20 世纪末一直保持上升态势，2001 年甚至占经济比重的 68.58%，2002～2003 年有小幅度下降，此后又呈现稳步上升趋势，截至 2009 年，第三产业增加值在 GDP 的比重达到 60.70%。总体上看，阿根廷目前是第三产业为主导的产业结构。纵观阿根廷 40 年来的产业结构变动趋势，阿根廷的第二产业在国民经济中始终没有发挥其主导作用，即阿根廷没有经历过由第二产业推动国民经济增长的工业化过程。H. Chenery，Syrquin S. Robinson（1986）分析了二战后 100 多个国家的经济发展历程，总结出发展型式，指出结构转型与经济增长之间存在非常密切的联系，结构转型能促进经济增长，而工业化是经济结构转变的重要阶段，是推动经济持续增长的重要因素。工业化过程中，包括制造业在内的第二产业比重迅速提高是这一阶段经济结构变动最典型的特征。在过去的 40 年间，阿根廷在人均收入 280 美元到 2100 美元之间的这一阶段，第二产业在 GDP 占比不仅没有明显的上升，反而有所下降，特别是 1990 年以后，工业占 GDP 的比重一直在 40% 以下。1970~2009 年，第二产业对整个国民经济的贡献并不明显。在阿根廷经济增长中，工业化过程迟迟未能启动，服务业超前发展，而资源等初级产品在 GDP 中的比重不能抵消制成品及中间需求增长的共同影响，最终导致整个国民经济结构不合理，调整乏力，这是阿根廷经济增长长期停滞的根本原因。

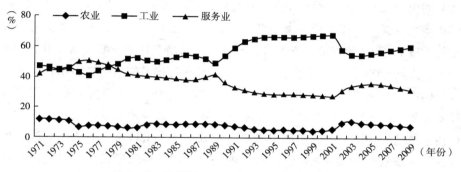

图 4-2　阿根廷 1971~2009 年产业结构变动

数据来源：根据 World bank 数据库数据整理而得。

三　出口结构变动

采用联合国商品贸易数据库 SITC 分类的 10 部门产业出口数据，本章计算了各类型产品出口比重（如表 4-1）。在阿根廷的出口结构构成中，资源密集型产品始终占据绝大部分份额。1970 年，资源密集型产品出口比重高达85.98%，此后，比重有所下降，1970~1979 年，资源密集型产品出口比重下降 10.9 个百分点；1980 年起，资源密集型产品在出口商品结构中的比重出现先上升后下降的趋势。1983 年达到 82.76%，基本恢复到 19 世纪 70 年代初的水平，截至 1990 年，比重为 68.39%。1990 年至今资源密集型产品的出口份额相对稳定，一直维持在 65% 左右。在资源密集型出口商品结构中，食品及活物所占的出口份额由 1970 年的 79.41% 下降到 2009 年的 57.42%，但是其仍然是阿根廷出口商品结构中很重要的一部分。1970~2009 年，阿根廷资本与技术密集型产品在出口商品结构中的份额有所上升，由 1970 年的 6.86% 上升到 2009 年的 23.64%，增加了 2.45 倍。资本及技术密集型产品的出口份额的变化呈现明显的阶段性特征。1970~1990 年出现先升后降的态势，不过基本围绕在 10% 上下波动；1990 年以后呈现持续上升的趋势，仅在 2003 年有所下降，截至 2009 年，比重达到 23.64%。劳动密集型产品的出口比重则经历了一个先升后降的过程，从 1970 年的 7.12% 上升至 1989 年的 24.01%，之后持续下降至 2009 年的 9.74%。总体而言，阿根廷的出口商品结构有所优化，资源密集型产品出口的下降由资本技术密集型产品出口的增加所替代。对比阿根廷的经济发展概况和产业结构的变动趋势来看，阿根廷经济发展和产业结构的变动与出口商品结构的变化存在密切关系，在经济下滑时期，资源密集型产品的出口比重上升；而在经济上升时期，资源密集型产品的出口份额下降；经济增长与资本和技术资本密集型产品的出口比重的变动趋势基本上是同周期的，19 世纪 90 年代前，资本与技术密集产品出口比重没有显著变化，GDP 与实际人均 GDP 也没有显著增长；此后，资本与技术密集型产品出口比重上升，GDP 与实际人均 GDP 也显著上升。换言之，19 世纪 90 年代以来资本与技术密集产品出口比重的显著增长是支撑阿根廷经济增长的重要动力。发展国内工业是通过扩大制造业部门出口的基础条件，出口对工业化的促进作用在这一阶段效果非常明显，阿根廷能否实现经济的持续增长依赖于国内工业部门的发展和出口扩张对制造业部门的拉动作用。

表 4–1　阿根廷 SITC 1 位码的产品出口比重（1970～2009 年）

单位：%

年　份	资源密集型						技术、资本密集型	劳动密集型
	0	1	2	3	4	0～4	5、7	6、8
1970	68.28	0.40	11.25	0.43	5.62	85.98	6.86	7.12
1971	71.65	0.49	7.60	0.49	4.52	84.75	8.15	7.05
1972	68.42	0.56	7.48	0.32	2.75	79.54	9.94	10.47
1973	65.27	0.54	7.32	0.17	4.08	77.38	10.70	11.82
1974	64.89	0.66	4.58	0.31	4.97	75.41	12.97	11.54
1975	64.56	1.24	6.26	0.26	3.00	75.56	17.45	6.94
1976	62.68	0.78	6.70	0.50	4.28	74.94	13.95	10.96
1977	58.00	0.77	10.28	0.49	6.33	75.87	11.59	12.32
1978	49.85	0.84	16.08	0.81	5.93	73.51	11.49	14.89
1979	52.38	0.62	14.70	0.62	6.76	75.08	10.06	14.78
1980	49.85	0.52	14.92	3.49	6.31	75.10	11.29	13.56
1981	55.20	0.47	12.26	6.81	4.17	78.90	9.04	12.03
1982	50.02	0.93	10.65	7.24	5.59	74.43	11.71	13.82

续表

年　份	资源密集型						技术、资本密集型	劳动密集型
	0	1	2	3	4	0 ~ 4	5、7	6、8
1983	62.80	0.74	7.94	4.45	6.82	82.76	7.96	9.26
1984	49.59	0.67	15.53	4.28	11.44	81.52	8.69	9.76
1985	44.83	0.75	12.45	7.57	11.78	77.38	10.45	12.14
1986	46.98	0.70	12.61	2.40	9.56	72.25	11.90	15.79
1987	46.61	0.76	9.07	1.53	8.56	66.54	12.75	20.64
1988	42.04	0.66	11.82	1.72	10.06	66.30	13.40	20.24
1989	42.78	0.85	5.91	3.48	9.12	62.14	13.60	24.01
1990	39.23	1.06	10.81	7.98	9.31	68.39	11.76	19.74
1991	39.33	1.57	12.58	6.42	10.16	70.05	12.64	17.25
1992	44.03	1.54	9.32	8.84	9.03	72.76	13.34	13.90
1993	40.65	1.24	7.50	9.42	8.16	66.96	16.41	16.60
1994	35.63	1.02	9.60	10.54	9.74	66.52	17.29	17.11
1995	34.38	1.28	8.75	10.34	9.94	64.69	17.24	18.04
1996	38.79	1.19	8.15	12.97	7.93	69.03	16.56	14.40
1997	37.66	1.44	4.64	11.73	8.37	63.84	21.08	14.36
1998	35.04	1.35	7.95	8.61	10.25	63.21	22.58	13.15
1999	33.97	1.63	8.00	12.12	9.88	65.60	19.53	13.26
2000	32.26	1.29	6.97	17.62	6.26	64.40	20.03	13.91
2001	31.71	1.33	8.57	17.07	6.06	64.74	20.28	13.65
2002	31.62	1.20	8.95	17.05	7.97	66.79	18.06	13.94
2003	32.33	1.23	9.98	17.30	9.38	70.21	16.01	12.30
2004	32.37	1.29	9.66	16.00	8.84	68.16	17.41	12.23
2005	30.83	1.39	9.41	16.30	7.93	65.87	19.08	12.54
2006	30.92	1.45	8.51	15.26	8.06	64.20	20.94	11.98
2007	32.75	1.48	10.48	10.93	9.59	65.22	21.14	10.97
2008	34.29	1.53	9.79	9.37	9.83	64.81	22.22	9.96
2009	36.28	1.94	7.05	10.16	7.75	63.18	23.64	9.74

　　数据来源：由联合国商品贸易数据库整理计算得出。注：国际贸易标准分类将产品分为 10 部门：0 食品及活动物；1 饮料及烟类；2 非食用原料（燃料除外）；3 矿物燃料、润滑油及有关原料；4 动植物油、脂及蜡；5 化学品及有关产品（他处未列名的）；6 主要按原料分类的制成品；7 机械及运输设备；8 杂项制品；9 未归入 SITC 其他类的商品和交易。通常将 0 ~ 4 类初级产品归为资源密集型产品，第 6、8 类工业制成品

第二节 阿根廷的比较优势演化与经济增长的实证研究

一 数据来源及其处理

本章涉及两个主要指标，实际人均 GDP 与衡量经济体复杂程度的指标 K，世界银行数据库中各国的 GDP 都是以现价美元为计价单位，为了消除通货膨胀因素对 GDP 的影响，同时为了保持数据来源的一致性，本章运用世界银行数据库中的 GDP 平减指数对阿根廷的人均 GDP 进行折算，得出实际人均 GDP。经济体复杂程度 K 由两个指标构成，一个是衡量国家复杂程度的 K_c，另一个是衡量其生产产品的普遍性的 K_p。K_c 衡量一个国家拥有的生产产品的能力总数，而 K_p 则衡量一个国家生产的产品在世界上的普遍性，K_p 越大，这种产品越普遍，则生产该产品所需要的能力就越没有排他性，越容易被更多国家所获得，产品就越简单；反之，K_p 越小，生产该产品就需要更多排他性的能力，不容易被他国获取，产品很复杂。当一个国家生产和出口的产品具有显示比较优势，就意味着该国具有生产该种产品的优势和能力，我们以 RCA 指数来测度这种能力，$K_{c,0}$ 即为 RCA 指数大于 1 的产业的数量，$K_{p,0}$ 为给定产品，世界上出口该产品有显示比较优势国家的个数。

出口产品分类数据来源于联合国商品贸易数据库，采集的数据是 SITC 第二版 4 位码的出口产品数据。SITC 分类标准按照商品生产阶段与产品主要的产业来源对产品分类。SITC 分类标准分别于 1960 年、1975 年、1985 年、2006 年进行了修订，为了分析阿根廷进入中等收入阶段后比较优势演化与经济增长的关系，本节选择 SITC 第二版的产品数据，如此，数据的统计口径比较一致，样本容量也显著扩大。

为了得到更精确的关于一个国家可得能力、或者产品所需能力数的衡量，需要根据反射的方法，利用 K_c 与 K_p 所蕴含的信息来相互修正。对国家来说，我们需要计算其出口产品的平均普遍性，以及制造那些产品国家的平均多样性。对产品而言，需要计算出口这些产品的国家的平均多样性，以及这些国家出口的其他产品的平均普遍性。通过对 $K_{c,N}$、$K_{p,N}$ 进行迭代，直到 $K_{c,N}$、$K_{p,N}$ 收敛为止。经过 24 次迭代，得到代表国家总体复杂程度的 $K_{c,22}$ 与 $K_{c,23}$，$K_{c,N}$ 的偶数变量代表国家的平均多样化程度，而奇数变量代表产品的平均复杂程度。结果如表 4-2 所示。

表 4 – 2　阿根廷多样化与复杂性指标的变动（1980 ~ 2009 年）

年　份	$K_{c,0}$	$K_{c,22}$	$K_{c,23}$	年　份	$K_{c,0}$	$K_{c,22}$	$K_{c,23}$
1980	139	188	13	1995	170	163	23
1981	122	184	14	1996	153	167	24
1982	126	179	14	1997	160	163	25
1983	109	167	14	1998	155	164	25
1984	116	172	13	1999	165	163	27
1985	119	171	14	2000	170	161	29
1986	128	156	15	2001	160	157	28
1987	150	158	15	2002	150	155	29
1988	156	161	16	2003	143	155	29
1989	157	160	17	2004	160	155	29
1990	156	158	17	2005	167	157	29
1991	141	159	17	2006	169	161	29
1992	131	164	19	2007	156	159	29
1993	147	168	20	2008	158	164	28
1994	150	169	21	2009	157	161	27

数据来源：据联合国商品贸易数据库数据计算所得，结果保留整数。

　　本章计算出 1980 年阿根廷的初始多样化指数 $K_{c,0}$ 为 139，利用反射方法修正后的多样化指标为 188，产品的平均复杂程度为 13。如图 4 – 3a 所示，$K_{c,0}$ 指数波动很频繁，总体看有上升的趋势，然而修正后的平均多样化指数如图 4 – 3b 所示，多样化指数仍然波动频繁，但是总体的多样化水平下降，也就是说，随着经济的增长，阿根廷出口产品的种类虽然有所增长，但是相比世界平均增长水平来讲，阿根廷 2009 年的平均多样化水平比 1980 年的水平有所下降。

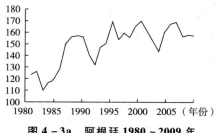

图 4 – 3a　阿根廷 1980 ~ 2009 年
$K_{c,0}$ 变动

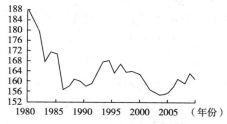

图 4 – 3b　阿根廷修正后的多样化
指数变动

二　产品复杂程度与人均 GDP 协整检验及因果分析

下面的人均 GDP 与多样化指数及技术密集型产品出口份额的变动趋势显示，三者有很强的正相关关系。比较优势演化理论认为，产品的复杂程度决定了一个国家的发展水平，我们将 $K_{c,22}$，$K_{c,23}$ 与出口产品中技术密集型产品出口份额 TS 作为主要解释变量，人均 GDP 为被解释变量。

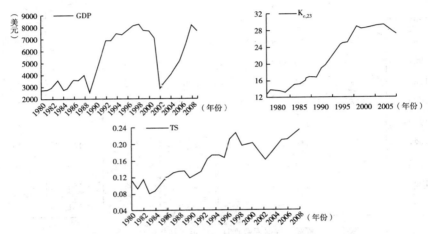

图 4 - 4　阿根廷人均 GDP、产品平均复杂度 $K_{c,23}$ 与出口产品中技术密集型产品份额 TS 变化趋势

经过检验，发现 $K_{c,22}$ 不显著，$K_{c,23}$ 与 TS 高度相关，舍掉解释变量 $K_{c,22}$ 与 TS，OLS 回归得出：LOGGDP = 0.1372366897 × $K_{c,23}$ + 4.969150057。回归结果显示，阿根廷出口产品的平均复杂程度 $K_{c,23}$ 能够解释人均 GDP 46.4% 的增长，而且系数与常数项都能通过 t 检验，但 DW 值偏低，意味着可能存在序列自相关，序列自相关将导致估计结果可能有偏，换言之，估计结果可能并没有真实反映变量之间的相关关系，此外，为了避免所采用非平稳时间序列回归出现的伪回归问题，需要做如下检验（见表 4 - 3）。

（1）单位根检验：单位根检验主要用于检验序列的平稳性，采用 ADF（augmented dickey - fulley test）方法，分别对人均 GDP 和 $K_{c,23}$ 进行单位根检验，考察其时间序列是否存在单位根，结果如表 4 - 4 所示。平稳性检验结果显示，LOGGDP 和 $K_{c,23}$ 序列的 ADF 检验值都大于显著水平为 10% 的临界值，说明序列存在单位根，是非平稳序列。为了消除序列的非平稳性，对序列进行一阶差分，得到 D（LOGGDP）、D（$K_{c,23}$）变量。一阶差分后的 ADF

表 4 - 3 OLS 回归结果

Variable	Coefficient	Std. Error	t - Statistic	Prob.
$K_{c,23}$	0.137237	0.027873	4.923649	0.0000
C	4.969150	0.624449	7.957661	0.0000
R - squared	0.464036	Mean dependent var		7.925901
Adjusted R - squared	0.444894	S. D. dependent var		1.258609
S. E. of regression	0.937732	Akaike info criterion		2.773635
Sum squared resid	24.62156	Schwarz criterion		2.867048
Log likelihood	- 39.60453	F - statistic		24.24232
Durbin - Watson stat	0.809406			

检验如表 4 - 4 所示, D (LOGGDP)、D ($K_{c,23}$) 都在 1% 的显著水平下通过平稳性检验, 说明 D (LOGGDP)、D ($K_{c,23}$) 是一阶单整序列, 符合协整检验的前提。

表 4 - 4 变量的 ADF 单位根检验

变 量	ADF 检验值	1% 临界值	5% 临界值	10% 临界值	p 值	检验结果
LOGGDP	- 2.3235	- 3.6891	- 2.9718	- 2.6251	0.1720	非平稳
D (LOGGDP)	- 4.8006	- 3.6998	- 2.9762	- 2.6274	0.0007	平 稳
$K_{c,23}$	- 1.2007	- 3.6793	- 2.9677	- 2.6229	0.6603	非平稳
D ($K_{c,23}$)	- 3.7632	- 3.6892	- 2.9718	- 2.6251	0.0084	平 稳

(2) 协整检验: 利用 Engle - Granger 两步法检验变量 D (LOGGDP)、D ($K_{c,23}$) 是否存在协整关系。首先建立协整方程 LOGGDP = C (1) × $K_{c,23}$ + C (2) + ε, 用最小二乘法对模型进行估计。这一步在表 4 - 3 已经完成。如果这两个序列存在协整关系, 则回归残差序列应该是平稳的; 因此接下来需要对回归残差项的平稳性进行检验, 也就是判断 ε 是否含有单位根。通过对残差进行 ADF 检验, 如表 4 - 5 所示。ε 在 1% 的显著性水平下拒绝原假设, 接受不存在单位根的结论, 因此可以确定残差项 ε 平稳。上述检验证明, D (LOGGDP) 和 D ($K_{c,23}$) 之间确实存在长期稳定的协整关系, 出口产品的平均复杂程度的确解释了阿根廷的经济发展水平, 预示着未来经济的发展方向。

(3) 误差修正检验: 误差修正模型不再单纯地使用变量的水平值或变量的差分建模, 而是把两者有机结合起来, 充分利用这两者所提供的信息。

表 4 - 5　残差项的 ADF 检验结果

Augmented Dickey – Fuller test statistic		t – Statistic	Prob. *
		– 3.752399	0.0086
Test critical values:	1% level	– 3.689194	
	5% level	– 2.971853	
	10% level	– 2.625121	

从短期来看，被解释变量人均 GDP 的变动由较稳定的长期趋势和 $K_{c,23}$ 的短期波动所决定，短期内系统对均衡状态的偏离程度的大小直接导致波动振幅的大小；从长期来看，协整关系式起到引力的作用，将非均衡状态拉回到均衡状态。利用 Engle – Granger 两步法，先通过协整回归，得到残差序列 ε_t。

$ECM = \varepsilon_t = LOGGDP_t - C(1) * K_{c,23(t)} - C(2)$，将误差修正项 ECM 代入模型 $LOGGDP = C(1) * K_{c,23} + C(2) + \varepsilon$ 中，再对其进行最小二乘估计。估计后得到的误差修正模型为：

$$DLOGGDP_t = 0.02042 + 0.14345D\,K_{c,23(t)} - 0.41498\,ECM_{(t-1)} + \varepsilon_t$$
$$(0.78073) \qquad (-2.45681)$$

上面的误差修正模型中，差分项反映了 $K_{c,23}$ 短期波动的影响。实际人均 GDP 的短期变动分为两部分：一部分是经济发展自身和产品复杂程度短期变化的影响，一部分是偏离长期均衡的影响。误差修正项 ECM 的系数大小反映了产品复杂程度对偏离长期均衡的调整力度。从修正项的系数估计值来看，当人均 GDP 短期波动偏离长期均衡时，产品复杂程度将以 – 0.41498 的调整力度将非均衡状态拉回均衡状态，显示产品复杂程度对人均 GDP 有很强的修正能力，说明提升产品复杂水平有利于阿根廷经济的增长。

（4）Granger 因果检验。前文的协整检验已经证明了人均 GDP 和出口产品平均复杂水平 $K_{c,23}$ 之间存在着长期稳定的均衡关系，下面利用 Granger 因果检验分析法进一步对人均 GDP 和产品复杂程度之间的因果关系进行检验。结果如表 4 - 6 所示：在 1.352% 的显著水平上，拒绝 $K_{c,23}$ 不是人均 GDP 的 Granger 原因的零假设；在 27.152% 显著水平上接受人均 GDP 不是 $K_{c,23}$ 的 Granger 原因的零假设。因此，可以得出，产品复杂水平与人均 GDP 存在单向因果关系，产品复杂程度是人均 GDP 的 Granger 原因，提升产品复杂水平可以促进人均收入水平的提高和经济增长。

表 4 - 6 Granger 因果检验

Null Hypothesis：	Obs	F - Statistic	Probability	结　论
$K_{c,23}$ does not Granger Cause LOGGDP	28	5. 21932	0. 01352	拒　绝
LOGGDP does not Granger Cause$K_{c,23}$		1. 38047	0. 27152	接　受

三　人均 GDP 与产品复杂程度的脉冲响应函数分析

为了分析产品复杂程度对人均 GDP 的动态影响，本节利用向量自回归模型、脉冲响应函数及方差分解方法做一进步分析。

（1）VAR 模型：双变量情形下，令 $\{LOGGDP_t\}$ 的时间路径受序列 $\{K_{c,23(t)}\}$ 的当期或过去的实际值影响，考虑如下简单的 VAR 模型：

$$LGGDP_t = a_0 + \sum_{t=a}^{n} a_{at}LGGDP_{t-1} + \sum_{t=a}^{n} b_{at}K_{C,23_{t-1}} + \varepsilon_{at}$$

$$K_{c,23(t)} = \beta_0 + \sum_{t=a}^{n} a_{zt}LGGDP_{t-1} + \sum_{t=a}^{n} b_{at}K_{C,23_{t-1}} + \varepsilon_{at}$$

通过综合考虑 LR、Akaike AIC、Schwarz SC 等信息准则，确定滞后阶数为 1，模型估计结果见表 4 - 7，模型的拟合优度较高，调整后的 $R^2_{k0} = 0.9827$，$R^2_{LOGGDP} = 0.6199$。从 LOGGDP 方程系数来看，保持其他因素不变，一单位人均 GDP 的提高能够推动滞后一期的产品复杂程度 0.0475 单位的增加；而从 $K_{c,23}$ 的方程系数看，当其他因素保持不变的情况下，一单位产品复杂程度的提升可以导致滞后一期的人均 GDP 0.3382 单位的增加。可见，产品复杂程度能够显著影响滞后一期的人均收入水平，而人均 GDP 水平也能够对滞后一期的产品复杂水平产生一定程度的影响。即阿根廷的产品复杂程度与经济增长之间存在着内生的传递机制（见表 4 - 7）。

表 4 - 7　VAR（1）模型估计结果

	$K_{c,23}$	LOGGDP
$K_{c,23}$ （ - 1）	0. 923050	0. 047505
Standard errors	（0. 03288）	（0. 03209）
t - statistics	[28. 0728]	[1. 48047]
LOGGDP （ - 1）	0. 338165	0. 633615
Standard errors	（0. 16266）	（0. 15874）

续表

	$K_{c,23}$	LOGGDP
t – statistics	[2.07895]	[3.99154]
C	− 0.526972	1.931404
Standard errors	(0.97474)	(0.95124)
t – statistics	[− 0.54063]	[2.03041]
R – squared	0.983928	0.647026
Adj. R – squared	0.982692	0.619874
F – statistic	795.8847	23.82989
Akaike AIC	2.504795	2.455979
Schwarz SC	2.646239	2.597423
Akaike information criterion		4.937936
Schwarz criterion		5.220825

（2）SVAR 模型：上面的 VAR 模型并没有给出 LOGGDP 与 $K_{c,23}$ 之间当期相关关系的确切形式，模型右端不含内生变量的当期值，而这些当期相关关系隐藏在误差项的相关结构之中。为了明确 LOGGDP 与 $K_{c,23}$ 之间的当期关系，需要对 VAR 模型的误差项进行正交标准化分解，构造结构 VAR 模型。

$$LGGDP_t = a_0 + a_{20}LOGGDP_t + a_{at}LGGDP_{t-2} + b_{at}K_{C,23_t} + \mu_{2c}$$
$$K_{C,23_t} = \beta_0 + a_{20}K_{C,23_t} + a_{at}LGGDP_{t-2} + b_{at}K_{C,23_{t-a}} + \mu_{ac}$$

该模型可以简单表示为：$B_0 x_t = \Gamma_0 + \Gamma_a x_{t-a} + \mu_c$ $t = 1, 2, \cdots, T$

变量和参数矩阵为：$x_t = \begin{pmatrix} \text{LOGGDP} \\ K_{C,23} \end{pmatrix}$, $B_0 = \begin{pmatrix} 1 & -a_{10} \\ -a_{20} & 1 \end{pmatrix}$, $\Gamma_0 = \begin{pmatrix} a_0 \\ \beta_0 \end{pmatrix}$,

$\Gamma_2 = \begin{pmatrix} a_{at} & b_{at} \\ a_{zt} & b_{2t} \end{pmatrix}$, $\mu_t = \begin{pmatrix} \mu_{at} \\ \mu_{zt} \end{pmatrix}$。其中，$\mu_{2v}$、$\mu_{2c}$ 是单纯出现在 LOGGDP 与 $K_{c,23}$ 中的随机冲击，$\delta_t = B_0^{-a}\mu_t$，即简化式扰动项是结构式扰动项的线性组合，代表一种复合冲击。要得到结构式模型唯一的估计参数，则必须满足简化式未知参数比结构式的未知参数少，因此，需要对结构式施加 $k(k-1)/2$ 个限制条件，对双变量 SVAR 模型需要施加 1 个限制条件，利用完全信息极大似然方法进行参数估计，得到 ε_t，μ_t 的线性组合结果如下：

$$\varepsilon_{at} = 0.806\mu_{ac}$$
$$\varepsilon_{at} = 0.147\varepsilon_{ac} + 0.77\beta\mu_{ac}$$

（3）脉冲响应分析：图 4 - 5 展示的是两个变量冲击的相互影响，横轴表示冲击作用的滞后期间数（单位：年），纵轴分别表示响应幅度，实线表示脉冲响应函数，虚线表示正负两倍的标准差偏离带。可以看出，当 $K_{c,23}$ 在本期提高一个单位，会对人均国民收入滞后期产生一个正向的冲击，图 4 - 5a 表明，$K_{c,23}$ 对 LOGGDP 的冲击具有促进作用和很长的持续效应，产品复杂程度的增加会在未来 10 期对经济增长产生稳定的拉动作用。人均国民收入在本期提高一个单位，产品复杂程度会在之后的 5 期一直增长，第 5 期之后保持稳定。如图 4 - 5b 显示，人均国民收入会给平均产品复杂程度带来持续而且较强的正向冲击，带动产品复杂程度的持续稳定提升。

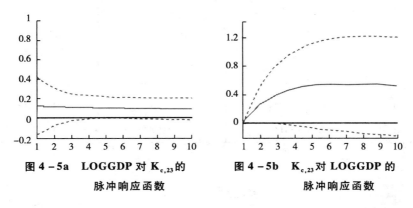

图 4 - 5a　LOGGDP 对 $K_{c,23}$ 的　　图 4 - 5b　$K_{c,23}$ 对 LOGGDP 的
　　　　脉冲响应函数　　　　　　　　　　　脉冲响应函数

（4）方差分解：利用方差分解方法可以进一步了解 $K_{c,23}$ 对人均 GDP 变动的贡献程度。在图 4 - 6 中，横轴表示滞后的期数，纵轴表示冲击的贡献，位于图下部分的蓝色线表示 $K_{c,23}$ 对 LOGGDP 的贡献率，而上部分的红色线

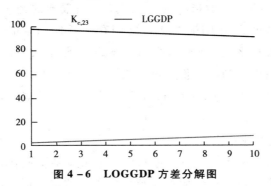

图 4 - 6　LOGGDP 方差分解图

表示 LOGGDP 对自身的贡献率。从图 4-6 及表 4-8 所示，不考虑人均 GDP 自身的贡献率，$K_{c,23}$ 对人均 GDP 的贡献率越来越大，到第 10 期时，已经超过 8.72% 。这充分说明产品复杂程度对比较优势演化与提高人均 GDP 的重要性。

表 4-8　LOGGDP 方差分解结果

Period	S. E.	$K_{c,23}$	LOGGDP
1	0.786787	2.257923	97.74208
2	0.935287	3.062970	96.93703
3	0.996052	3.897811	96.10219
4	1.026612	4.720430	95.27957
5	1.044904	5.506911	94.49309
6	1.057590	6.246464	93.75354
7	1.067408	6.935846	93.06415
8	1.075588	7.575622	92.42438
9	1.082728	8.168118	91.83188
10	1.089140	8.716380	91.28362

第三节　结论

借助 Hausmann 等人的方法，本章计算了阿根廷 40 年以来的初始多样化指数 $K_{c,0}$、$K_{p,0}$，并利用反射的方法对该国的多样化水平和产品复杂程度进行了修正，并用收敛指标 $K_{c,22}$、$K_{c,23}$ 对阿根廷的经济增长做出解释。本章得出阿根廷的人均 GDP 与 $K_{c,23}$ 之间存在长期稳定的协整关系，而且 $K_{c,23}$ 是人均收入水平的 Granger 原因。本章的研究认为，产品复杂程度、技术密集型产品生产和出口份额过低是阿根廷经济持续在中等收入水平徘徊的原因；同时，也证实 Hausmann 等人的比较优势演化理论，即一个国家生产和出口什么决定了国家的发展。

本章的研究结论如下：

1. 阿根廷 40 年经济结构变动不明显，尤其是工业化未能对国民经济的发展起良好的支撑作用，服务业超前发展。这些原因共同导致阿根廷整个经济结构不合理，不能迅速完成比较优势的演化与经济增长。

2. 阿根廷 1990 年以后的经济增长主要源于产业升级。实证研究显示，阿根廷 1980 ~ 2009 年之间产品复杂指数的变化能够解释技术密集型产品出口份额的 70%，即这一期间出口产品中技术、资本密集型产品的出口比重迅速上升，出口产品的平均复杂程度上升，带动了整个产品空间结构及比较优势的演化，从而带动经济增长。

3. 实证研究显示，阿根廷人均 GDP 与产品的复杂程度之间存在长期稳定的关系，产品的复杂程度指数是人均 GDP 的 Granger 原因。脉冲响应函数分析显示，产品复杂程度能够对阿根廷的经济带来正面长期影响，而经济增长也对产品复杂程度有持续较强的正面影响。方差分解结论显示，产品复杂程度对阿根廷经济增长的贡献率越来越大。阿根廷通过比较优势演化带动产业升级进而实现经济增长的良性机制已经初步形成，阿根廷要实现 "中等收入陷阱" 的跨越，可以从提高产品技术复杂程度着手，实现产品空间结构及比较优势的演化，推动经济向发达国家收敛。

参考文献

Alan M. Taylor, *On the Costs of Inward - Looking Development: Price Distortions, Growth, and Divergence in Latin America*, The Journal of Economic History, Vol. 58, No. 1, 1998.

C. A. Hidalgo R. B. Klinger A. L. Barabási, R. Hausmann, *The Product Space Conditions the Development of Nations*, Science, vol. 317, 2007.

Ce Sar A. Hidalgo, Ricardo Hausmann, *The Building Blocks of Economic Complexity*, Proceedings of the National Academy of Sciences of the Uaited States of American, vol. 106, No. 26, 2009.

H. Chenery, Syrquin S. Robinson, *Industralization and Growth: A Comparative Study*, Oxford University Press, 1986.

Jeffrey D. Sachs Williamson, John Williamson, *External Debt and Macroeconomic Performance in Latin America and East Asia*, Brookings Papers on Economic Activity, vol. 2. 1985.

Jose De Gregorio, *Economic Growth in Latin America*, Journal of Development Economics, vol. 39, 1992.

Karen L. Remmer, *The Political Impact of Economic Crisis in Latin America in the 1980s*, The American Political Science Review, Vol. 85, No. 3, 1991.

Ricardo Hausmann, Bailey Klinger, *The Structure of the Product Space and the Evolution of*

Comparative Advantage, CID Working Paper No. 146, 2007.

Ricardo Hausmann, César A. Hidalgo, *Country Diversification, Product Ubiquity, and Economic Divergence*, CID Working Paper, 2010.

Ricardo Hausmann, Jason Hwang, Dani Rodrik, *What You Export Matters*, Working Paper, http://www.nber.org/papers/w11905, 2005.

第 5 章

中国产业竞争优势的演化

按照经济增长理论推算，世界各国的发展会出现收敛的趋势，但经济发展的事实是，世界上绝大多数国家在进入中等收入阶段之后，并没有继续其繁荣的步伐，从中等收入国家俱乐部进入高收入国家俱乐部，反而陷入了"中等收入陷阱"。2010 年，中国人均 GDP 突破 4000 美元，进入中等收入水平偏上中等阶段。那么，已经进入中等收入阶段的中国是否也会陷入"中等收入陷阱"？尽管中等收入陷阱问题、中国能否避免"中等收入陷阱"并实现中等收入水平的跨越问题已经引起了广泛关注，但对于为什么会出现"中等收入陷阱"、如何才能避免"中等收入陷阱"等问题迄今仍然很有争议，对于中国避免"中等收入陷阱"的指导意义十分有限。本章试图从基于比较优势演化的产业升级角度解释"中等收入陷阱"形成的机制，为中国避免"中等收入陷阱"提供有意义的启示。

第一节　中国产业竞争力的结构

评估一个国家的能力既可以从投入方面进行衡量，也可以从产出方面进行衡量。一个国家能力的强弱，其产业竞争力结构与大小可以反映出产业升级能力的高低。

一　在高、中、低三类技术含量产品中，中等技术水平含量的产业在国外市场上的竞争力最低

联合国在按技术含量对产业进行分类时，将产业分成高、中、低和未分

类四类。在这四类产业中，以市场占有率考察，中国低技术产业的竞争力最强，其次为高技术产业，中等技术含量的产业居尾。在国际市场上，中国是高技术产品的重要出口国，占国际同类产品出口的比重，从 2003 年就开始接近低技术产品。2006～2008 年两者的差距虽有短暂扩大，但 2009～2010 年又开始缩小。

中国高技术产品出口在国际市场上虽然占有相当大的份额，但中国也是高技术产品的重要进口国。综合国际和国内两个市场，中国高技术产业的竞争力仍处于中间水平。

国际金融危机对低技术和高技术产业都造成了冲击，低技术产业受到的冲击更加明显。但低技术产业的适应力和恢复力明显强于高技术产业和其他技术含量的产业（详见图 5–1、5–2、5–3）。

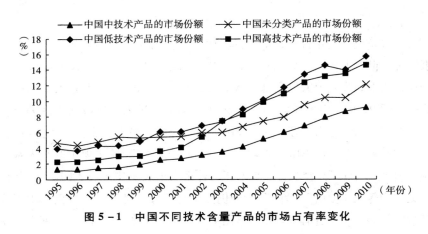

图 5–1　中国不同技术含量产品的市场占有率变化

二　中国服务业出口的市场份额一直呈弱势上升，服务业贸易竞争力呈下降势头

逐步提高服务业在产业结构中的比重和对经济增长的贡献，是中国转变发展方式的重要任务之一，但这个任务完成不易，因为一个产业能否获得较快发展，主要取决于这个产业相对于其他产业的竞争优势，而中国服务业的竞争力，相比工业竞争力更弱。

中国服务业占全球服务业出口的比重，从 20 世纪 80 年代以来虽然总体呈增加趋势，但到 2010 年中国服务业出口占全球服务业出口的比重仍没有超过 5%，远远低于产品出口占全球的比重。这一比重虽然与日本、德国、

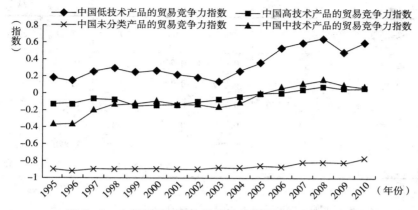

图 5－2 中国不同技术含量产品的贸易竞争力指数变化

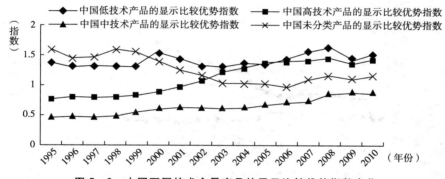

图 5－3 中国不同技术含量产品的显示比较优势指数变化

法国大体相同，也大大高于其他发展中国家，但与美国相比，差距很大，约为美国的三分之一（见图 5－4、图 5－5、表 5－1）。

表 5－1 中国与部分发展中国家服务业出口占全球服务业出口比重的比较

单位：%

国家 \ 年份	1990	2000	2005	2007	2008	2009	2010
阿 根 廷	0.295	0.322	0.258	0.298	0.309	0.318	0.349
巴 西	0.455	0.621	0.625	0.688	0.775	0.799	0.876
中 国	0.708	1.989	2.901	3.514	3.744	3.735	4.223
哥伦比亚	0.193	0.133	0.104	0.104	0.105	0.121	0.119
印 度	0.559	1.091	2.048	2.501	2.652	2.612	3.105
马来西亚	0.466	0.911	0.763	0.847	0.771	0.829	0.868

续表

年份 国家	1990	2000	2005	2007	2008	2009	2010
墨西哥	0.979	0.895	0.629	0.506	0.470	0.444	0.412
秘　鲁	0.096	0.101	0.089	0.090	0.092	0.105	0.109
菲律宾	0.392	0.220	0.176	0.280	0.247	0.295	0.325
南　非	0.412	0.329	0.440	0.397	0.325	0.346	0.373
泰　国	0.776	0.906	0.786	0.873	0.849	0.870	0.909
越　南	0.048	0.176	0.162	0.173	0.180	0.163	0.188

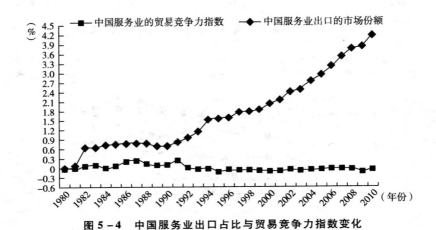

图 5-4　中国服务业出口占比与贸易竞争力指数变化

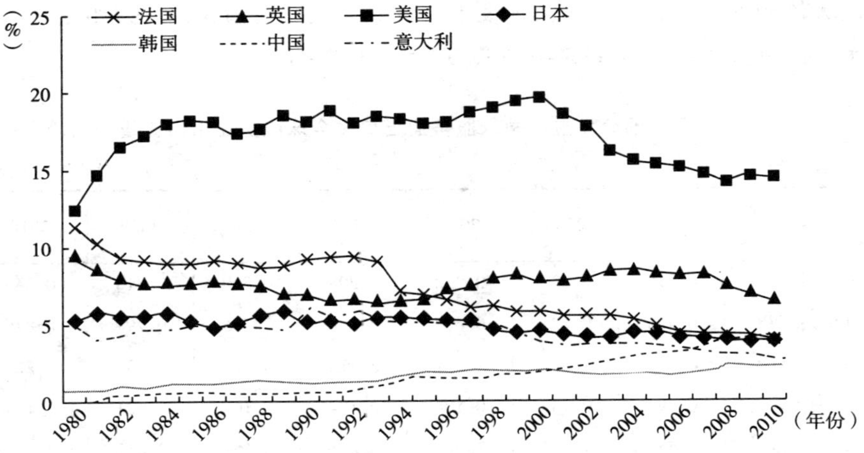

图 5-5　中国与部分发达国家服务业出口占全球服务业出口比重的比较

交通、旅游、建筑、计算机与信息服务等在中国服务出口中占有相对较大的比重，交通服务和旅游服务出口两者加起来，占服务出口的 50% 左右。但这两者受国际金融危机的影响较大，贸易竞争力都表现出较大幅度的下降。建筑服务、计算机与信息服务的贸易竞争力总体呈上升势头，但也受到国际金融危机的影响，计算机与信息服务贸易竞争力的上升势头在 2009 年受阻，建筑服务业则掉头向下。保险和金融服务业的贸易竞争力虽然在弱势上升，但仍极端缺乏竞争力（见表 5 - 2、图 5 - 6）。

表 5 - 2　中国服务业各部门出口占服务总出口的比重

单位：%

部门 ＼ 年份	2000	2005	2006	2007	2008	2009
交通	12.06	20.73	22.84	25.63	26.11	18.19
旅游	53.33	39.37	36.90	30.46	27.76	30.62
通信	4.42	0.65	0.80	0.96	1.06	0.92
建筑	1.97	3.48	2.99	4.40	7.02	7.30
保险	0.35	0.73	0.59	0.73	0.93	1.23
金融	0.25	0.19	0.15	0.18	0.21	0.33
计算机与信息	1.16	2.47	3.21	3.55	4.24	5.02
许可费	0.26	0.21	0.22	0.28	0.38	0.33
其他商业服务	25.18	31.29	31.49	33.06	31.50	35.21
个人、文化与娱乐服务	0.03	0.17	0.14	0.25	0.28	0.07
政府服务	0.93	0.66	0.62	0.45	0.45	0.73

三　创意型产业和战略性新兴产业竞争力仍需提升

近年来，创意型产业受到全球各国的高度重视。创意型产业的出口也出现了较大增长，发展中国家的增长比发达国家还强劲。2003～2008 年，全球创意型产业的出口年增长为 11.53%，发达国家为 10.5%，发展中国家为 13.55%。中国的创意型产业出口增长不仅高于发达国家水平，也高于发展中国家水平，达到 16.92%。创意型产业出口的市场占有率 2008 年已达到了 20%。但结构性问题突出，创意型服务产业的竞争力极低，远远低于创意型产品的竞争力。在创意型产品中，图书、报纸、电影及设计的国际市场占有率不高，电影产品的竞争力不强的问题尤其突出（见图 5 - 7、表 5 - 3）。

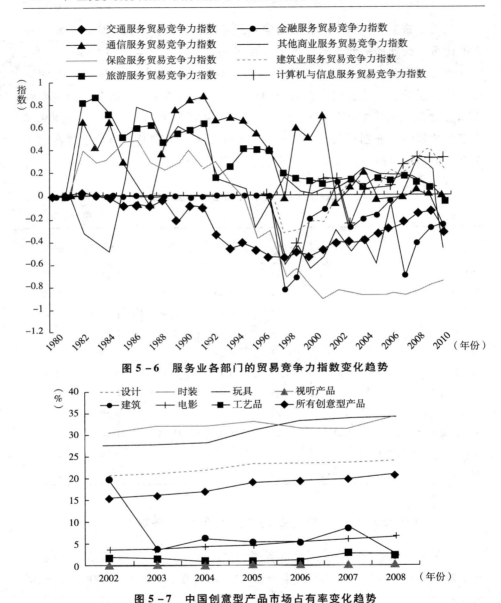

图 5 - 6　服务业各部门的贸易竞争力指数变化趋势

图 5 - 7　中国创意型产品市场占有率变化趋势

资料来源：根据 UNCTADstat 创意型产业数据库绘制。

　　为了实现发展方式转变，中国提出大力发展新能源、新材料、新一代信息技术、高端装备制造、生物、节能环保和新能源汽车等新兴战略性产业。这些产业的竞争力对于中国实现发展方式转变至关重要。因为数据相对缺乏，这些产业的竞争力，目前还难以系统评价，只能根据其技术储备情况进行初步分析。

表 5 - 3　中国创意型产业的贸易竞争力指数变化

产　业	2002 年	2003 年	2004 年	2005 年	2006 年	2007 年	2008 年	2009 年
广告、市场研究、舆论调查	-0.028	0.030	0.0971	0.201	0.204	0.177	0.063	0.083
研发服务	-0.343	—	—	—	—	—	—	—
个人、文化与娱乐服务	-0.527	-0.350	-0.621	-0.069	0.061	0.345	0.242	-0.482
视听及相关服务	-0.527	-0.350	-0.621	-0.069	0.061	0.345	0.242	-0.482
所有创意型产品	0.833	0.840	0.855	0.866	0.871	0.856	0.866	—
工艺品	0.748	0.777	0.767	0.798	0.808	0.833	0.845	—
电影	-0.736	-0.850	-0.943	-0.985	-0.977	-0.988	-0.992	—
设计	0.905	0.913	0.924	0.928	0.929	0.922	0.915	—
玩具设计	0.946	0.924	0.939	0.944	0.957	0.950	0.943	—
新媒体	0.672	0.702	0.814	0.897	0.880	0.821	0.924	—
记录介质（CD、磁带）	-0.650	-0.547	-0.573	-0.640	-0.416	—	—	—
音乐（CD、磁带）	-0.469	-0.534	-0.689	-0.771	-0.783	-0.371	-0.387	—
出版	0.279	0.259	0.429	0.424	0.541	0.610	0.637	—
图书	0.616	0.656	0.733	0.742	0.766	0.795	0.830	—
报纸	-0.904	-0.895	-0.775	-0.826	0.121	0.400	0.297	—
古玩	0.223	0.093	0.127	-0.036	0.035	0.208	-0.502	—
绘画	0.918	0.921	0.889	0.946	0.944	0.882	0.854	—
摄影	0.035	0.217	0.071	0.209	-0.052	0.415	0.516	—
雕塑	0.988	0.987	0.984	0.983	0.981	0.984	0.984	—

注：表中的 "—" 代表无数据。

资料来源：根据 UNCTADstat 创意型产业数据库计算。

　　根据技术储备情况评估中国战略性新兴产业发展的结论是，中国新兴战略性产业的竞争力明显不足。从与 ICT 相关的技术专利、生物技术专利、纳米技术专利、与新能源相关的技术专利看，中国与发达国家相比，差距十分明显（见表 5 - 4）。

表 5 - 4　不同领域在欧盟专利局的专利申请比重（截至 2009 年）

单位：%

国　　家	与 ICT 相关的技术专利所占比重	国　　家	生物技术专利所占比重	国　　家	纳米技术专利所占比重	国　　家	新能源专利所占比重
瑞　典	1.7	意大利	1.5	法　国	5.4	英　国	4.53
芬　兰	1.8	比利时	1.4	意大利	1.4	法　国	3.37
意大利	1.7	瑞　典	1.5	韩　国	3.2	日　本	9.59
加拿大	1.7	韩　国	1.1	德　国	11.7	丹　麦	5.22
德　国	13.4	德　国	11.9	比利时	1.2	美　国	22.13
法　国	5.6	法　国	4.8	荷　兰	2.6	西班牙	5.90
日　本	23.0	日　本	11.2	日　本	22.9	德　国	11.87
英　国	5.0	荷　兰	2.4	瑞　典	1.3	韩　国	4.13
韩　国	2.9	英　国	5.7	英　国	4.5	中　国	4.26
荷　兰	4.2	加拿大	2.7	瑞　士	2.1		
美　国	30.2	美　国	42.5	美　国	36.2		
中　国	0.5	澳大利亚	1.8	加拿大	1.3		
		中　国	0.6	中　国	—		

　　资料来源：OECD Science，Technology and Industry Scoreboard 2011。

四　与发达国家相比，中国产品的复杂性有待提高

　　观察改革开放以来中国的产品多样化程度发现，1985 年，中国出口产品多样化指数为 73，2010 年多样化指数为 282，产品多样化指数上升迅猛。20 世纪 80 年代，中国产品多样化指数的增加主要源于 1987 年的汇率改革，此前的 1986 年中国的产品多样化指数为 74，汇率改革后的产品多样化指数迅猛增加至 212，中国具有比较优势的出口产品部门在一年内增加了 138 种。1987 年至今，中国具有比较优势的出口产品种类虽然一直处于增长态

势，推动了中国近 30 年的经济持续增长，然而增长速度却相对较慢。1987～2010 年一共增加产品种类共计 70 种，截至 2010 年，中国具有比较优势的出口产品种类还不到全部 SITC 四位码产品数（1006 种）的 30%，而发达国家的这一指标均在 50% 以上（Abdon 等，2010）。1985 年，中国出口复杂程度较高的产品只有 20 种。随着汇率体制改革的推进，出口产品种类的增加，1987 年，出口复杂程度较高的产品增至 54 种。然而，尽管产品多样化一直在上升，但复杂性指数反而有所下降，截至 2001 年，中国出口复杂程度较高的产品仅有 12 种，可能的原因是，之前粗放的发展方式并没有推动制造业部门生产技术水平的较快提高，出口的只是复杂程度很低的简单产品，例如玩具和服装等。2001 年以来，随着中国加入 WTO 以及经济增长方式政策导向的转变，中国出口复杂产品的种类逐步提升，2008 年增加至 26 种。"十一五"以来，随着转变经济发展方式和科学发展观等政策方针的贯彻落实、制造业部门和外贸部门技术战略的推进，截至 2010 年，中国出口复杂产品的种类达到 57 种，但这一指标依然远远低于发达国家的水平。因此，进一步提升出口产品复杂程度是推动技术进步、提升中国产业国际竞争力的重要条件。

第二节　中国面临"中等收入陷阱"的严峻挑战

世界银行研究发现，除了拉美，世界其他地区很多经济体在达到中等收入水平后确实出现经济增速下降甚至停滞。类似贫困陷阱这一概念，世行称这种现象为"中等收入陷阱"（World Bank，2006）。"中等收入陷阱"既不是不可避免，一些国家如新加坡、韩国等就成功地跨越了"中等收入陷阱"，但也不是子无虚有，而是现实已经发生、正在发生和很多进入中等收入国家，特别是近年来成为全球经济增长重心的亚洲国家所担心的现象。对此，需要分析的是，为什么一些国家在进入中等收入国家之后，会出现一段时间的经济增长停滞。

经济发展的本质就是产业结构转换升级的过程，产业升级顺利，经济就能实现持续增长；产业升级断档，则经济增速下降甚至停滞衰退（Chenery，1975）。Chenery 等（1986）研究指出，产业结构转换同经济增长之间具有密切的相关关系，产业结构转换能增加国民产出。Romer（1988），Grossman and Helpman（1991）和 Aghion and Howitt（1992）也分别构建产品多样化模型和质量改进模型，解释了产业升级对经济增长的作用。然而，无论是产品多样化模型还是质量改进模型均假定产品空间同质，也就是产品空间结构不重要。按照他们的研究，只要能够实现产业升级，就能向发达国家收敛。然而，事实上，很多国家却不能顺利升级，因而长期在中等收入水平徘徊。那么，决定产业结构转换升级的方向和路径的因素是什么呢？根据比较优势原理，一个国家总是依据比较优势，选择生产并出口具有比较优势的产品，推动要素禀赋结构和产业结构动态调整和优化升级，促进经济增长。Ricardo Hausmann，Jason Hwang，Dani Rodrik（2005）与 J. Felipe，U. Kumar，A. Abdon（2010）指出，一个国家生产和出口什么产品决定了其在世界的地位，产品空间决定了该国产业升级和经济发展的路径。Hausmann and Klinger（2006，2007）利用各国出口贸易数据构建了产品间技术距离的邻近（proximity）矩阵，通过产品空间网络图，发现各国产品空间高度异质，产品之间的技术距离显著影响着一个国家比较优势演化的方向和路径，最终决定一个国家产业升级的方向和速度。

一些中等收入国家经济增长缓慢或出现停滞一般都与这些国家产业竞争力提升缓慢或下降相伴随。拉美和亚洲一些迈入中等收入水平行列的国家，其产业竞争力水平长期停滞不前，对经济增长造成了很大困扰（见图5-8、图5-9、图5-10）。

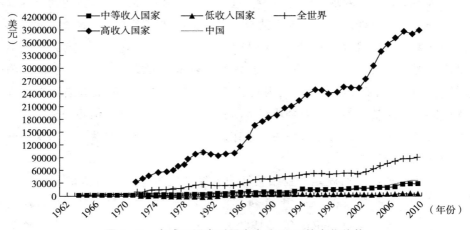

图 5-8 全球不同类型国家人均 GNI 的变化趋势

资料来源：根据世界银行人均 GNI 数据库。

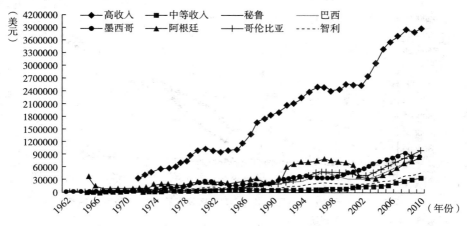

图 5 - 9　拉美国家与高收入国家人均 GNI 的差距变化趋势
资料来源：世界银行数据库。

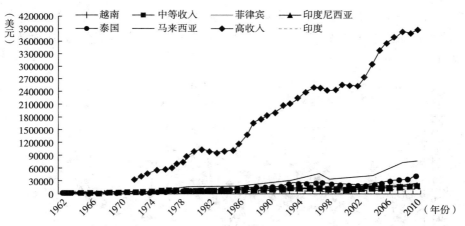

图 5 - 10　亚洲部分国家与高收入国家人均 GNI 差距变化趋势
资料来源：世界银行数据库。

Felipe 等（2010）根据产品技术复杂程度和产品连接性（connectivity），将 779 种 SITC4 位码出口商品分为好产品（good products）和不合意产品（bad products）两类，并将生产这些产品的国家分为四组，结果发现 154 个样本国家中，34 个国家出口的绝大部分是产品复杂程度高且连接性好的好产品，75 个国家生产的产品绝大多数是产品复杂程度很低且连接性差的不合意产品。根据 Felipe 等的研究，泰国、南非、菲律宾、墨西哥等陷入 "中等收入陷阱" 的国家都属于产品复杂度很低且连续性差的一组，这些国家出口的绝大部分是初级产品或者资源密集型产品，很难在产品空间与其他产品

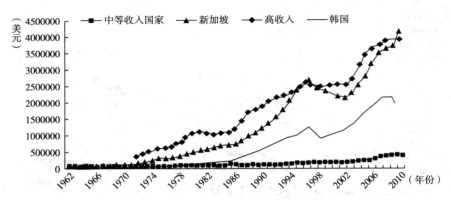

图 5－11　新加坡、韩国人均 GNI 与高收入国家的差距变化趋势

资料来源：世界银行数据库。

连接，因而很难跳跃到新产品，实现产业升级，跨越"中等收入陷阱"，向高收入国家转型。而欧美发达国家基本都处于产品复杂度高且连续性好的一组，生产的产品技术含量高、连续性好，很容易跨越"中等收入陷阱"，成为高收入国家。

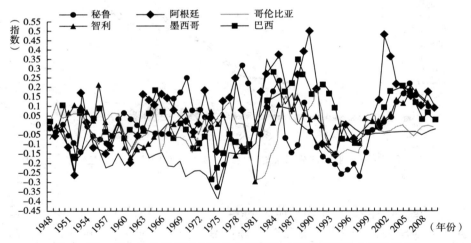

图 5－12　部分拉美国家产业竞争力的变化（用贸易竞争力指数衡量）

资料来源：UNCTADstat，中国产业竞争力分析数据库。以下图表、数据如无特别说明，来源都与此相同。

中国在成为中等收入国家之后，从中低收入国家很快上升到中上等收入国家，在迈向高收入国家的前半段，没有落入"中等收入陷阱"，在由低收入国家迈向高收入国家的后半段，也就是由高中等收入国家迈向高收

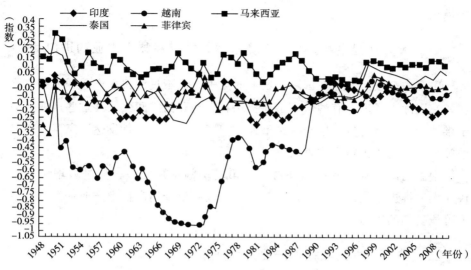

图 5 – 13　部分亚洲国家的产业竞争力（用贸易竞争力指数衡量）
资料来源：UNCTADstat，中国产业竞争力数据库。

入国家这个阶段，中国会不会落入"中等收入陷阱"，很大程度上取决于中国的产业竞争力状况，取决于能否解决好中国产业竞争力提升过程中面临的矛盾。

第三节　应对"中等收入陷阱"的对策措施

中国目前的产业竞争优势结构，使得中国在迈向高收入国家的后半程中仍然面临"中等收入陷阱"的挑战。按中国的经济发展水平，中国虽然能被划入中高收入国家，但中国产业竞争优势的结构并没有转到中高技术产业占主导的阶段。中国目前的产业竞争力结构存在明显缺陷：中国的竞争优势仍为低技术产业主导，高技术产品在国际市场的占有率虽然和低技术接近，但主要是由外资企业带动的，用高技术产品的贸易竞争力指数进行衡量，则其竞争力与中技术产品相当；服务业国际市场占有率近年呈上升趋势，目前已达到与很多发达国家相当的水平，市场开拓难度加大，竞争力较弱；创意型产业的市场占有率已经达到相当水平，但总体质量不高，竞争力不强，短期内如无特别推动，大幅拓展市场空间的可能性不大；战略性新兴产业虽然受到国家的大力支持，表现出一定的竞争力，但战略性新兴产业发展正受制于研发能力和技术储备不足。所以，中国面临落入"中等收入陷阱"的严峻挑战。

一 大力加强中高技术产业竞争力，推进高技术产业的进口替代

中国中高技术产业在国际市场上的竞争力比不过低技术产业和高技术产业，在国际市场上占有的份额不高，还有市场开拓空间。发展这些产业，对于维持中国经济的持续增长意义重大。德国、日本已经是发达国家了，但其中等技术产业仍占很大比重。

中国的高技术产业在国外占有的市场份额增加很快，但进口增加也很快。大力推进高技术产业的进口替代，可以有效抵消高技术产业在国际市场上可能受到的冲击。

二 进一步提高低技术产业的生产率

中国人口数量庞大，总体人口素质不高，继续保持在低技术产业上的竞争力，对于解决中国的就业问题十分重要。但为了与发展中国家在这些产业上进行竞争，在生产成本出现上涨之后，就必须通过提高劳动率的办法，防止这些产业竞争力过快下降。

三 大力加强战略性新兴产业、服务业和创意型产业的创新链建设

中国在服务业、创意型产业和战略性新兴产业的竞争力都不高。为了提升这些产业的竞争力，必须从创新链的角度加以筹划。

对于战略性新兴产业，重点是加强研发投入。中国已成为全球重要 ICT 产品最大出口国，2008 年，中国 ICT 产品的出口占全球比重达到 22.6%，大大高于处于第二位、占全球出口比重 9.2% 的美国。贸易竞争力高于发展中国家的平均水平，在亚洲仅低于韩国和中国台湾地区，在全球位列第四。中国在新能源方面的投资增加也很快，但技术能力储备却严重不足，需要加大研发方面的投入。

中国的创意型产业和服务型产业创新能力严重不足，要大力推进创意型产业和服务业的创新能力建设，充分实现创意型产业、服务业与现代制造业的融合，大力推进与创意型产业、服务业相关的工业发展，通过创意型产业、服务业与现代工业相互支持，提高创意型产业和服务业的竞争力。

四　拓展产品的多样化程度，减少外部冲击对经济体的系统性影响

尽管关于产品多样化程度与经济增长之间关系的经验研究没有得出一致结论，部分学者认为产品多样化有利于经济增长（Herzer and D，2006；Hoeffler，2002）；还有部分学者证明多样化与经济增长之间是非线性关系，在经济发展的初级阶段，产品多样化有助于经济增长，但是随着经济发展水平的提高，高收入水平的经济体会倾向于专业化而非多样化（Klinger 等，2006）。尽管如此，对经济发展水平低的经济体而言，学者一致认为产品多样化对推动一国经济持续增长发挥着积极作用（Agosin，2007）。

多样化促进经济增长主要有两种渠道，一种是组合效应（portfolio effect），出口结构丰富的国家越能更好地发挥组合效应，出口创汇的波动性就越小，能够有效缓解外部环境对经济的普遍冲击，为国内经济发展提供稳定的环境，对出口拉动型经济体尤其如此。对发展中国家来说，如果专注于在某几类产品上发展比较优势，就很容易受贸易条件恶化、汇率波动、反倾销以及金融危机等负面冲击的影响，造成国内经济不稳定。另一种是溢出效应，通过实现多样化，与新产品相关的技术与知识存在溢出效应，这种正的外部性能够帮助国内其他产业部门提升技术和管理水平，推动经济增长。

比较优势演化的快慢很大程度决定一国能力的提升，而比较优势演化的动力主要来源于产品种类的增加和产品复杂程度的提升。Hausmann and Hidalgo（2010）的研究证明，能力的积累是多样化的凸函数，其收益随着国家已经拥有能力的数量指数递增，因此，在工业化中后期的中国，仍然应该注重产品种类的增加，积累国家能力。

五　提升产品的复杂程度，全面推动技术进步

当一国处于较低发展水平时，仅靠引进世界上已经有的产品，模仿发达国家的技术，吸纳发达国家产业转移的资本和技术，就能实现本国的比较优势演化，推动本国产业结构的升级，促进经济增长，但是，一个国家发展到一定水平而达到技术前沿后，就必须通过技术创新（innovation）来实现比较优势的演化（Aghion，2007）。因此，在中等收入水平的中上阶段，中国在提高产品多样化的同时，还应该注重产品复杂性的提升，以此来促进技术进步。改革开放以来，依靠劳动力低成本的资源禀赋、粗放型投资及出口导向的贸易政策等拉动的经济增长方式已经走到尽头，在工业化中后期，中国

的技术进步必须依靠劳动力素质、产品复杂程度及创新能力的提高来实现。

六　加快传统产业的绿色化，为传统产业发展寻找新的增长动力

美国的金融危机对我国高新技术产业的打击是比较大的。2008 年，我国对美出口机电产品增速回落 9.6 个百分点，而在出口额超过 25 亿美元的 9 类传统劳动密集型产品中，鞋类和纺织纱线、织物及制品出口有所提速，其余 7 类产品出口虽然增速均有不同程度的回落，但回落幅度较小，服装及衣着附件、塑料制品和玩具只分别下降 1.2%、0.9% 和 3.1%。这些传统的劳动密集型产业在国际上是有竞争力的。在未来一个时期，传统的资源密集型、劳动密集型产业仍将是拉动我国经济增长的重要引擎。

中国经济从 2008 年第四季度以来下滑势头严重。为了遏制中国经济增长下行，政府出台了"十大产业振兴规划"。这些产业中，有相当一部分是资源密集型。钢铁、造船、汽车等行业，既是资本密集型行业，也是资源密集型行业。

在出口产品结构中，仍以资源密集型和劳动密集型产品为主。长期以来，劳动与资源密集型产业仍是我国竞争力最强的产业，即便是在国际金融危机爆发后，仍然保持了强劲的增长势头。劳动与资源密集型产品出口占全球同类产品出口比重 2007 年达到 30%，2010 年这个比重已经达到 34% 左右，大大高于中国出口占全球出口总额的比重。

中国的劳动与资源密集型产品的相对竞争优势虽然一直在下降，但显示性比较优势指数仍维持在 3 以上，相对竞争优势明显，国际金融危机同样没有改变这一基本态势。

发展绿色产业包括很多领域，但从未来发展趋势看，低碳化是未来绿色产业发展的制高点。而在低碳化过程中，新能源的发展则是关键中的关键。

2009 年，联合国环境署出版了一本报告——《走向低碳》。这本报告提出了走向低碳的四个理由：保护气候、保护人类健康、保护资源和刺激经济。正是这四个动力，推动着全球经济向低碳经济的转型。虽然对碳排放与全球温度升高的关系存在一些质疑的声音，但走向低碳化这一大势是不会改变的。

2009 年，奥巴马在地球日发表演讲时讲道，哪个国家如果能在开发新的清洁能源上领导世界，这个国家必将在 21 世纪的全球经济中起领导作用。他要求在美国开创一个能源开发的新时代，因为，这不仅是一个事关在保护

环境和保护经济两者之间选择的问题，还是一个事关在繁荣与衰退之间进行选择的问题。美国的新能源计划对美国的经济恢复有一定作用，但主要着眼的是长远目标，是一项继续保持美国在全球居于领导地位的战略，是美国国家安全战略的重要组成部分。从过去多次技术革命的历史分析，新能源产业极有可能成为下一次经济长波中的战略性主导产业。新能源的开发、利用，会带动一批产业的发展和兴起，形成新兴产业群。

七　科学选择政策出台时机

为了促进产业竞争优势转型，我国采取了一系列政策措施，这些政策措施从长期看都是十分必要的，但问题在于政策出台的时机和节奏上。如果政策出台的密集度过大、时间过于集中、时机不当，对企业就会产生过大的压力，对产业竞争优势转型的产业产生影响。产业竞争优势转型是一个长期的过程，不可能在三五年内完成。我国仍处于工业化过程，工业化的任务还没有完成，产业竞争优势转型要分步骤、有重点地加以推进。为了避免在转变上过急、步子过大，避免新出台的政策对企业和短期经济增长造成过大冲击，就要科学选择政策出台时机和政策组合，尽可能把各种政策调整对企业经营带来的压力分散到不同时期，使企业有相对充足的时间，调整其生产经营活动，形成新的技术能力，以适应新的政策需要。实际操作上，要认真解决各个部门从部门角度抢先出台政策，造成部门之间在政策出台的时间、节奏上缺乏协调的问题。为了解决这一问题，应建立产业竞争力委员会，为评估各种政策对我国产业竞争力的影响、提高产业竞争力、协调相关政策提供组织保障。

参考文献

林毅夫、蔡昉、李周：《中国的奇迹：发展战略与经济改革》，上海人民出版社，1994。

林毅夫：《新结构经济学——重构发展经济学的框架》，《经济学季刊》2010 年第 1 期第 10 卷。

张其仔：《比较优势演化与中国产业升级路径选择》，《中国工业经济》2008 年第 9 期。

郑秉文：《"中等收入陷阱"与中国发展道路——基于国际经验教训的视角》，《中国人口科学》2011 年第 1 期。

Aghion, P. and P. Howitt, *A Model of Growth Through Creative Destruction*, Econometrica, 1992, 60 (2), 323 – 351.

Bhagwati, J., *Immiserizing Growth: A Geometrical Note*, Review of Economic Studies, 1958, XXV (3), 201 – 205.

Chenery, H., Syrquin and S. Robinson, *Industralization and Growth: A Comparative Study.* Oxford University Press, 1986.

De Gregorio, J., *Economic Growth in Latin America*, Journal of Development Economics, 1992, 3959 – 3984.

Felipe, J., U. Kumar and A. Abdon, *How Rich Countries Became Rich and Why Poor Countries Remain Poor: It's the Economic Structure... Duh!*, Economics Working Paper Archive, 2010.

Grossman, G. M. and E. Helpman, *Quality Ladders in the Theory of Growth*, The Review of Economic Studies, 1991, 58 (1), 43 – 61.

Hausmann, R. and B. Klinger, *The Evolution of Comparative Advantage: The Impact of the Structure of the Product Space*, Center for International Development and Kennedy School of Government Harvard University, 2006.

Hausmann, R. and B. Klinger, *The Structure of the Product Space and the Evolution of Comparative Advantage*, CID Working Paper, 2007.

Hausmann, R., J. Hwang and D. Rodrik, *What You Export Matters*, NBER Working Paper Series, 2005, 25.

Kim, L., *From Imitation to Innovation.* Harvard Business School Press, 1997.

Lewis, W. A., *Economic Development With Unlimited Supplies of Labor*, Models of development, 1954, 400 – 449.

Ohno, K., *Avoiding the Middle Income Trap: Renovating Industrial Policy Formulation in Vietnam*, Renovating industrial policy formulation in Vietnam, 2010, 1 – 25.

Williamson, J. D. S. and J. Williamson, *External Debt and Macroeconomic Performance in Latin America andEast Asia*, Brookings Papers on Economic Activity, 1985 (2), 523 – 573.

第 6 章

比较优势的演化与中国产业
升级路径选择

在全球化背景下，中国经济增长方式转变的实质就是要改变比较优势，从而改变在国际分工体系中的位置，即要实现产业升级。当前中国产业升级的目标虽然比较清晰，但如何选择产业升级路径以实现产业升级的目标仍值得深入研究。中国 2008 年上半年的经济增长速度下降，影响因素虽然很多，但一定程度上与我们没有很好解决这个问题有关。

第一节　产业升级路径选择模型

一个国家的产业升级路径选择需解决三大问题，即产业升级的方向、产业升级的幅度和产业升级中断风险的规避等。传统的比较优势理论对此无法提供有力答案，对实践的指导意义十分有限。近年来出现的比较优势演化理论则在很大程度上弥补了传统比较优势理论的这种缺陷，可以为解决这三大问题提供有效的指导。

一　比较优势演化模型

根据标准的比较优势理论，一个国家要改变其在国际分工体系中的位置，就要改变其要素禀赋。如在国际分工体系中，那些以生产劳动密集型产品为主的国家，要转向生产资本密集型产品为主的国家，就必须改变劳动相对资本更加丰富的要素禀赋结构。这个理论虽然对一个国家应该生产什么产品给出了答案，却没有对一个国家如何实现从以生产劳动密集型产品为主向以生产资本密集型产品为主这一惊险的一跳给出可操作性的建议。近年来，Ricardo Hausmann，Bailey Klinger 等（2006）提出了一种比较优势演化理论。这个理论批评既有的比较优势理论忽略一个国家初始分工的影响。他们的研究发现，一国出口产品的结构变化与该国产品的空间结构（Product Space）有关，一国产品空间的初始结构对该国出品产品的结构有着重要影响，会影响该国的发展路径（C. A. Hidalgo，B. Klinger，A. – L. Barabási，R. Hausmann，2007）。按国际经济学的惯常做法，我们把这种理论简称为 HK 模型。

HK 模型十分简单。假定任何一种产品的生产都需要一系列特定的要素，用于生产一种产品的要素并不能完全适合生产另一种产品，它们之间具有不完全替代性。假定从现有产品转向另一种产品，其收益为 $\Delta P_{i,j}$

$$\Delta P_{i,j} = f\delta_{i,j}$$

其中，δ_{ij} 代表从产品 i 到 j 的技术距离。如果 $i = j$，δ_{ij} 就为 0，否则就大于 0。从产品 i 转到 j 的成本随产品技术距离的增加而增加，如，

$$C(\delta_{ij}) = \frac{c\delta_{ij}^2}{2}$$

产品的价格也随产品技术距离的增加而提高。企业在产品升级中要解决的问题是，从产品 i 升级到产品 j，实现利润最大化，即：

$$\max_{\delta_{i,j}} \Pi = f\delta_{i,j} - \frac{c\delta_{i,j}^2}{2}$$

所以，企业跳跃式升级的最佳距离为：

$$\delta_{i,j}^* = \frac{f}{c}$$

如果不考虑企业之间的相互影响，显而易见的是，企业产业升级的能力是有限的，受其历史条件的制约（Ricardo Hausmann and Bailey Klinger，2007）。政府如果不顾历史条件的限制，强行提出过高的产业升级目标，其后果是，企业在这惊险的一跳中会摔得粉身碎骨。根据这一理论，产业升级的方向就是从现有产业向与其处于最佳距离的产业的跃升。

二　HK 模型的扩展

HK 模型假定产业升级是线性的，没有考虑企业之间的相互影响。但产业升级可能不是线性的，在产业升级过程中，企业与企业之间是相互影响的。假定企业所从事的产业和多个产业的技术距离相同，那企业

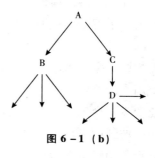

图 6 - 1（a）

应如何进行选择呢？如果用点代表产业，用线代表产业之间的技术距离。那么，企业的产业升级可以用图 6 - 1（a）加以表示。HK 模型研究的情形如图 6 - 1（a）。图 6 - 1（b）所表示的情形与此不同，企业面临多种选择。

面对多种选择，为了预测企业的行为，需要对 HK 模型进行必要的拓展。从图 6 - 1（b）可以看出，企业在选择产业 B 和 C 之后，其后续产业的升级机会是完全不同的。在图中，产业升级机会可以用 B 点或 C 点的度来衡量。度是图论中的概念，用连接顶点的边数衡量。度数越大，产业升级的机会就越大。为了简便，把产业的升级机会称之为产业度。引入产业度的因素后在实行

图 6 - 1（b）

产业升级时，不但要考虑产业间的技术距离，而且还要考虑后续产业的升级机会。产业度用 d 表示，它对企业升级决策的影响表现为会影响企业的升级成本。因为企业升级到一个新产业后，新产业具备的升级机会越多，则其"被套住"的可能性就比较小。这就好比企业进行了一项固定资产投资，如果通用性较强，那么，被锁定的风险就较小。

假定从现有产业转向另一种产业，其收益仍为：

$$\Delta P_{i,j} = f\delta_{i,j}$$

引入产业度后，产业的升级成本变为：

$$C(\delta_{ij}) = c\delta_{ij}^2/2d$$

企业实行产业升级的最佳距离为：

$$\delta_{ij} = df/c$$

三　产业度引入的意义

在 HK 模型中引入产业度，有助于理解产业升级中的跨越式升级和发展

中国家产业投资的潮涌现象。

在 HK 模型中，跨越式升级是不存在的，扩展的 HK 模型可以容纳跨越式升级。按 HK 模型，企业从 A 跳到 D 是不可能的，按扩展的 HK 模型这种情形完全可能发生。只要 D 的产业度很大，企业完全有动力从 A 跳到 D [见图 6 - 1 (b)]。

HK 模型无法解释发展中国家产业投资潮涌现象，扩展的 HK 模型则可以从一个新的角度对此提供答案。林毅夫教授提出，发展中国家的产业投资存在潮涌现象，意指发展中国家与发达国家不同，发达国家产业创新的方向和路径是确知的。在林毅夫教授看来，发达国家的特征是所有产业都已经处于世界产业链的前沿，对国民经济中下一个新的有前景的产业何在，绝大多数情况下每个企业的看法不同，不会有社会共识，政府也不可能比企业有更准确的信息。对于一个处于快速发展中的国家来说，在产业升级时，企业所要投资的是技术成熟、产品市场已经存在、处于世界产业链内部的产业。这个国家的企业对哪一个产业是新的、有前景的产业很容易产生共识，许多企业的投资会像波浪一样一波一波地涌向相同的某个产业，产生潮涌现象。在每一波开始出现时，每个企业对其投资会有很高的回报预期，金融机构在羊群行为的影响下，也乐意给这些投资项目支持。等到每个企业的投资完成后，不可避免地出现严重亏损，产生产能过剩，银行呆坏账急剧上升。而且即使在现有产业已经产生大量过剩的情况下，对下一个新产业的投资潮涌现象也有可能继续发展（林毅夫，2007）。

潮涌现象是对投资大规模涌向某个产业的形象描述，它实质上描述的是一个产业的兴衰和更替，但产业的兴衰并非发展中国家的特有现象，即便是在发达国家，这种现象也是存在的。发达国家的企业同样可以分为先行者和跟随者两类，先行者开发出新的产品并取得良好的效益后，跟随者对新的前景产业也容易达成共识，许多企业的投资也会大规模涌向这个产业。但为什么发达国家的潮涌现象比发展中国家弱得多呢？这可以从发展中国家与发达国家产业的产业度差异得到解释。图 6 - 1 (b) 中的点 C，其产业度为 1，假定 C 产业有 N 家企业，那么将有 N 家企业向 D 产业升级。图中的 A，其产业度为 2，如在产业 A 中聚集了 N 家企业，对这些企业来说，向产业 B 或 C 升级没有什么差异；升级到产业 B 或 C 的企业数应为 N/2。B 和 D 的产业度分别为 3 或 4，同样，由 B 和 D 产业升级到其他任一产业的企业数应为 N/3 或 N/4。所以，产业度越大，产业升级产生的潮涌就越弱。发达国家的潮涌现象比发展中国家弱得多的根本原因即在于，发达国家产业的产业度要高于发展中国家，从事同一产业的企业，其产业升级的路径更趋多样化。

第二节　比较优势演化过程中的分岔与产业升级的方向

就像物种在演化过程中会出现变异一样，比较优势在演化过程中也会出现分岔。由于比较优势在演化过程中会产生分岔，所以，产业升级也不一定是线性的，也会发生分岔，会出现产业内升级与产业间升级交叉进行的现象。所以，一个国家在产业升级过程中需要处理好线性升级和非线性升级、产业内升级和产业间升级的关系。改革开放以来，我国产业升级过程中的一个极其重要的特征就是出现了分岔现象。正是因为产生了分岔，我国才保持了较快的经济增长率和出口增长率，才产生了中国的出口之谜。

一　比较优势演化的路径与产业升级的类型

尽管不同的学者在讨论新型国际分工时有着不同的角度，使用了不同的概念（Frobel，F.，Heinrichs，J.，and Kreye，O.，1978；T. Sturgeon，1997；Gary Gereffi，1999；Luthje，Boy，2002；彼德·迪肯，2007；卢锋，2004；张苏，2007），但都有一个共同特点，就是强调产业内分工在新型国际分工中的作用。新型国际分工的本质特征就是全球性的产业内分工网络的形成。也正是由于全球产业内分工网络的形成，产业内分工才变得十分重要。随着产业内分工的出现，比较优势演化的路径变得更加复杂。图 6-2 列出了两个产业情形下，综合考虑产业内比较优势演化与产业间比较优势演化的各种可能路径。从中不难看出，产业内分工的引入，使比较优势的演化变成了一个复杂的网络。

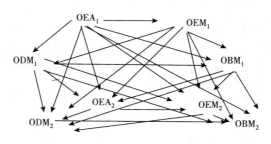

图 6-2　比较优势演化的复杂网络

图 6 - 2 中的 OEA_1、OEM_1、ODM_1、OBM_1 和 OEA_2、OEM_2、ODM_2、OBM_2 分别代表产业 1 和产业 2 的加工组装、委托加工、自主设计与加工及自主品牌生产等环节，从 OEA_1 到 OEM_1，到 ODM_1，到 OBM_1，表现为产业内分工；从 OEA_1 到 OEA_2，表现为产业间升级，也就是产业升级过程中发生了分岔。

根据比较优势演化路径是否发生分岔，比较优势的演化可以分为线性演化与非线性演化两种方式，由此相对应产业升级可以称之为线性升级和非线性升级。

线性升级包括产业内升级或产业间升级。Humphrey 和 Schmitz 从全球价值链视角提出了产业升级的四种方式：工艺升级（Process Upgrading）、产品升级（Product Upgrading）、功能升级（Functional Upgrading）、跨产业升级（Inter - sector Upgrading）（Humphrey, J, Schmitz, H, 2000）。Humphrey 和 Schmitz 提出的四种产业升级类型，前三者属于产业内升级。Ernst 将产业升级方式划分为 5 种类型。产业间升级：在产业层级中从低附加值产业（如轻工业）向高附加值产业（重工业和高技术产业）的移动。要素间升级：在生产要素层级中从"禀赋资产（endowed assets）"或"自然资本（natural capital）"（自然资源和非熟练劳动力）向"创造资产（created assets）"，即物资资本、人力资本和社会资本移动。需求升级：在消费层级中从必需品向便利品，然后向奢侈品移动。功能升级：在价值链层级中，从销售、分配向最终的组装、测试，零部件制造，产品开发和系统整合移动。链接上的升级：在前后链接的层级中，从有形的商品类生产投入到无形的、知识密集的支持性服务（Ernst, D., 2001）。Ernst 的 5 种产业升级类型，后 4 种都属于产业内升级。

无论是 Humphrey 和 Schmitz 提到的产业升级，还是 Ernst 提出的产业升级都是产业线性升级。但产业升级可能是非线性的，产业在升级过程中可能产生分岔，即表现为产业内升级与产业间升级的交叉进行。非线性产业升级，又可以分为产业内升级优先分岔和产业间升级优先分岔。产业内升级优先分岔，就是优先实行产业内升级，当产业内升级达到一个高的水平后，再跳入另一个产业，实现产业间升级。当一个国家产业内升级达到较高水平时，在产业间升级就可以跳入一个较高的位置。产业间升级优先分岔则是指，优先实现产业间升级，在实现产业间升级后，再实现产业内升级。一般而言，一个国家升级到一个新的较为高级的产业后，反过来会对相对低级的产业实现产业内升级有促进作用。一个国家究竟是通过产业内升级推进产业间升级，还是通过产业间升级推进产业内升级，并不取决于究竟有多少智慧，而取决于技术距离的比较。如果产业间升级的技术距离小于产业内的技术距离，就需要实施产业间升级优先战略。从中国的实践看，实施产业间升级优先战略更有利于保持经济的高成长性和出口的高成长性。

二　产业升级路径分岔与中国的出口之谜

为了分析出口产品的技术含量，Hammel 等人发展了出口产品的高度化指数，这个指数把各国出口产品的技术含量转化成人均收入水平。美国哈佛大学教授 Freound 用 PRODY 方法对中国出口产品的高度化进行了估计，发现 2000～2004 年中国出口产品的平均工资水平约为 8308 美元，而中国的实际人均国民收入水平 2006 年才达到 2010 美元。Peter K. Schott 的研究同样发现，中国产品与 OECD 国家的相似度大大高于具有相同禀赋的其他国家（2006）。还有的估计认为，中国 1995 年的出口高度化指数相当于人均收入为 10478 美元的水平，2005 年则达到了 15867 美元（尹宇镇，2007）。Rodrik 的研究同样发现，中国出口产品的平均收入水平比同等收入的发展中国家高出 3 倍（2006）。杨汝岱和姚洋从有限赶超的角度对中国的出口问题进行了研究，发现中国的出口一定程度上具有超前的特征（2007）。这一现象就是所谓的中国的出口之谜。

中国的出口之谜为什么会出现？有一种解释，将其归之于中国实施了赶超战略，归之于中国政府的干预造成了比较优势的扭曲，但这一解释并不十分有说服力。中国改革开放以来，市场经济的作用越来越大，为什么中国的出口之谜并没有消失？从比较优势演化理论的角度，则可将此归之于产业升级过程中的分岔。和前一种解释不同的是，此种解释认为，中国的出口之谜表现为比较优势的更好利用，而不是源于比较优势的扭曲。

中国产业升级过程发生分岔的证据之一，就是中国的出口增长在相当程度上依赖于新的出口产业的不断引入。1980～2006 年，我国产业整体贸易竞争力指数呈现上升趋势，从 20 世纪 80 年代的负值，逐步上升到 90 年代后的正值。分行业看，初级产品的贸易竞争力指数不断下降，而工业制成品则稳中有升。从初级产品内部构成看，具有较强竞争能力的是食品及主要供食用的活动物，饮料和烟类具有一定的国际竞争力，但近年来出现了显著下降。

初级产品中的非食用原料，矿物燃料、润滑油及有关原料，动、植物油脂及蜡等产品的国际竞争力则不断下降。从工业制成品内部的构成看，杂项制品维持在较高的国际竞争力水平，化学品及有关产品维持在较低的国际竞争力水平，轻纺产品、橡胶制品、矿冶产品及其制品和机械及运输设备则从较弱的国际竞争力水平逐步上升到具有一定的国际竞争能力（见图 6－3、图 6－4）。产业竞争力的这种结构变化固然可以解读为中国产业升级取得了一定成绩，但同时也表明，我国的产业升级是通过产业分岔来实现的，就是通过不断引入新的产业而保持比较优势。

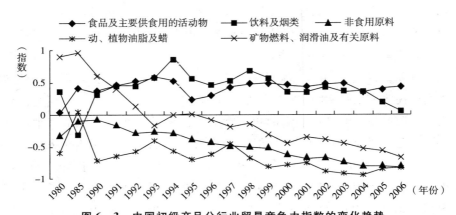

图 6－3　中国初级产品分行业贸易竞争力指数的变化趋势

资料来源：张其仔、郭朝先：《中国经济增长的质量与效率》（研究报告，未发表，2008）。

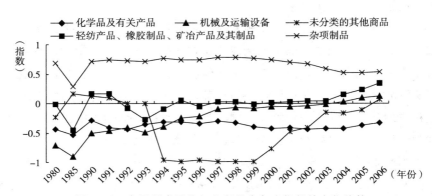

图 6－4　中国制成品分行业贸易竞争力指数的变化趋势

资料来源：张其仔、郭朝先：《中国经济增长的质量与效率》（研究报告，未发表，2008）。

中国产业升级过程发生分岔的另一个证据，就是我国在出口保持高速增长的同时，就同一产品而言，其产品质量的提升十分有限。徐斌对 Rodrik

教授的研究进行了批评。他认为，Rodrik 教授的研究没有考虑中国产品质量较低等因素，Schott 教授虽然分析了中国产品质量与其他国家的差异，但在计算中国出口产品的高度化指数时没有把这一因素包括进去。在考虑了产品质量的差异后，他对 1990～2001 年中国出口产品的高度化进行了重新估计，发现 20 世纪 90 年代前半叶，中国出口产品的技术含量超出其发展水平，后半期则和中国的发展水平相吻合（2006）。这一批评因为采用的是产业内升级的框架，并不构成对中国出口之谜的根本否定，而中国的出口之谜不仅涉及产业内升级，而且还涉及产业间升级。在计算产品的技术术含量时，如果把质量的高低这一因素囊括进来，则必须对不同产品进行质量换算。如果不进行换算，那么，这种批评只是验证了中国的产业内升级程度有限这一事实。

三 产业间升级优先还是产业内升级优先

改革开放以来，中国正是通过产业升级分岔支撑了出口的增加和经济的增长。进入现阶段这种战略是否失效呢？随着产业内分工的出现，产业链概念的日益流行，产业内升级受到了更多的关注。一种从工艺升级到产品升级到功能升级，再到跨产业升级（Humphrey，J，Schmitz，H，2000）的线性升级框架开始主导中国的产业升级实践。如果仅将此作为一种企业战略无可厚非，但作为现阶段的国家或地区战略，则十分值得商榷。从 OEA、OEM 到 ODM，到 OBM，再到跨产业升级完全可以不是直线式的，产业内升级进入一个阶段后完全可以分岔，在产业内升级还没有完成时可以由产业内升级转为产业间升级。产业间升级反过来可以带动产业内升级。这种产业间优先升级分岔战略，长期以来是支撑中国经济和出口高速增长的重要力量。在未来一个时期内，中国仍然要采取产业间升级优先分岔战略。这并不取决于我们的主观意识，而是现阶段中国实施产业间升级的收益大于产业内升级收益的客观要求。这可以从升级的技术距离以及产业度等两个角度加以说明。

企业从事 OEA、OEM、ODM、OBM 等活动，可以视为企业向市场提供了不同的产品。大量研究表明，产业内实现从事 OEA 到 ODM，特别是 OBM 升级，其难度并不低于实现跨产业升级。如在汽车行业要从产业内实现从 OEA 到 ODM，特别是 OBM 升级，其难度远远大于从汽车行业的 OEA 到电子行业的 OEA。Gereffi 的研究表明，东亚服装产业升级过程表现为，从进口投入品组装到本土生产日益增加，到在其他企业的品牌下进行产品设计，到最终在国内或国外市场中自己品牌商品的销售。Gereffi 乐观地认为，进入准层级全球价值链的发展中国家以及新兴工业化国家的制造商在生产方面有较好的升级前景，而且随后会进入设计、营销和建立自有品牌的阶段（1999）。Sussex 大学的 Martin Bell 认为，Gereffi 所描述的是仁慈的阶梯（benign escalator）。从自行设计加工到自有品牌设计和生产并不是理所当然的。Hobday 对从 OEM 到 ODM 再到 OBM 的转换作了全面分析，结果发现从 OEM 转向 ODM 的证据比从 ODM 转向 OBM 的证据更多。全球鞋业价值链的研究表明，中国、印度和巴西的制造商在发展其设计和营销能力时遇到了壁垒（Schmitz, H., Knorringa, 2000；周晓燕，2007）。

在全球价值链中，功能升级为什么会受到不同程度的阻碍？一般认为，其原因在于购买者势力和能力约束（Humphrey J. and Schmitz H., 2002；周晓燕，2007）。如果对发展中国家实现功能升级的障碍进行更深入分析，那么，阻碍功能升级的因素还可以列出很多。但不论其因素多到什么程度，所有的关于功能升级失败的研究表明，发展中国家或地区实现功能升级的难度比较大，产业内升级的难度并不低于产业间升级的难度。

发展中国家在实现功能升级上的难度比较大虽然阻碍了功能升级，但不是一些发展中国家或地区实现功能升级失败的唯一解释。对于某些发展中国家或地区的功能升级失败，可以将其解读为这些国家或地区选择了产业间升级优先路线使然。产业间升级优先战略不仅成功的可能性大，而且还可以提高产业度。产业间升级的过程同时也是产业度的提高过程。产业内升级是线性的，产业度为 1，新产业的引入则为企业提供了更多的选择，而且有利于形成新的成长性较高的产业内升级。Ricardo Hausmann 对产业间升级优先持赞成态度，他的理由是，一种产品离质量前沿越远，成长性越好。一个国家在引入新产品时，通常是从低位进入的，也就是离质量前沿较远的地方进入，其成长性远远大于既有产品的质量升级（Kugler, Stein and Wagner, 2007）。

产业间升级优先战略虽然可以带来很多利益，但这种战略并非没有约束，这种战略必须面对信息不足问题。Kugler, Stein and Wagner 等对产业间升级优先战略持反对态度。他们认为，通过引入新产品实现产业升级比产业内升级更为困难，原因在于通过新产品引入实现产业升级，政府或企业就必须事先知道新产品应该为何，而在新产品生产出来之前，这种信息并不存在。实行产业内升级，其路径则是十分清晰的，不存在不知向何处升级的信息匮乏问题，而且实行产业内升级不仅有助于产业间升级，还能提供产业间升级的信息（Kugler，Stein and Wagner，2007）。对发达国家来说，Kugler 等提出的产业间升级存在的信息不足问题确实是存在的，但对发展中国家来说这个问题并不构成严重的障碍，因为发展中国家完全可以采取跟随战略，沿着发达国家的产业升级路线实现产业间升级。

第三节　产业升级过程中的"断档"风险及其化解

在传统的比较优势理论框架中，产业升级是连续的，不会出现突变和断档的风险，但在比较优势演化模型中这种风险是完全存在的，就是在产业升级的过程中，企业根本无法找到最佳距离，此时就会出现比较优势的断档，要求比较优势发生突变。这种现象已经在一些国家发生过，并引发了经济衰退。中国正处于产业升级的关键时期，面临此种风险的威胁也越来越大。所以，如何避免比较优势断档的风险，是中国未来产业升级过程必须解决的重大问题。

一　中国正面临比较优势"断档"的风险

中国已经跨入中等收入国家行列，今后的任务就是由一个中等收入国家向中高收入国家迈进，最终进入高收入国家之列。但在进入中等收入国家行列之后，中国要完成向中高收入国家转变，最终成为高收入国家的历史重任，必须实现比较优势的"突变"。一个国家如果进入比较优势突变期，则往往面临较大的比较优势"断档"风险。一些拉美国家在进入中等收入国家行列之前，经济发展势头十分强劲，但进入中等收入国家行列后，其发展势头受阻，经济出现衰退，出现了所谓的拉美病。对此，国内外已经有大量的研究，但从比较优势演化理论的角度分析，最根本的原因即在于出现了比较优势的断档。一些有着比较优势的产业在其他发展中国家的冲击下，失去了比较优势，新的具有比较优势的产业还没有形成，产生了比较优势的断档期。

随着中国经济发展水平的提高，工资成本、环境成本等必将上升。在劳动密集型产业，中国不得不面对来自低收入国家的严峻挑战。中国要想实现向高收入国家挺进的目标，必须创新比较优势，实现比较优势的突变，发展技术密集型、资本密集型产业，但在发展技术密集型、资本密集型产业过程中，中国将不得不面对发达国家发起的挑战。如果我们无法跨越这些挑战，中国的发展就会陷入比较优势的"断档"期，引发经济衰退。

中国比较优势的断档效应在局部上已经有所显现。进入 2008 年以来，中国经济增长速度放缓。这种放缓是多种因素作用的结果，短期的和长期的因素相互交织，既与中国 2008 年以来实施的宏观调控有关，也与中国局部地区比较优势断档有关。截至 2008 年 5 月份，中国规模以上企业收入超过 1000 亿元的广东、江苏、上海、山东、北京、浙江 6 省市，收入占全国比重为 73.6%，而 1~5 月，西部、东北、中部和东部四个地区规模以上工业生产增加值分别增长 19.25%、18.77%、20.84% 和 15.71%。上半年，东部地区工业增加值，除山东增长 18.5%、天津增长 21% 外，其他省市均低于全国工业增加值增长速度。这表明，在现行政策下，中国东部地区已经面临比较优势断档的压力。

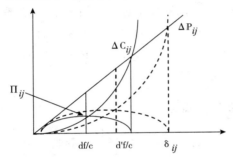

图 6-5　产业升级中的断档

比较优势断档的意义可以用图 6-5 加以说明。图中 ΔC_{ij}、ΔP_{ij}、Π_{ij}、δ_{ij} 分别代表从产业 i 升级到产业 j 的成本增加、价格增加、利润增加和产业升级的幅度。如果企业从事产业 i 已无利可图，且只具备跳到 df/c 处的能力，但政策和技术要求企业跳到 d′f/c 处，此时就会出现比较优势的断档现象。中国东部地区的工业增长率下降，其原因就在于，中央政府的各项政策要求各地企业升级到 d′f/c 处，但目前各地的大量企业只具备升级到 df/c 的能力，传统产业的发展在受到抑制的同时，缺乏新的后续接替产业。如为了解决资源环境问题，局部地区采取了腾笼换鸟战略，这种战略本身并无不当，但在实践中遇到的问题是，笼子腾出来了，新鸟却没有进来。这一问题产生的原因很多，如人民币升值、美国经济开始出现衰退等，但在相当程度上，我国在产业升级上步子迈得过大，与产业升级急于求成有关。在产业升级上步子迈得过大，急于求成，进一步加重了经济下滑的风险。

二　风险化解中的比较优势生命周期延长战略

如何有效化解东部一些地区业已显现的比较优势断档风险，防止由局部断档演化成全局性断档，是中国未来一个时期面临的一项最艰巨的任务。从短期看，可以通过空间布局的调整、合理的政策组合，延长比较优势的生命周期，减少比较优势突变的幅度。

第一，适度推进逆向外包，推进产业的全球化布局。亚洲一些国家经济发展上的成功引发了大量的理论研究成果，产生了各种各样的解释。在各种理论模式中，"雁形模式"理论就是其中比较有代表性的一种。

雁形模式最初聚焦于一国的产业兴衰，此后扩展到特定国家产业结构的变化和跨国的产业转移。根据这个理论，对于特定国家而言，其产业结构的变化会呈现出高度化趋势，新兴的产业比起被替换掉的产业，资本密集度或技术密集度更高，如日本的主导产业就是按照纺织、化工、钢铁、汽车、电子等产业发生顺序转变的。[①] 日本国内产业结构的这种转变，与亚洲地区的产业雁形转移模式相伴随，即在亚洲地区，其纺织工业中心按发展阶段出现了由日本向亚洲四小龙、向东盟、向中国的顺序转移过程。随着产业内分工的出现，这种转变同时表现为，低端环节顺序由日本向亚洲四小龙、东盟、中国等转移的过程。亚洲区域内发展不平衡为这种转移提供了条件，也正是这种转移，创造了亚洲奇迹。在产业升级过程中，中国应积极借鉴这一经验，把一些逐步失去竞争优势的环节转移出去，实行逆向外包，以充分利用其他国家的资源与成本优势，促进产业升级。

产品设计与制造的模块化可以为中国产业实施全球布局提供技术基础，对产品实施模块化设计、制造具有一系列的优势，包括：模块化因为降低对默会知识的依赖和可以充分利用分散的知识；模块化降低了知识的复杂性，降低了学习成本；模块化有助于降低技术创新的风险；模块化增加了创新的选择期权；模块化增加了产品的多样性；等等。发挥模块化的这些优势有利于中国产业保持竞争优势，但中国推进产品的模块化设计与制造的意义还不止于此，推进产品的模块化设计与制造可以为中国推进经济全球化战略提供技术支撑和实质性动力。

模块化不仅在技术上使产业的垂直解体成为可能，而且有效减少了垂直解体后产生的交易成本。科斯等在回答企业为什么存在这一问题时，其答案

---

① Ozawa 把纺织、服装称为赫克歇尔－奥林式劳动驱动型产业，把化工、钢铁称为资源与规模驱动型的斯密式无差异化产业，把汽车产业称为差异化的斯密式产业，把电子产业称为熊彼特式创新式产业，除此之后，Ozawa 还把信息加工与传输产业称为 Mcluhan 式的网络驱动型产业。

是因为市场存在交易费用，所以，交易费用的下降有助于市场边界的拓展。模块化使产品及其制造过程在技术上具有可分解性，但这种分解不一定产生产业的全球化布局。在技术上可行后，产业全球化布局的形成，还有赖于运输、通信成本以及机会主义交易费用的下降等（张其仔等，2007）。

鲍德温把交易费用区分为两种，一种为由机会主义和道德风险产生的交易费用，一种为一般性的交易费用（Mundane Transaction cost）。威廉姆森的理论著作对由机会主义和道德风险产生的交易费用给予了高度重视，一般性交易费用则受到相对忽略。按鲍德温的定义，一般性交易费用就是包括界定、计量、估价与补偿等的费用。对于整合型产品而言，由于构成产品的各个"要素"关联性很强，进而造成了设计、制造产品的各项任务之间的关联性很强，对双方责任、义务的分解极其困难，容易滋生机会主义。整合型产品是机会主义滋生的温床。企业是克服机会主义困扰的一种形式，缩短交易对象的空间距离，是克服机会主义的另一种形式，也就是企业的产业布局尽可能限制在一定的空间范围之内，这有助于减少双方互动的成本，提高双方互动的可能性，对合同的不完全性起到补充作用。模块化降低了设计产品、制造产品等各项任务的关联性，使交易双方的责任、义务分解更为容易，从而导致一般性交易费用的降低，有助于降低为抑制机会主义而带来的成本，不仅会推动产业垂直解体现象的出现，也会推动产业布局的分散化（2007）。

第二，调整国内产业空间布局，实施梯度升级战略。一个国家最终要保持持续的竞争力和长久的经济增长活力，就需要以技术进步作为支撑。不同企业、不同地区和不同产业的技术创新能力是不同的，相对而言，中国大型企业和东部地区的企业技术能力比较强，所以，中国应率先对大型企业、东部地区以及技术优势较强的产业实现升级，为下一轮的产业升级奠定基础。政府要采取措施鼓励中西部地区做好东部地区产业转移的承接工作，鼓励中小企业做好大型企业产业转移的承接工作。通过这种空间布局和产业组织结构的调整，我国就可以从整体上防止比较优势断档现象的出现，为进一步产业升级争取时间，积累资源，避免全局性的"产业空心化"。

第三，科学选择政策组合以及政策出台时机。为了促进产业结构的优化与升级，中国采取了一系列政策措施。这些政策措施从长期看都是十分必要的，但如果政策出台的密集度过大，时间过于集中，就会对中国的经济增长在短期内产生压力。为了避免新出台的政策对企业造成过大冲击，就要科学选择政策出台时机和政策组合。把各种政策对企业经营带来的压力分散到不同时期，使企业有相对充足的时间，调整其生产经营活动，以适应新的政策需要；在政策组合上，要实行有扶有压的政策，在对一些产业采取限制发展措施的同时，对一些代表未来发展方向的产业要出台扶持政策，支持其发展，以充分抵消各类限制政策对经济增长带来的负面影响。

三　风险化解中的开放式创新战略

要化解比较优势断档的长期风险，中国的产业升级还必须在充分利用自身既有优势的条件下，实施开放式创新战略。发达国家已经开发了一系列前沿技术，中国的目标是要追赶这些发达国家。所以，在中国实施开放式创新，也是一种后开放式创新。

后创新战略是 Ernst 在研究亚洲国家电子产业发展经验后提出来的。在他看来，亚洲国家在电子行业的发展已经超出一般创新理论的预期，作为后来者，亚洲国家在电子产业的国际竞争中，已经运用后创新战略，加入了国际创新竞赛的行列，并成功实现了后创新。出口导向型工业化出现报酬递减、外部冲击的影响、对电子行业中经济势力过于集中于美国的忧虑、中国的崛起引起其他国家传统竞争优势的下降等，推动了亚洲电子行业的后创新战略的兴起（Dieter Ernst，2004）。

开放式创新这个概念是由美国加州大学伯克利分校的 Henry Chesbrough 提出的，他用"开放创新"呼吁公司注意来自他们自己的研发组织之外的能让公司使用并受益的创意和实践，呼吁公司应对外界的创新更加"开放"（经济发展委员会数字连接理事会，2006）。开放式创新与封闭式创新根本不同，它承认任何一个企业不可能把世界上所有最优秀的人才都招入企业，创新从网络中产生。这一理念对于一个国家而言，也具有适应性。任何一个国家不可能招揽所有的优秀人才，一个国家要处于国际创新的最前沿，就必须利用国际科技资源，建立全球创新网络，实行开放式创新战略，这对于发展中国家来说尤其重要。

从创新体系功能的角度可以将创新体系分为区域创新体系、部门创新体系、国家创新体系和全球创新体系（刘琼、廖洁，2005）。在各类创新体系中，中国对国家创新体系、区域创新体系与部门创新体系比较重视，尤其以对区域创新体系的重视为最。相比之下，对全球创新体系的重视则远远不够。党的十七大提出，在建设创新型国家过程中，要充分利用国际科技资源。这可以视为中国将迈向建设全球创新体系的重要信号。实施后开放式创新就是要建立全球性的创新体系。

　　产业模块化为中国建立全球性的创新体系、实施后开放式创新战略提供了可能性。模块化不仅使加工组装变得越来越容易，使跨国公司把加工组装环节转移出去，而且还有促进知识外包的作用。模块化需要实现知识共享，需要利用分布式知识；模块化有利于防止模块内部的知识外溢，具有保护知识产权的作用；这些都促使越来越多的跨国公司开始实施开放式创新，推出知识外包，或通过其他企业把自身难以利用的知识产业化。模块化使跨国公司不仅把加工组装环节转移出来，还进一步转移了价值链中附加值更大的研发设计、采购、营销、服务等环节，使经济资源进一步外部化。这为中国利用全球科技资源、参与全球知识创新网络提供了新的机遇（张其仔等，2007）。

参考文献

　　彼德·迪肯：《全球性转变：重塑 21 世纪的全球经济地图》，商务印书馆，2007。

　　金碚、李钢、陈志：《关于加入 WTO 以来，中国制造业国际竞争力的实证分析》，《中国工业经济》2006 年第 10 期。

　　经济发展委员会数字连接理事会报告：《开放标准、开放源代码、开放创新》，2006。

　　林毅夫：《潮涌现象与发展中国家宏观经济的重新构建》，《经济研究》2007 年第 1 期。

　　刘琼、廖洁：《区域创新体系政策研究》，《商场现代化》2005 年第 11 期（下）。

　　杨汝岱、姚洋：《有限追赶与中国经济增长》，北京大学中国经济研究中心工作论文，2007。

　　尹宇镇：《韩中制造业的竞争力》，《中韩制造业发展的互补与竞争关系研讨会论文》2007 年 9 月 18 日。

　　张其仔等：《模块化与中国的产业升级战略》，中国社会科学院 B 类课题"产业结构的模块化问题研究"最终报告，2007。

　　张苏：《新国际分工理论述评》，《教学与研究》2007 年第 1 期。

　　周晓燕：《模块化与产业链的优化升级》，载《模块化与中国的产业升级战略》，中国社会科学院 B 类类课题《产业结构的模块化问题研究》课题报告，2007。

　　Bin Xu, *Measuring the Technology Content of China's Exports*, Working paper, China's Europe International Business School, 2007.

C. A. Hidalgo, B. Klinger, A. – L. Barabási, R. Hausmann, *The Product Conditions on the Development of Nations*, Science, 2007, (317).

Dieter Ernst, *Late Innovation Strategies in Asian Electronics Industries – A Conceptual Framework and Illustrative Evidence*, Prepared for the Special issue of Oxford Development Studies in Honor of Linsu Kim, 2004.

Ernst, D, *Global production network and Industrial Upgrading – knowledge – centered Approach*, East – Wester Center Working Paper: Economic Series, 2001.

Frobel, F., Heinrichs, J., and Kreye, O, *The New International Division of Labour*, Social Science Information, 1978, 17 (1).

Gary Gereffi, *A Commodity Chains Framework for Analyzing Global Industries*, Duke University Working Paper, 1999.

Gereffi, G, *International Trade and Industrial Upgrading in the Appareal Commodity Chains*, Journal of International Economics, 1999, (48).

Humphrey J. and Schmitz H, *How does Insertion in Global Value Chains Affect Upgrading in Industrial Cluster*, Regional Studies, 2002, 9 (36).

Humphrey, J., Schmitz, H, *Governace and Upgrading: Linking Industrial Cluster and Global Value Chains Research*, IDS working paper, No. 12, Institute of Development Studies, University of Sussex, 2000.

Indermit Gill Homi Kharas, etc, *An East Asian Renaissance: Ideas For Economic Growth*, The World Bank Report, 2007.

John Humphrey, *Upgrading in Global Value Chains*, Working paper No. 28, Policy Integration Department World Commission on the Social Dimension of Globalization International Labour Office, Geneva, 2004.

Kugler, Stein and Wagner, *Product Space, Product Quality and the Emergence of New Export Sectors*, PPT for Economic Department Seminar of Wesleyan University seminar, 2007.

Luthje, Boy, Electronics Contract Manufacturing: *Global Production and The International Division of labor in the Age of The Internet*, Industry and Innovation, 2002, (3).

M, Carliss Y. Baldwin, *Modularity, Transactions, and the Boundaries of Firms: A Synthesis*, Working paper for Harvard Business School, 08 – 013, 2007.

Peter K. Schott, *The Relative Sophistication of Chinese Exports*. Yale School of Management & NBER, December 2006.

Ricardo Hausmann, Bailey Klinger, *The Structure of the Product Space and the Evolution of Comparative Advantage*, CID Working Paper No. 146, 2007.

Rodrik, Dani, *What's So Special about China's Exports?*, NBER Working Paper 11947, 2006.

Schmitz, H. , Knorringa, P. , *Learning from Global Buyers*, Journal of Development Studies, 2000, 137 (2).

Terutomo Ozawa, *Asia's Labcr - Driven Economic Development*, *Flying - Geese Style*：*An Unprecedented Opportunity for the Poor to Rise?*, APEC Study Center, Colorado State University, Discussion Paper No. 40, 2005.

T. Sturgeon, *Turn - key Production Networks*：*A New American Model of Industrial Organization?*, Berkeley Roundtable on the International Economy, BRIEWP92A, 1997.

第 7 章

潜在比较优势产业的甄别

一个国家的工业化或现代化，必然会体现为结构的变迁。政府要在结构变迁中发挥作用，企业要成为经济增长的成功推动者，其前提是政府、企业能甄别结构变迁的方向，找出不同时期最有潜在比较优势的产业（林毅夫，2012，pp. 204）。但发现潜在的比较优势产业并非是一项可轻松得以完成的工作，经济学虽然不断地致力于对此提出一些工具和方法，[①]但长期以来仍不能为经济实践提供细致、具可操作性的指导。近年来，此种局面有所改观，经济学在潜在比较优势产业的识别研究上获得了很大突破。

林毅夫在世界银行工作期间，与其同事合作提出了增长机会甄别和因势利导框架，简称 GIFF 框架。这个框架对发展中国家产业选择的重要指导之一，就是选择那些人均收入相当于自身 2 倍左右、资源禀赋大致相同国家的产业结构作为追赶对象，把为私营企业发现并成功得以发展的产业纳入潜在比较优势产业集合（林毅夫，2012，pp. 107，pp. 203 – 238）。GIFF 框架的开创者虽然为这一框架开展过案例研究，展示了这一框架应用的具体步骤，但因为这一框架要评估国家与国家之间资源禀赋的相似，所以，不可避免地要遭遇如何评估资源禀赋这一难题。如果简单地用资本或劳动要素的相对丰富程度作为评估依据，就会遭遇"具有近似的资源和要素禀赋，然而却擅长生产不同类型的产品"（丹尼·罗德里克，2012）这样的挑战。这一框架

---

① 这些工具和方法包括比较优势理论、主导产业理论、进口替代理论、模仿理论等。

要求一个国家盯住先行者，很多发达国家因为其发展水平已经位居前列，所以，GIFF 框架即便能很好解决资源禀赋相似性评价的难题，也难以对发达国家提供指导，因而只能是指导发展中国家产业选择的框架。

近年来兴起的潜在比较优势产业发现的另一种理论，就是哈佛大学豪斯曼（R. Hausmann）和巴莱（Bailey Klinger）、海德尔格（C. A. Hidalgo）提出并加以发展的产品空间理论（Hausmann，Ricardo，Bailey Klinger，2006；Hausmann 等，2007）。这一理论从 2006 年被提出迄今，已有不少学者、国际机构将其用于特定国家或地区结构转型与产业升级的研究（Arnelyn Abdon Jesus Felipe，2011；Connie Bayudan－Dacuycuy，2012；Andreas Reinstaller，等，2012）。国内将这个理论应用于指导中国产业升级实践的研究始于 2008 年（张其仔，2008；曾世宏、郑江淮，2008），此后相继出现了为数不多的对于此理论的评述和力图运用这个理论解释中国产业升级的论文和报告。但既有文献关注得较多的是如何运用产品空间理论去测度经济的复杂性，进而估计其影响（伍业君、张其仔，2011；伍业君、张其仔，2012；张其仔、伍业君、王磊，2012；伍业君、张其仔、徐娟，2012）；国内外虽有少量文献力图运用产品空间理论去发现中国产业潜在的升级机会，因数据的原因，其运用上存在一定的局限性，如对产品的邻近性采用了替代性算法（曾世宏、郑江淮，2010）；用局部产品空间代替全局产品空间（万金、祁春节，2012）；对影响潜在比较优势产业选择的邻近性阈值缺乏必要的讨论；对未来产业的演化仅进行一期模拟（张其仔等，2013）等。本书力图在克服上述局限性的基础上，以最新的全球贸易数据为基础，在重新构建全球产品空间的基础上，对中国潜在产业升级机会进行识别。

第一节　全球产品空间与产品空间的异质性

产品空间理论把一个国家产业升级的机会定义为能力的函数。生产新的产品、转型到新的产业，是由现有生产能力决定的。所以，科学地识别一国的能力，成为发现潜在比较优势产业的关键要素。产品空间理论的成功很大程度上取决于这个理论成功地解决了这一难题。

最为古老的指导一国产业选择和能力发现的理论就是比较优势理论。这个理论要求一个国家按其比较优势选择产业。这个理论就其早期版本而言，在经济全球化日益深化的时期，难以令人信服地解释国际贸易和全球产业分工中发生的现象。为了应对此种挑战，该理论做出的回应之一，就是把越来越多的要素纳入比较优势考虑的范畴之中，这种拓展虽然可以更多地解释国际贸易中的一些现象，但也使比较优势理论在指导各国的产业选择实践上更难以发挥操作性作用。决定一国生产什么或不生产什么，可能取决于很多要素，当起作用的要素越来越多时，决策者做决策的难度就越来越大，理论研究虽然可能找出一系列决定性因素，但未必可以穷尽各种因素，容易陷入是什么决定一国比较优势的无休止争论的旋涡。

产品空间理论发现各国能力的方法与经典的比较优势理论不同。经典的比较优势理论是通过要素，也就是通过投入去发现一国的比较优势和能力的，产品空间理论则强调从产出角度发现一国的能力和比较优势。不同国家的能力可以用产品空间加以测量。一国当前生产的产品反映了一国所具备的生产能力，[①] 所以，在产品空间理论看来，不同国家在产品空间结构中的位置决定了一个国家产业升级的方向、路径以及未来经济增长的绩效。一个国家产业升级具备什么样的升级机会，可以从现有产品空间结构找到。这一操作性的方法可以有效避免从投入方面分析一国究竟具有什么比较优势的复杂争论。

既然一国的能力可由产品空间来测量，那么运用产品空间理论去识别一国的产业升级机会，首先就需要构建一个产品空间。产品空间由所有可能被生产出来的产品以及产品间的关系构成。所谓产品间的关系就是指不同产品之间所需生产能力的相似性，这种相似性在操作层面，可用产品间的邻近性进行测量。当产品 A 和产品 B 与产品 A 和产品 C 相比较，在更多的国家同时进行生产时，那产品 A 和产品 B 二者的关系，相对于产品 A 和产品 C 二者的关系，就可以定义为更具邻近性。潜在比较优势产业或产品必须满足一定的邻近性特征。

建立产品空间的目的就是要找出所有的可生产的产品全体的集合。潜在的比较优势产品的识别，就是要从这个产品全集中找出满足特定条件的产品子集。很显然，产品全集所包含的产品种类越多，潜在比较优势产品集就可能越准确。理论上而言，产品全体的集合，既要包括现有的产品，也要包括

[①] 用产出来反映一国的比较优势的传统，可以追溯到 B. Balassa 最早提出显性比较优势的时代（1963）。

未来的产品，但未来产品还没有生产出来，所以，在具体操作过程中，所谓的产品全集只包括现在已经生产出来的产品。由于全球生产出来的产品种类是不断变化的，所以，这一集合也要随之不断更新。为了对中国潜在比较优势产业进行识别，根据数据的可获性，我们以 2009～2011 年的贸易数据构建了全球产品空间，包括了 3118 类可贸易产品。

豪斯曼、海德尔格提出的能力理论，虽然也被他们冠之比较优势理论的名称。他们称之为比较优势演化理论，但这种理论与其他被称为比较优势理论的理论不同。其他的比较优势理论有一个基本假定，就是产品空间的均质性，就是产品与产品之间的"距离"相等。在经济增长理论的各类模型中，有一类被称为产品种类扩张模型，专门研究产品种类增加对经济增长的影响。这类模型假定了产品空间的均质性（罗伯特·J. 巴罗、哈维尔·萨拉伊马丁，2000，pp. 198 – 216）。但可以设想，如果产品空间不存在异质性，生产不同产品所需的生产能力就没有差异，对一个国家而言，下一期生产这种或那种产品并无差异，因而可以随机选择，研究上也就无法用产品空间方法去识别国与国之间的能力差异。产品空间的异质性是产品空间理论得以成功应用的前提。

豪斯曼等人提出产品空间理论，是建立在他们对产品空间的真实研究基础之上的。他们利用范恩斯特拉（R. Feenstra）、利普塞（H. D. Lipsey）等人构建的 1962～2000 年世界贸易数据库，构建了全球产品空间图，包括775 种产品类型。他们通过构建的全球产品空间图发现，产品空间图呈现出中心—边缘模式，就是一些产品与另一些产品相比，其周边显得更加稠密；一些产品与另一些产品相比，其周边显得更加稀疏，全球产品空间具有不均匀性。对于这样的结论，从研究的角度可以提出两点质疑，一是他们得出的结论，是否只适用于某些特殊时期？二是如果运用真实的生产数据，产品空间的异质性是否会消失？运用产品空间去识别一国的生产能力，最好的方法就是用产品的生产数据，但因为全球各国产品生产的详细数据不可得，所以，只能退而求其次，用产品出口数据替代。对此，可以提出的质疑是，如果用产品生产数据得到的产品空间图，产品空间的异质性这一性质是否依然存在？

为了解决第一个质疑，我们用与豪斯曼等人分析全球产品空间图时同样的方法、不同的数据重新构建了全球产品空间图。图 7 – 1 使用的是联合国商品贸易统计数据库（UN comtrace Database）绘制的 1992～1994 年、1999～

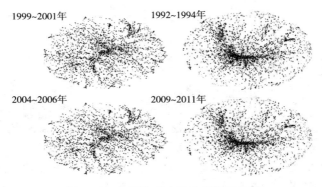

1999~2001年　　　　1992~1994年

2004~2006年　　　　2009~2011年

图 7-1　各期全球产品空间结构比较

2001 年、2004~2006 年和 2009~2011 年的全球产品空间图。为减少不同
年度的意外波动，各图是通过计算各期产品的平均邻近性加以构建的。图
7-1 描绘的产品空间网络呈现出显著的中心—边缘特征，如果在图中的
节点上标出具体的产业名称，则还可以发现，机电、化学和仪器仪表等高
端制造业产品位于中心，农牧渔产品和矿产采掘等初级产品位于外围。①
比较各期的产品空间图，不难发现，虽然不同时期的产品空间的连通性有所
变化，但产品空间的异质性特点一直没有消失。

　　为了解决第二个质疑，最科学的方法是搜集全球各国的产品生产数据，
并以此为基础，重新计算各种产品之间的邻近性，并构建全球产品空间图，
但这在目前是不现实的，所以，我们只能退而求其次，尝试用中国的产品生
产数据计算各种产品的邻近性，画出中国的产品空间图。图 7-2 就是依托
2006 年中国工业企业数据库以省为基础计算每种产品平均邻近性的基础上
画出的，横轴为每一种产品的编号，纵轴为产品的平均邻近性，等于某产品
与所有其他产品的邻近性之和除以产品的种类数。如果产品空间是均质的，
那么，图 7-2 中的各柱形的高度就会一致，但图 7-2 中的各柱形却呈现高
低不一致的形态。它表明的是不同的产品，其平均邻近性不同，邻近性最高
的产品，其平均邻近性为最低产品的近 20 倍，所以，与此相对应的产品空

---

①　产品空间图中，以国际贸易标准分类（修订 3）（SITC rev3）的 5 位码产品作为节点，以
　　产品邻近矩阵中的元素，即产品两两之间的邻近度为基础，构建节点之间的连接（边）。
　　为体现所有产品之间有效连接，首先绘制连接所有产品节点的最大生成树，在此基础上
　　取邻近度大于特定阈值（0.55）的边，加入最大生成树中，形成最终的产品空间图。构
　　成最大生成树必需的边以外的、小于特定阈值的邻近度暂不加以考虑。

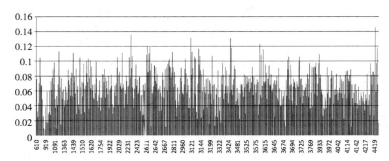

图 7 - 2　中国不同产品邻近性的比较（基于省级生产数据绘制）
注：横轴为产品分类号。

间图必然具有异质性。如果根据产品的邻近性画出产品空间图，再在节点上标出产品的名称，对图 7 - 1 中的节点都标上名称，我们虽然会发现，这两个图的连通性、同样产品的空间位置有所不同，但仍然呈现出中心—边缘的异质化的格局。这个例子表明，用生产数据重新构建产品空间，也不会改变产品空间异质性这一基本特征，这就保证了用产品空间去识别潜在比较优势产业和产品的可行性。

第二节　潜在比较优势产业的筛选

一　潜在比较优势产业筛选的三个原则

根据产品空间理论，从中国现有比较优势产品出发，其最有潜在比较优势的产品，应是在产品空间中与其邻近性最高的产品，因为这两种产品生产所需能力差异最小，从此种产品跳到彼种产品，升级的成本最小。在两种产品价格既定的情形下，企业所获利润最大（张其仔，2008）。这是总的指导原则。在具体操作上，何种邻近度的产品和具有同等邻近度的产品中何者应进入潜在比较优势产业集合，则需要通过以下三个原则的检验。

第一，目前不具有比较优势，就是显性比较优势指数小于1。从显性比较优势上对产品进行分类，可以分为具有显示比较优势的产品和不具有显示比较优势的产品，一种产业在邻近度上需要符合潜在比较优势产业的要求，但如果已经属于有显示比较优势的产业，就不能再进入潜在比较优势产业集。

第二，目标产业的技术含量高于演化起点产业的技术含量。目标产业就是要寻找的具有潜在比较优势的产业，起点产业就是当期具有比较优势、与具有潜在比较优势产业的邻近度符合要求的产业。从比较优势演化的趋势看，一个国家的经济要不断发展，其产业演进的方向应是从相对技术含量低的产品向技术含量高的产品演进，所以，根据产品邻近性原则选择出来的具有潜在演进潜力的产品集中，将比原有产品技术低的产品删除掉较为合理。就理论上而言，产业演化也可能会出现从高技术含量向低技术含量退化的情况，但这种变化无须新的能力建设，会造成能力闲置，所以，从企业的角度而言，除非经济发生重大衰退，否则就不可能做出这种决策。

第三，邻近性阈值。筛选潜在比较优势产业需要设定企业的临界跳跃距离，也就是需要设定邻近性阈值。任何两种产品，都可能计算临近性，差别只在于邻近性程度不同，有的较强，有的较弱或显著偏弱。因此，如果不对邻近性设定阈值，那么，一种与当期有比较优势产业可能根本谈不上有什么邻近性的产业，也可以被划入潜在比较优势产业之列。这一操作须假定，企业具有无限的能力，从而可能实现任何跨度的惊险一跳。如果这一假定合理，潜在比较优势产业的筛选操作就变得毫无意义，因为在这一假定下，任何产业对企业而言都是可达的，唯一约束的是需求，这显然不合理。所以，一个产业在满足了上述两个条件后，还需要通过邻近性程度的测验。我们在识别潜在优势产业时，需要确定一个邻近性阈值。

产品之间的邻近性也可以用能力距离加以定义。如果把两种需要完全不同的专用能力生产的产品的能力距离定义为1，那么需要某种相似能力生产的两种产品，其能力距离可定义为1与邻近性值的差。所以，确定一个邻近性阈值，也可能理解为一个国家和企业在产业升级中需要跨越的能力距离，我们把产业升级需要跨越的能力距离，也定义为产业升级幅度。

二　不同阈值条件下产业升级机会的比较

为了运用潜在比较优势产业筛选的三个标准确定潜在比较优势产业集合，我们利用 2000～2011 年的全球产品贸易数据库，计算中国不同产品各年的显性比较优势指数，然后将其进行平均，如果其值小于1，就可以进入潜在优势产业的备选集。根据这个标准筛选出来的潜在优势产业集合，因为是无向的，所以必定包括部分比演化起点产品技术含量较低的产品，为此必须利用产品的技术含量指标进一步缩小潜在比较优势产业的种类。

　　为了识别产品技术含量的高低，豪斯曼等（2007）提出了 PRODY 测度指标。本书也采用这个方法衡量产品的技术含量。在计算 PRODY 时，出口商品数据源于联合国商品贸易统计数据库（UN Comtrade Database），各国的人均 GDP 数据源于世界银行世界发展指标数据库，以美元 2000 年不变价格计。对潜在优势产业的筛选的基准是 1999～2011 年平均 PRODY。利用这一标准将 PRODY 小于演化起点的产品加以排除。

　　根据显性比较优势指数和技术含量的高低筛选出来的潜在比较优势产业，需要进一步根据邻近性进行筛选。用这个标准进行筛选时所面临的难点在于临界距离的确定。既有的研究都是在假定一定跳跃距离的基础上进行的（Connie Bayudan – Dacuycuy，2012，pp. 59 – 66），但对于这种假定是否合理？用什么标准去进行判断其合理性？可以用两个标准加以判断，一是要看这样的跳跃会不会对经济增长造成重大冲击，二是看这样的跳跃和国际上其他国家相比是否过大或过小。

　　阈值的设定对于预测中国潜在优势产业有着直接影响。图 7 - 3（a）和图 7 - 3（b）是用不同方式表达的不同阈值条件下中国潜在优势产业种类的变化。图 7 - 3（a）的横轴代表的是不同的阈值，纵轴代表的是潜在优势产业种类，所以，图中曲线代表的是处于同一演化阶段潜在优势产品的种类。图 7 - 3（b）横轴代表的是产业演化的期数，纵轴代表的是潜在优势产业的种类，图中曲线代表的是同一阈值下不同产业演化阶段潜在优势产业种类的变化。从图 7 - 3（a）和图 7 - 3（b）可以发现产业演化的饶有趣味的一个特点就是，从变化趋势看，0.5 俨然是一个拐点，越过此点，阈值增加挤出的潜在优势产业种类随之成比例下降。

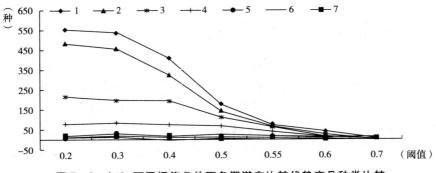

图 7 - 3　（a）不同阈值条件下各期潜在比较优势产品种类比较

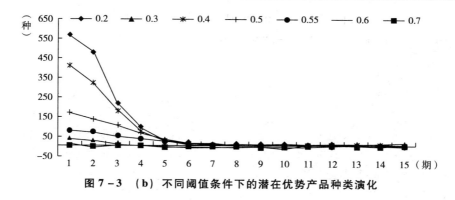

图 7－3　（b）不同阈值条件下的潜在优势产品种类演化

从数量上看，如果产业升级幅度被设定为 0.2，则潜在优势产业种类是 1400 多种，阈值被设定为 0.55，则潜在优势产业为 270 种，如设定为 0.5，潜在的优势产业数量就增加到 522 类，超过 0.6 则中国具有潜在比较优势产品基本消失，如果超过 0.7，则中国将不再有潜在优势产业的存在。如果假定经济增长与产品种类呈线性关系，那就意味着，要维持同样的增长，让企业跨过 0.5 这一阈值所达到的潜在优势产业，平均每个产业新增加的产出要相当于阈值 0.2 时的 1.6 倍，把阈值设定为 0.55 时，则增加到了 4.2 倍。邻近性是产品间相似的一个量度，随着邻近性增加，产业的平均产出被要求增加的这一趋势表明，在同样升级幅度前提下，产品越多样化，经济就越能保持一个较快的增长速度，产业升级对邻近性的要求越高，产品的多样化程度就越低，依靠产品种类增加支撑经济增长的基础就较弱。把产业升级幅度选定为 0.5，可以较有效地维持中国产业多样化的特性。

比较不同邻近性阈值下的产业机会不仅要比较其潜在比较优势产业的种类，而且还要考察其结构。把潜在优势产业识别时的邻近性阈值设定为 0.5，不仅有助于维持中国产业多样化的优势，更为重要的是，它包括了很多传统产业、属于产品空间边缘部分的产业。分产业考察，通过小距离跳跃既能实现产业升级的多数为化工、机电、仪器仪表行业。如把邻近性阈值设定为 0.55，能进入潜在比较优势产业名录的属于机电、化工、仪器仪表等行业的产品，占到 55% 左右。大量的劳动密集型产业、农业、原材料行业都被排除在外。把邻近性阈值设在 0.5 这类产业将被大量纳入潜在比较优势产业的范围。从中国未来产品空间图的演化看，随着邻近性阈值的提高，产品空间的边缘部分会变得越来越稀疏，中间会变得越来稠密。当邻近性阈值被设定为 0.65 时，产品空间的中心部分与邻近性阈值为 0.5 时相比，也出现了稀疏化（见图 7 - 4）。

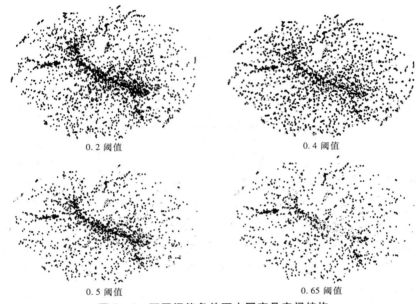

0.2 阈值　　　　　　　　　　　0.4 阈值

0.5 阈值　　　　　　　　　　　0.65 阈值

图 7 - 4　不同阈值条件下中国产品空间结构

注：此图是将中国的产品空间图嵌入全球产品空间图上形成的，图中颜色较深的点代表的是中国有比较优势的产品。

为了研究中国在筛选潜在比较优势产业时设定何种邻近性阈值较为合理，我们对全球 158 个国家按不同阈值进行产业升级时的后果进行了模拟，结果如图 7 - 5。图 7 - 5 横轴代表现有比较优势的产业种类加潜在优势产业种类数，纵轴代表的是国家数量。从图 7 - 5 不难看到，当阈值为 0.2 时，大多数国家的潜在优势产品加上现有优势产品的数量超过 2000 种，当阈值为 0.5 时，绝大多数国家的优势产品集合在 500 到 1200 之间，如果阈值为 0.55，则大多数国家的优势产品集合都会在 500 种以下，有不少国家则在 100 左右。在阈值为 0.5 时，图形呈现为我们常见的钟形形态。而令人惊讶不已的是，0.5 阈值同样是发达国家如美国的拐点（见图 7 - 6）。所以，对全球而言，为了保持稳定增长，总体而言，也要实现邻近性为 0.5 左右的产业升级，也就是要跨越阈值为 0.5 的能力距离。对中国而言，为了稳定增长，就其最低平均水平和短期而言，至少需要跨越 0.5 这个能力距离。

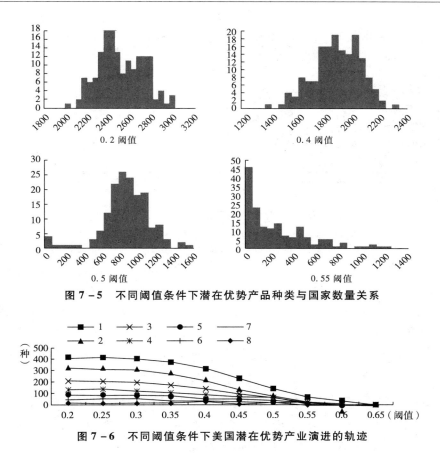

图 7 - 5　不同阈值条件下潜在优势产品种类与国家数量关系

图 7 - 6　不同阈值条件下美国潜在优势产业演进的轨迹

三　中国潜在产业升级能力的评价

　　国家间的产业升级能力差异，首先表现在潜在优势产业的种类上，一个国家的潜在优势产业种类越多，产业升级的能力就越强。图 7 - 7 是中国的产业升级潜力与全球平均水平的比较。图 7 - 7 表明，中国现有优势产品种类数大大高于全球平均水平，但中国产业演进的潜力并没有明显优势。中国具有可演进潜力的产品种类数在邻近性阈值低于 0.5 时，要低于全球平均水平，高于 0.5 才开始与全球平均水平接近。

　　国与国之间产业升级能力的差异，不仅表现为潜在优势产业数量上的差异，而且还表现在产业升级的可持续性上。不同的产业、不同的国家因为技术能力的差异，可实现不同距离的跳跃。这里跳跃距离包括两层含义。一是指产品之间的差异性，用邻近性测量。产品空间的差异越大，实现产品之间

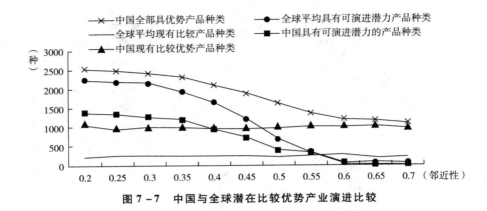

图 7-7　中国与全球潜在比较优势产业演进比较

跳跃所需的距离就越大；二是跳跃的步数。从图论的角度而言，每个产品相当于图中的一个节点，所谓跳跃的步数，也就是从一种产品升级到另一种产品所需要经过的节点数，也就是本书所称的演化期数。具有可演进潜力的产品数量可作为潜在优势产品种类的一个测度，产业可演进期数可作为产业升级可持续性的一个测度。

和全球水平相比，中国产业可演进的期数直到邻近性阈值超过 0.6 才与世界持平（见图 7-8）。中国与发达国家相比，中国在可演进的产品种类上并不处于劣势，但在产业演进的可持续能力上却不占优，只有当发达国家的产业升级动力极低时，就演进的可持续性而言，中国才能与发达国家相当，在图 7-8 中的表现，就是邻近性阈值很高。

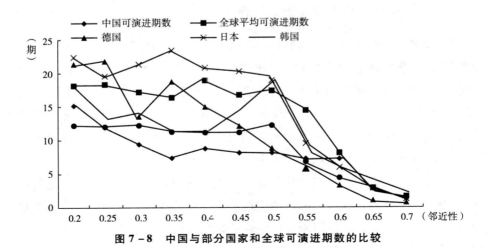

图 7-8　中国与部分国家和全球可演进期数的比较

中国与发达国家相比，不仅潜在优势产业可演化的期数较少，而且到一定时期后，潜在优势产品的种类也开始处于劣势，这可以通过中美之间的对比加以证明。表 7-1 列出了中国不同阈值条件下不同时期潜在比较优势产业的种类。如果把产业的跳跃距离划分为大、中、小三种，把阈值超过 0.55 以上定义为小距离，0.35 到 0.5 为中距离，0.3 以下为大距离，那么，中国的产业升级只需实现小距离跳跃的近期有 77 种，远期有 270 种；需实现中距离跳跃的近期有 410 种，远期有 947 种；需实现大距离跳跃的近期为 72 种，总计各期为 190 种。从数量上看，中国能实现中距离跳跃的产业占大多数。表 7-2 列出了不同阈值条件下美国潜在比较优势产业种类的演进。从表中可以看出，美国产业升级通过大距离跨越就能实现的产业近期有 43 种，远期也不过 187 种；通过中距离跳跃即能实现产业升级的产业，近期为 312 种，远期为 952 种；通过小距离跳跃即能实现产业升级的产业，近期为 63 种，远期为 131 种。由此可见，与美国相比，中国在可演进的产品种类上并不处于劣势，但在产业演进的可持续能力上却不占优，如中国与美国相比，产业在演进到第 4 个周期后，美国的潜在优势产业的种类数开始超越中国（详见表 7-1 和表 7-2）。

表 7-1　中国不同阈值条件下的产业演进

演进期	0.2	0.25	0.3	0.35	0.4	0.45	0.5	0.55	0.6	0.65	0.7
1	559	556	539	487	404	282	167	77	33	4	1
2	481	476	461	410	329	232	136	74	25	3	0
3	213	209	190	199	192	160	109	57	11	0	0
4	77	74	78	84	71	70	62	36	3	0	0
5	23	24	32	26	24	23	26	19	1	0	0
6	15	15	15	8	8	11	12	5	2	0	0
7	12	8	11	3	5	6	8	2	2	0	0
8	2	5	5	0	1	1	2	0	0	0	0
种类总计	1407	1376	1333	1217	1035	785	522	270	76	7	1

企业或政府也可选择产业升级的步数，实现跨越式升级。一个明显的趋势是实现跨越升级的幅度越大，可发展的潜在比较优势产业的种类数就越小，产业升级的机会就会迅速缩减。如在阈值为 0.2 的情形下，如果产业升级幅度定义为 1，相当于表 7-1 中的演化期数，那么，可发展的潜在比较

优势产业的种类就是 559 种，如设定为 2，则下降到 481 种，设定为 4，可发展的潜在比较优势产业种类就下降到 77 种（见表 7 - 1），如果没有新的能力的拓展，产业升级的机会就会很快发掘殆尽。美国如果采取跨越式升级策略，设定产业跳跃步数为 2 步、3 步、4 步等，其产业升级的机会也会出现衰减，但总体而言，衰减程度弱于中国（见表 7 - 2）。

表 7 - 2   美国不同阈值条件下潜在比较优势产业演进

演进期	0.2	0.25	0.3	0.35	0.4	0.45	0.5	0.55	0.6	0.65	0.7
1	418	416	400	375	317	232	140	63	27	5	1
2	317	318	311	272	214	143	76	33	11	2	0
3	209	203	193	171	141	90	61	19	1	1	0
4	132	127	122	105	90	60	40	8	1	0	0
5	84	75	78	71	49	46	23	4	0	0	0
6	43	49	42	38	30	32	28	4	0	0	0
7	23	22	22	23	24	22	17	0	0	0	0
8	11	15	14	15	23	13	12	0	0	0	0
种类总计	1270	1233	1201	1083	900	652	408	131	40	8	1

一个国家的产业升级能力会受一国采取何种升级策略的影响，但中国产业可持续跳跃的能力，无论何种模拟情景都不容乐观。对中国产业未来演进模拟可以发现一个需要高度重视的现象，就是无论中国初始期选择何种策略，产品演进到第 4 期之后，阈值在 0.5 以下的策略，其潜在比较优势产品的数量都开始接近。所以，届时要继续保持较快的增长速度，取决于新产品的出现，以及中国能否在新产品的生产上具有比较优势。如果届时全球的产品生产集扩充了，中国跟不上全球创新的步伐，中国的经济增长就会出现问题。如果对全球的创新能力持乐观态度的话，那么，决定性的因素是中国如何在未来的新产品创新与生产中赢得比较优势，这就需要能力的积累。就维持当前的经济增长而言，中国选择实现邻近性为 0.5 左右的产业升级目标较好，但从长远看，让中国的产业升级跟上全球的步伐也是必要的，可持续的经济增长要求中国能力的积累不能慢于全球平均水平，根据中国在世界竞争格局中的位置，在现阶段让产业升级幅度大一些，使其高于全球平均水平是较好的选择。这里指的让产业升级幅度大一些，不仅仅是指高新技术产业，而且包括传统产业、劳动密集型和资源密

集型产业。

四　对识别结果的进一步讨论

对于依据现有产品空间对潜在优势产业进行甄别所得到的结果有没有意义或者说有没有价值呢？要回答这个问题虽然并不容易，但我们还是力图通过两种方法，为这个问题找到初步的答案。一种就是要比较我们所预测的演化方向是否符合经济发展的总体方向；另一种就是要分析所预测产品近几年显性比较优势的走向，以考察这种方法新的价值及其合理性。

中国的人均 GDP 水平要赶上发达国家，就需要建立与发达国家大体相似的产业结构，考察产品空间的演化方向是否符合经济发展的总体趋势，就是要考察中国产业未来的产品空间是不是越来越与发达国家或地区相似。我们曾构建过美国、日本、德国、东亚四小龙等国家或地区产品空间演化图。从这些国家或地区的产品空间演进轨迹可以看出，发达的工业化国家或地区的比较优势产品数量较多，且在空间中心区域密度较高，东亚四小龙的产品空间演进规律也是越来越趋于中心化（张其仔等，2013）。我们识别出的潜在比较优势产业在全球产品空间图中的位置，绝大多数处于全球产品空间中心。所以，预测的潜在优势产业与比较优势演进的总体方向有一致性。

一个产业作为近期的潜在优势产业，如果用显性比较优势进行衡量，则总体趋势应是趋于增长的，但如果用产品空间理论所发现的潜在比较优势行业都可以通过显示比较优势指数所显示的信息找到，这个理论的价值也就要大打折扣。根据潜在优势产业的显性比较优势指数可以对识别出的潜在比较优势产业进行分类，可以分为两种类型：一种是比较优势是近几年趋势于上升，一种是近几年有所下降。在上升的一类中，又可分为其显性比较优势指数很低和显性比较优势指数相对较高两类。在下降的产业中，也可以分为两类，一类是过去有明显的比较优势，现在下降了；另一类是本来就没有比较优势，但现在更是下降了。图 7-9 的曲线代表的是部分潜在优势产业的显性比较优势指数的近 10 年变化趋势。从图中可以看出，从潜在优势产业的显性比较优势指数的变化看，绝大多数是上升的；但部分潜在优势产业当前的显性比较优势指数还很低（见表 7-3）。这可能一定程度上表明，利用产品空间理论，可以发现仅利用显性比较优势指数的变化发现潜在优势产业难以发现的一些潜在产业。

表 7 - 3   部分产业的显示性比较优势指数

年 份	51574	51614	87443	65311	71323	73123	73735	77883	78434
1992	0.0848	0.0036	0.0724	0.1705	0.1753	0.0393	0.4387	0.0198	0.0110
2000	0.1328	0.0189	0.1330	0.1112	0.0144	0.0321	0.0388	0.0402	0.0408
2005	0.1363	0.1677	0.1926	0.1126	0.0050	0.0187	0.0841	0.1061	0.0220
2006	0.3089	0.1473	0.1783	0.0832	0.0090	0.0334	0.0738	0.1243	0.0352
2007	0.4779	0.0421	0.2554	0.0543	0.0252	0.0608	0.0752	0.1300	0.0809
2008	0.7352	0.0046	0.2788	0.1628	0.0341	0.0543	0.1781	0.2031	0.1404
2009	0.6804	0.0013	0.2308	0.0828	0.0273	0.0360	0.1425	0.2520	0.1359
2010	0.6616	0.0009	0.2680	0.1161	0.0570	0.0497	0.1742	0.2852	0.1693
2011	0.7311	0.0007	0.208535	0.1100	0.1217	0.020153	0.3120	0.2452	0.1636

注：51574，含有氮杂原子的杂环化合物，包含一个非熔融的吡唑环，不论已否在结构上氢化；51614，氧化丙烯（环氧丙烷）；87443，利用光学辐射（紫外线、可见的、红外线）的分光仪、分光光度计和摄谱仪；65311，用高强度尼龙或其他聚酰胺或聚酯丝制成的织物；71323，压缩点火式内燃机（柴油或半柴油发动机），用于第78类所列车辆的推进器；73123，多工位连续自动工作机床；73735，全自动或部分自动金属弧焊（包括等离子金属弧焊）机及器械；77883，铁路、电车轨道、公路、内河航道、停车场设施、港口设施或机场用电气信号、安全或交通管制设备的零件；78434，变速箱及其零件。

第三节   结论与政策讨论

中国在经济发展过程中的产业结构调整曾经借鉴过原苏联、日本等国经验，企业在产业选择上，通过模仿不断地追赶西方发达国家脚步，但并不总是获得成功，其原因可能在于这样的选择行为是否合理受到能力供给约束。发现自身能力，基于能力基础之上去发现新的产品或产业，就能获得成功；否则，失败的风险就很高。发现新的潜在优势产业或产品，涉及未来因素，市场价格信号难以充分发挥作用，这就需要找到一种发现能力的方法。产品空间理论通过产品空间发现一区的能力基础，并基于能力的基础，为识别潜在优势产业提供一个可操作的方法。本章尝试利用这个方法对中国潜在优势产业进行了预测，找出了不同邻近性阈值条件下的潜在比较优势产业。这些潜在优势产业的甄别，并不能完全依赖显示比较优势指数的变化或传统比较优势理论，这就为利用产品空间理论进行潜在优势产业识别留下了空间。

本章对中国产业升级机会的甄别建立在利用最新全球贸易数据库重新构建的全球产品空间图的基础上，但在产业升级的机会甄别上仍存在局限性：

没有包括不可贸易品和服务业和全新的产业类型。构建一国产品空间结构最好的方式是利用生产产品的数据，但由于数据可获性方面原因，目前并不能走到这一步。相比于全球生产数据，出口数据相对完整，所以，这里发现的潜在优势产业建立在基于出口数据基础上构建而成的产品空间之上。利用基于出口数据为基础构建的产品空间难以发现中国不可贸易品的能力。在现有的产品空间中也没有包括服务业。产品空间理论对产业升级机会的甄别是基于当前全体产业的基础上，但在未来的发展中完全可能出现全新的产业。产品空间理论并不能预见这类产业的出现。由于存在上述局限性，目前识别出的潜在优势产业并不代表中国潜在优势产业的全体，但已经识别的这些潜在优势产业，仍可作为国家和企业重点关注的产业，而且从潜在优势产业分析中，还可得出一些有启发性的政策含义：从目前的比较优势考察，被识别的潜在优势产业，有的显性比较优势很低，部分甚至呈下降趋势；特别是部分关键性行业已经具备成为优势行业的条件，但目前显示比较优势指数还很低，这就需要政府调整相关政策，扫除这些产业发挥潜在比较优势的障碍。部分关键性行业，不能被识别为潜在比较优势产业，对这样的产业要加强能力建设。

对中国的产业转型、升级，当前可以听到不小的批评声，加快实现产业转型、升级，尽快实现发展方式转变，成为各级政府的迫切愿望。但如果在产业升级过程中步子迈得过大，就会出现"断档"现象。可以预测这一现象的正是豪斯曼、海德尔格提出的能力理论的独特之处。在比较优势理论那里，国家与国家的产业升级不会断档，本书通过对中国和其他国家的产业演化的模拟发现，事实并非如此。在经济增长过程中，中国必须谨防产业升级和转型断档风险。

本书最饶有兴味的发现，就是产业升级的幅度超过0.5阈值，潜在优势产业的种类数就会急剧下降，这不仅对中国适用，对美国这样发达的国家也是适用的；中国的产业升级无论其初期采取何种策略，在跨过4个产业升级的台阶之后，产业升级的空间都将被消耗尽。这一发现的政策含义是，中国产业升级的步幅如果过快，结果并不能如人所愿；但如果走得太慢，则同样不能保证中国经济增长的可持续性。

要保证中国经济增长的可持续，需要中国产业升级的步调不能低于全球平均水平，但问题是，中国产业升级的能力并不比全球平均水平高。为了有效应对这一难题，在产业升级策略上，可以选择包容性产业升级策略，就是让升级机会少的产业通过小步快走，通过产业内升级不断积累新的能力；鼓励升级机会多的产业，大步快走，积极追赶世界前沿水平；让升级能力中等的产业，中步快走。由于不同产业升级对劳动力素质和类型的需求存在差异，针对不同行业特点采取不同的升级策略，就可以让不同类型和不同素质的劳动者都能充分参与产业升级的过程，更多地分享产业升级的成果，就能充分发挥中国人力资源丰富、多样的优势。由于这种策略可以让更多的劳动者参与产业升级过程，所以这种产业升级策略，也可以称之为包容性产业升级策略。这一策略可以与包容性经济增长相对应，也是实现包容性经济增长的根基所在，可以有效地在推进产业升级过程中避免"狗熊掰棒子"现象的发生。

正如全球产品空间所表明，不同产业的升级机会是不同的。企业因此也在产品空间处于不同的位置，如处于中心位置的中心企业和处于边缘位置的边缘企业。处于产品空间中心位置的产业如机电、化工等产业，在升级中处于较有利的位置，因而从事这些行业的地区或企业也容易得到政府的青睐，实现跨越式升级。中心企业实现跨越式升级后，原来被占据的产业空间腾出来了，但腾出来的产业空间能否转移到国内其他地区或企业，却完全取决于后者的承接能力。一国经济发展的过程是，处于产品空间中心位置的优势产品种类越来越多、规模越来越大，也就是边缘企业通过能力的积累不断地向中心地带移动。只有当边缘企业有机会积累承接中心企业的产业转移时，才不会发生"狗熊掰棒子"问题。把资源高度集中于中心企业使那些边缘企业或地区缺乏激励或资源进行必要的能力培育，以至于处于边缘地带的企业缺乏必要的能力跨进腾出来的产品空间，其结果必然是在新产业发展的同时，一些产业却因为后续承接能力跟不上而走向衰落或转移到他国。由此，"狗熊掰棒子"的问题必然发生，结果是产业升级的空间和潜力很快被耗尽，对经济造成巨大的不良影响。

中国最大的优势在于产业的多样化和多层次化，中国现有的优势产业种类大大高于全球平均水平，利用包容性产业升级策略，可以发挥组合效应，既可避免产业升级走得过快对当期产生的重大冲击，也可避免产业升级走得过慢造成未来产业升级能力不足。采取包容性的产业升级策略，就是承认不同产业所具备的升级潜力不同。在这一策略下，政府主要的可以发挥作为的领域，一是为企业发现潜在比较优势领域提供必要信息，二是创造公平竞争的环境，使企业能发挥所长。为了促进产业升级，各国最容易采取的措施就是进行补贴。但中国对采用补贴支持产业升级的措施要慎重，因为这种措施所带来的实际后果，是企业不会充分发挥其所长，实现符合其自身能力的跨越，致使全社会的产业升级步伐都会出现过慢的趋势。

当前各国政府对产业发展的干预呈上升趋势。2010 年 8 月 5 日，《经济学家》杂志发表专文宣称，国际金融危机后，产业政策在全球得到复兴。2013 年的《人类发展报告》把政府扶持部分产业的发展作为发展成功的重要因素，纳入其对于发展中国家实现发展的所提建议框架之中，利用产品空间结构理论发现潜在的优势产业虽然可以为政府实施产业政策提供指导，但这并不表明它理所应当地应成为这个潮流的一部分。利用产品空间理论发现潜在优势产业的更重要的目的在于，发现阻碍潜在优势产业发挥比较优势的各种制度和政策障碍，发现产业升级过程中的能力缺陷，以为市场更好地发挥作用提供启示。

参考文献

丹尼·罗德里克：《相同的经济学，不同的政策处方》，张军扩、侯永志等译，中信出版社，2009。

林毅夫：《新结构经济学》，苏剑译，北京大学出版社，2012。

罗伯特·J. 巴罗、哈维尔·萨拉伊马丁：《经济增长》，何晖、刘明兴译，中国社会科学出版社，2000。

万金、祁春节：《产品空间结构与农产品比较优势动态——基于高维面板数据的分析与预测》，《国际贸易问题》2012 年第 9 期。

伍业君、张其仔：《比较优势演化与经济增长》，《中国工业经济》2012 年第 2 期。

伍业君、张其仔、徐娟：《产品空间与比较优势演化述评》，《经济评论》2012 年第 4 期。

伍业君、张其仔：《"中等收入陷阱"的理论解释》，《产业经济评论》2011 年第 10 期。

曾世宏、郑江淮：《产品空间结构理论对我国转变经济发展方式的启示》，《经济纵横》2008 年第 11 期。

曾世宏、郑江淮：《企业家"成本发现"、比较优势演化与产品空间结构转型——基于江苏经济发展的案例研究》，《产业经济评论》2010 年第 1 期。

张其仔：《比较优势的演化与中国产业升级路径的选择》，《中国工业经济》2008 年第 9 期。

张其仔等：《中国产业竞争力报告（2013）No.3》，社会科学文献出版社，2013。

张其仔、伍业君、王磊：《经济复杂度、地区专业化与经济增长》，《经济管理》2012 年第 6 期。

Andreas Reinstaller, Werner Hölzl, Johannes Kutsam, Christian Schmid, *The Development of Productive Structures of EU Member States and Their International Competitiveness*, This report has been prepared in 2012 for the European Commission, DG Enterprise and Industry under Specific Contract No SI2 – 614099 implementing the Framework Contract ENTR/2009/033, 2012.

Arnelyn Abdon, Jesus Felipe, *The Product Space: What Does It Say About the Opportunities for Growth and Structural Transformation of Sub – Saharan Africa?* The Levy Economics Institute Working Paper No. 670, 2011.

B. Balassa, *Trade Liberalisation and Revealed Comparative Advantage*, The Manchester School of Economic and Social Studies, 1963 (33).

Connie Bayudan – Dacuycuy, *The Philippine Export Portfolio in the Product Space: Potentials, Possibilities and Policy Challenges*, Economic Bulletin, 2012 (32).

Hausmann, Ricardo, and Bailey Klinger, *The Structure of Product Space and Evolution of Comparative Advantage*, Harvard University Center for International Development Working Paper number 128, 2006.

Hausmann, R., J. Hwang, and D. Rodrik, *What You Export Matters*, Journal of Economic Growth, 2007 (12), 1 – 25.

Hidalgo, C., B. Klinger, A. Barabasi, R. Hausmann, *The Product Space Conditions the Development of Nations*, Science, 2007 (317).

The Economist, *The Global Revival of Industrial Policy*, 2010 – 8 – 5.

UNDP, *Human Development Report 2013*, Published for the United Nations Development Programme.

第 8 章

产业转移化解竞争优势断档的可行性

迄今为止，世界已经经历了四次大规模的产业转移浪潮：一是 18 世纪末和 19 世纪上半叶英国向欧洲和美国的转移；二是 20 世纪 50 年代和 60 年代期间美国向日本和联邦德国的转移；三是 20 世纪 70 年代和 80 年代，日本向东亚"四小龙"的转移；四是 20 世纪 90 年代以来，全球制造业向中国的转移。目前，世界正经历一场新的大规模产业转移，就是中国东部地区向中、西部地区，以及国外地区的产业转移。事实上，产业转移是企业维持竞争优势，促进转型升级的重要途径。产业转移不是将企业业务简单搬家的低水平重复，而是在提高产品附加值、降低资源环境消耗的基础上，在全球范围内对资源进行重新配置，从而达到降低经营成本、提高经营效益的目的。目前，从降低企业经营风险、提高资源配置效率的角度考虑，中国东部地区产业转移的最佳目的地应该是中国的中部地区，其次是西部地区和东南亚国家，而从长远来看，非洲地区也有可能成为承接中国产业转移的重要目的地。

第一节 中国产业空间布局的现状

从地理位置和经济发展状况上，可以将中国分为东、中、西部三个地区。①

---

① 东部地区包括北京、天津、河北、辽宁、上海、江苏、浙江、福建、山东、广东、广西和海南；中部地区包括山西、内蒙古、吉林、黑龙江、安徽、江西、河南、湖北和湖南；西部地区包括重庆、四川、贵州、云南、西藏、陕西、甘肃、青海、宁夏和新疆。

目前，中国产业主要分布在东部地区，其次是中部地区，西部地区发展最为落后。

一　东部地区聚集了全国大部分生产活动，电子信息、家电、纺织等产业最为集中

东部地区主要包括 12 个省（自治区、直辖市），分别是北京、天津、河北、辽宁、上海、江苏、浙江、福建、山东、广东、广西和海南。其中，除海南和广西以外，其他省份经济发展水平均较高。目前，中国大部分经济活动发生在东部地区。东部地区以 13.5% 的面积聚集了全国接近 70% 的工业生产活动和从业人员就业。东部地区由于地理位置优越，劳动者文化素质较高，技术力量较强，大部分产品的产量均超过全国产量的一半以上。具体来讲，东部地区最为集中的行业很多都属于劳动密集型产业，例如电子信息、家电、纺织等；其次是资本密集型产业，例如装备制造、化工等；产量占全国比重最低的行业主要是资源密集型产业，例如煤、天然气、有色金属、水电等。如表 8 - 1 所示。

二　中部地区有着较好产业基础，煤、有色金属、基础化工等产业在全国具有重要地位

中部地区的产业基础明显好于西部地区。中部地区承担了全国大概 1/5 的工业生产活动和从业人员就业，是中国经济发展的重要力量。其中，山西、内蒙古是中国煤炭资源最为集中的地区，河南是中国十种有色金属产量最高的地区，中部地区煤炭、有色金属等产品的产量在全国占有很高的比重。同时，湖北等又是农药、硫酸等基础化工产业比较集中的地区，中部地区基础化工行业在全国也具有重要的地位。如表 8 - 2 所示。

三　西部地区发展水平最为落后，但天然气、水电等产业规模较大

西部地区的工业总产值占全国的比重不足 10%，解决的从业人员就业也仅仅为 10.42%，然而由于很多地区资源储量丰富，因此成为中国重要的资源、能源供给地区。例如，陕西和新疆提供了丰富的原油和天然气资源，云南、甘肃提供了大量的有色金属资源。如表 8 - 3 所示。

表 8-1 2009 年中国东部地区主要工业品产量占全国产量的比重

单位：%

工业品 \ 地区	北京	天津	河北	辽宁	上海	江苏	浙江	福建	山东	广东	广西	海南	合计
原煤	0.20	0.00	2.86	2.22	0.00	0.81	0.00	0.84	4.84	0.00	0.17	0.00	11.95
原油	0.00	12.12	3.16	5.28	0.05	0.97	0.00	0.00	14.93	7.10	0.02	0.10	43.72
天然气	—	1.68	1.27	0.95	0.47	0.07	—	—	1.06	6.85	—	0.22	12.57
生铁	0.80	3.19	24.10	9.21	3.23	8.31	1.48	1.00	9.54	1.37	1.76	0.00	63.99
原盐	—	3.41	5.91	2.29	—	7.85	0.25	0.66	35.61	0.23	0.10	0.19	56.50
啤酒	3.87	0.76	2.68	5.93	1.62	5.55	6.26	4.58	11.46	8.42	2.42	0.41	53.98
卷烟	0.84	0.90	3.24	1.14	3.78	4.04	3.51	3.49	5.68	5.51	3.00	0.36	35.48
纱	0.02	0.18	4.39	0.65	0.16	16.79	8.17	6.60	27.94	1.51	0.39	—	66.81
布	0.01	0.34	6.02	0.67	0.17	16.27	25.77	3.96	22.27	4.79	0.28	0.00	80.56
机制纸及纸板	0.11	0.35	4.19	0.80	0.78	11.53	15.36	3.62	17.17	14.30	1.88	0.26	70.35
硫酸	—	0.49	0.99	1.36	0.45	6.76	1.68	0.85	8.12	2.69	3.62	—	27.03
氢氧化钠	0.37	5.97	3.89	2.50	3.98	12.68	5.37	1.18	21.61	1.08	1.81	—	60.43
碳酸钠	—	4.27	10.26	—	—	12.77	0.80	0.99	18.46	1.95	0.24	—	49.74
农用化肥	0.00	0.21	3.36	1.17	0.04	4.19	0.75	0.94	13.38	0.82	1.43	0.95	27.26
化学农药	—	0.30	1.50	1.84	2.25	28.49	11.34	0.32	13.73	1.31	0.91	0.11	62.09
乙烯	7.84	1.76	—	4.47	16.81	13.20	—	1.89	7.09	20.52	—	—	73.59
化学纤维	0.01	0.38	0.86	0.78	1.38	32.87	44.08	6.69	3.25	1.60	0.00	0.19	92.07
塑料	3.33	5.19	1.89	2.99	8.40	14.93	10.73	1.65	7.71	11.55	0.35	0.63	69.34
水泥	0.66	0.43	6.50	2.86	0.46	8.81	6.58	3.33	8.55	6.11	3.91	0.57	48.77

续表

地区 工业品	北京	天津	河北	辽宁	上海	江苏	浙江	福建	山东	广东	广西	海南	合计
平板玻璃	—	1.16	18.72	2.86	0.00	8.98	5.76	3.57	10.40	13.83	0.77	—	66.05
钢	0.81	3.71	23.66	8.39	3.55	9.70	1.86	1.34	8.88	1.97	1.75	0.04	65.68
成品钢材	1.11	5.88	21.84	7.11	3.14	11.37	3.41	1.93	8.47	3.31	1.70	0.02	69.29
十种有色金属	0.01	0.12	0.31	2.23	0.40	2.05	1.51	0.42	7.69	1.66	4.14	—	20.53
金属切削机床	1.19	0.51	0.17	24.06	1.02	16.55	16.72	0.34	20.48	4.44	0.51	—	86.01
大中型拖拉机	—	3.99	0.30	—	2.83	25.21	8.27	—	22.76	—	0.05	—	63.40
汽车	9.21	4.37	3.73	3.69	9.06	3.67	2.04	0.98	4.04	8.20	8.59	0.66	58.23
轿车	7.19	7.07	1.04	3.48	16.36	2.87	2.99	1.09	2.42	13.43	0.92	1.16	60.01
家用洗衣机	0.01	0.48	0.39	—	4.18	15.05	32.34	—	10.70	6.83	—	—	69.97
家用电冰箱	0.00	0.91	0.00	1.62	3.19	11.25	12.85	0.00	13.91	17.85	0.00	0.00	61.57
房间空调器	—	4.65	—	2.13	3.93	4.10	3.75	—	4.02	50.97	—	—	73.56
程控电话交换机	36.33	0.06	0.28	0.91	9.32	0.11	2.66	0.02	6.61	43.54	0.00	0.00	99.85
移动电话机	34.49	13.82	0.00	0.08	0.51	3.30	4.49	1.09	8.81	29.22	0.00	0.00	95.79
微型电子计算机	4.63	0.01	0.00	0.00	40.19	44.91	0.49	3.33	0.14	5.75	0.01	0.00	99.45
集成电路	4.41	1.49	0.02	0.21	17.44	39.50	5.15	0.03	0.41	23.27	—	—	91.94
彩色电视机	—	1.42	—	4.46	1.98	11.63	5.24	6.89	11.01	41.35	—	—	83.97
发电量	0.65	1.12	4.69	3.13	2.09	7.88	6.05	3.15	7.70	7.42	2.54	0.34	46.78
水电	0.01	—	0.09	0.47	—	0.04	2.48	4.48	0.03	4.37	8.39	0.24	20.60

资料来源：笔者根据中经数据计算整理。

表 8-2　2009 年中国中部地区主要工业品产量占全国产量的比重

单位：%

工业品＼地区	山西	内蒙古	吉林	黑龙江	安徽	江西	河南	湖北	湖南	合计
原煤	19.98	20.22	1.48	2.93	4.31	1.01	7.74	0.37	2.22	60.24
原油	0.00	0.00	3.38	21.11	0.00	0.00	2.50	0.43	0.00	27.42
天然气	—	—	1.36	3.52	—	—	3.47	0.20	—	8.55
生铁	5.73	2.60	1.41	0.89	3.01	2.62	3.56	3.54	2.58	25.94
原盐	—	3.26	—	0.00	2.15	2.97	4.46	7.73	3.14	23.70
糖	0.26	1.15	—	2.21	—	—	0.04	—	0.18	3.84
啤酒	0.61	2.39	3.01	4.23	3.76	2.12	8.95	6.03	1.99	33.09
卷烟	0.63	1.05	1.57	1.86	5.20	2.31	7.05	5.58	7.39	32.63
纱	0.16	0.08	0.24	0.07	2.02	2.54	14.22	6.14	2.46	27.95
布	0.07	0.11	0.06	0.05	0.81	0.92	4.84	5.46	0.69	13.00
机制纸及纸板	0.18	0.52	0.88	0.56	2.25	1.56	10.67	1.91	3.87	22.41
硫酸	0.44	3.19	0.49	0.12	6.00	3.59	3.52	12.31	3.79	33.45
氢氧化钠	1.87	4.92	1.15	0.37	1.45	1.34	6.07	3.03	3.79	24.00
碳酸钠	0.70	3.70	—	—	1.83	—	10.96	7.08	2.11	26.38
农用化肥	5.86	2.33	0.32	1.10	4.29	0.78	7.89	12.99	5.63	41.18
化学农药	0.05	2.42	1.17	0.27	7.50	0.95	4.79	4.67	8.11	29.93
乙烯	—	—	7.82	5.44	0.18	—	1.92	—	—	15.36
化学纤维	0.03	—	1.06	0.48	0.72	0.49	1.95	0.44	0.18	5.35
塑料	0.45	1.83	2.69	3.45	1.39	0.35	3.41	1.84	1.24	16.66

续表

地区 / 工业品	山西	内蒙古	吉林	黑龙江	安徽	江西	河南	湖北	湖南	合计
水泥	1.67	2.64	2.24	1.58	4.43	3.77	7.22	4.26	4.65	32.47
平板玻璃	2.18	2.67	0.65	1.33	1.77	0.77	4.73	6.02	2.84	22.96
钢	4.63	2.21	1.40	0.99	3.08	2.83	4.07	3.59	2.51	25.32
成品钢材	3.30	1.87	1.25	0.73	3.05	2.38	4.16	3.14	2.17	22.05
十种有色金属	4.00	6.83	0.01	0.02	4.74	3.56	18.18	2.51	7.89	47.74
金属切削机床	0.17	—	0.34	0.68	1.71	0.17	1.02	0.68	0.51	5.29
大中型拖拉机	—	—	0.54	0.13	—	1.05	17.34	0.70	0.30	20.06
汽车	0.01	0.24	8.02	2.06	6.26	2.06	0.90	7.84	0.87	28.26
轿车	—	—	11.52	0.45	6.40	1.09	—	5.19	1.00	25.64
家用洗衣机	—	—	—	—	20.15	0.00	0.09	0.72	1.30	22.26
家用电冰箱	0.00	0.00	0.00	0.00	26.40	1.54	5.38	0.67	0.26	34.25
房间空调器	—	—	—	0.00	12.66	1.64	0.10	6.37	0.06	20.83
程控电话交换机	0.00	0.00	0.00	0.00	0.00	0.02	0.00	0.00	0.00	0.02
移动电话机	0.00	0.00	0.08	0.00	0.02	0.95	0.00	1.34	0.00	2.40
微型电子计算机	0.00	0.00	0.00	0.02	0.00	0.03	0.00	0.48	0.00	0.53
彩色电视机	—	2.20	0.20	—	3.40	0.92	0.44	—	0.24	7.40
发电量	5.04	6.04	1.46	1.95	3.55	1.43	5.53	4.89	2.77	32.67
水电	0.35	0.24	0.91	0.28	0.27	1.38	1.51	19.59	6.65	31.18

资料来源：笔者根据中经数据计算整理。

表 8 - 3　2009 年中国西部地区主要工业品产量占全国产量的比重

单位：%

工业品 \ 地区	重庆	四川	贵州	云南	西藏	陕西	甘肃	青海	宁夏	新疆	合计
原煤	1.45	3.03	4.61	1.88	0.00	9.96	1.31	0.44	1.85	2.56	27.08
原油	0.00	0.11	0.00	0.00	0.00	14.23	0.26	0.98	0.02	13.26	28.86
天然气	0.07	22.70	0.01	0.00	—	22.23	0.03	5.05	—	28.78	78.88
生铁	0.60	2.77	0.72	2.34	0.00	0.93	1.11	0.20	0.07	1.34	10.07
原盐	2.38	11.97	—	1.34	—	0.59	0.17	1.40		1.94	19.80
糖	0.15	0.81	0.10	16.73	—	—	0.06	—		3.05	20.90
啤酒	1.75	4.05	0.67	1.16	0.27	2.16	1.43	0.25	0.29	0.90	12.93
卷烟	2.08	3.82	5.07	15.10	—	3.52	1.71	—	—	0.59	31.88
纱	0.55	2.02	0.06	0.03	—	1.03	0.02	0.01		1.53	5.25
布	3.39	1.53	0.03	0.00	0.00	1.24	0.02	0.00	0.00	0.22	6.43
机制纸及纸板	1.88	2.75	0.12	0.44	—	0.83	0.12	—	0.86	0.26	7.24
硫酸	3.40	5.64	8.62	14.66	—	1.59	4.26	0.35	0.52	0.47	39.52
氢氧化钠	0.80	4.68	0.40	1.12	—	1.34	0.67	0.08	2.08	4.41	15.57
碳酸钠	5.10	8.67	—	0.72	—	1.54	0.66	6.16	0.45	0.58	23.88
农用化肥	2.44	7.22	5.41	5.49	0.00	1.38	1.31	4.41	1.44	2.46	31.56
化学农药	0.43	6.07	0.04	0.06	—	0.22	0.07	0.00	1.08		7.97
乙烯	—	—	—	—	—	6.47	—	—	—	4.58	11.05
化学纤维	0.25	1.58	—	0.13	—	0.09	0.01	—		0.51	2.58
塑料	0.04	2.71	0.10	0.59	—	0.95	3.18	0.07	1.22	5.15	14.01
水泥	2.21	5.48	1.75	3.07	0.11	2.74	1.13	0.37	0.65	1.24	18.76
平板玻璃	0.50	5.75	0.06	0.86	—	2.48	0.87	0.09		0.39	10.99
钢	0.58	2.64	0.60	1.83	0.00	0.91	1.09	0.22	0.00	1.12	9.01
成品钢材	0.69	2.64	0.49	1.40	0.00	1.28	0.93	0.04	0.05	0.99	8.66
十种有色金属	1.09	2.66	3.17	7.89	0.01	3.38	6.52	3.95	2.88	0.25	31.79
金属切削机床	0.85	0.68	0.17	3.41	—	2.22	0.85	0.17	0.51	—	8.87
大中型拖拉机	—	2.15	—	13.92	—	—	—	—	—	0.40	16.48
汽车	8.60	0.55	0.01	0.53	0.00	3.67	0.14	0.00	0.00	0.01	13.51
轿车	8.37	—	0.02	—	—	5.71	0.25	—	—		14.35
家用洗衣机	3.52	4.05	—	—	—	—	0.19	—	—		7.76
家用电冰箱	0.00	0.88	2.84	0.00	0.00	0.46	0.00	0.00	0.00	0.00	4.17

续表

地区 / 工业品	重庆	四川	贵州	云南	西藏	陕西	甘肃	青海	宁夏	新疆	合计
房间空调器	4.72	0.89	—	—	—	—	—	—	—	—	5.61
程控交换机	0.00	0.00	0.00	0.01	0.00	0.00	0.00	0.00	0.00	0.00	0.01
移动电话机	0.61	1.02	0.19	0.00	—	0.00	0.00	0.00	0.00	—	1.81
微型电子计算机	0.00	0.00	0.00	0.00	0.00	0.02	0.00	0.00	0.00	0.00	0.02
集成电路	—	0.09	0.04	—	—	—	7.93	—	—	—	8.06
彩色电视机	0.39	7.51	0.73	—	—	0.00	—	—	—	—	8.63
发电量	1.28	4.25	3.72	3.15	0.05	2.45	1.88	1.02	1.29	1.48	20.55
水电	2.69	17.31	6.51	10.12	0.25	1.21	4.06	4.49	0.28	1.29	48.21

资料来源：作者根据中经数据计算整理。

第二节　国内产业转移可行性分析

产业转移有利于促进资源在全国范围内的优化配置，从而延续和强化中国的低成本优势，同时也有利于促进企业的转型升级，提高产业的国际竞争力。从东、中、西部产业发展趋势和条件看，中部地区有可能会成为下一阶段承接东部地区产业转移，尤其是劳动密集型产业转移的热点区域，而西部地区将在承接东部地区资源密集型产业转移的基础上促进资源密集型产业的集约式发展。

一　东、中、西部地区产业发展环境分析

要想实现东部产业在市场机制的作用下主动向中、西部转移，其先决条件就是中西部地区能够为这些产业的发展提供更好的发展环境，从而使这些在东部地区竞争力逐步减弱的产业重新获得新的竞争优势。目前来看，东、中、西部地区就生产要素条件来看，各自具有自身的比较优势。

（1）土地。低廉的土地价格一直是地方政府吸引投资的主要手段。随着经济发展水平的提高，土地资源在东部地区已经变得越来越稀缺，这也造成了土地价格的大幅提高。土地供应紧缺已经成为东部地区产业规模扩大的最大障碍。2010 年以来，东部地区主要城市工业仓储用地均价已经达到了 487.55 元/m²，深圳、上海、北京等地甚至达到了 1000 元/m² 左右；相比之

下，中、西部地区土地均价分别为 251.29 元/m² 和 254.07 元/m²，而且土地
供应量相对充足，如表 8 - 4 所示。

表 8 - 4　2010 年 6 月 ~ 2011 年 5 月中国主要城市工业仓储用地均价

单位：元/平方米

东　部		中　部		西　部	
城　市	均　价	城　市	均　价	城　市	均　价
深　圳	1023.14	长　沙	519.1	南　宁	544.49
上　海	963.78	吉　林	422.67	重　庆	474.8
北　京	917.5	哈尔滨	377.01	昆　明	403.26
广　州	712.32	平顶山	352	银　川	329.22
石家庄	600.93	郑　州	300.42	乌鲁木齐	306.45
福　州	570.48	太　原	288.48	大　理	252.38
温　州	537.28	安　庆	285.68	西　宁	252
无　锡	462.07	宜　昌	279.43	贵　阳	220.46
宁　波	455.25	洛　阳	279.36	北　海	182.1
杭　州	405.15	合　肥	276.05	成　都	175.83
厦　门	386.76	蚌　埠	266.2	兰　州	167.73
湛　江	375.83	常　德	259.07	遵　义	120
沈　阳	370.5	长　春	243.77	南　充	119.85
桂　林	358	武　汉	231.78	泸　州	8.4
南　京	344.96	襄　阳	200.46		
秦皇岛	344.91	南　昌	174.22		
徐　州	330.46	赣　州	133.9		
青　岛	321.52	岳　阳	112.81		
天　津	317.2	九　江	94.52		
惠　州	313.53	呼和浩特	93.69		
海　口	311.18	包　头	86.54		
丹　东	303.45				
东部平均	487.55	中部平均	251.29	西部平均	254.07
全国平均：309.15					

资料来源：作者根据中经数据库整理。

（2）劳动力。2008 年以来，东部地区面临日益严重的"民工荒"问
题，这也直接促进了企业用工成本的提高。东部企业为了缓解"招工难"，

降低企业用工成本，纷纷将产业向中西部转移。相比于东部地区，中西部的安徽、河南、四川等省份不仅在总人口规模上要高于东部地区省份，而且平均工资水平也比较低，这就为这些地区承接劳动密集型产业的转移提供了条件，如表 8-5 所示。

表 8-5　东、中、西部省份人口总数和平均工资情况

东 部			中 部			西 部		
省市自治区	人口总数（万人）	在岗职工平均工资（元）	省市自治区	人口总数（万人）	在岗职工平均工资（元）	省市自治区	人口总数（万人）	在岗职工平均工资（元）
上　海	2302	71874	内蒙古	2471	35507	西　藏	300	54397
北　京	1961	65683	安　徽	5950	34341	宁　夏	630	39144
天　津	1294	52963	山　西	3571	33544	青　海	563	37182
浙　江	5443	41505	湖　北	5724	32588	重　庆	2885	35326
江　苏	7866	40505	湖　南	6568	30483	陕　西	3733	34299
广　东	10430	40358	河　南	9402	30303	四　川	8042	33112
辽　宁	4375	35057	黑龙江	3831	29603	新　疆	2181	32361
山　东	9579	33729	吉　林	2746	29399	贵　州	3475	31458
福　建	3689	32647	江　西	4457	29092	云　南	4597	30177
河　北	7185	32306				甘　肃	2558	29588
广　西	4603	31842						
海　南	867	31025						
总　体	59594	42457.83	总　本	44720	31651.11	总　体	28964	35704.40

资料来源：作者根据中经数据库整理。

（3）资源环境。资源环境已经成为制约中国工业增长的决定因素。目前，东部地区在能源节约和污染治理等方面明显好于中西部地区。2009 年，东部地区产生的工业固体废弃物占全国比例接近 50%，但实际排放的工业固体废弃占全国比例不足 10%，如图 8-1 所示，这反映了东部地区在污染治理方面的领先。同时，中西部很多地区为生态脆弱区，这也加大了中西部地区工业发展中资源环境约束的压力。

（4）知识。土地、劳动力、资源环境等初级生产要素仅仅能够决定劳动密集型产业和价值链低端环节产业的竞争力，而知识等高级生产要素却能够决定高技术产业或者价值链高端环节产业的竞争力。目前，从东、中、西地

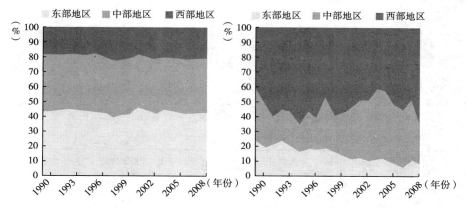

图 8 - 1 东、中、西部地区工业固体废物产生量和排放量的比较

注：左图为工业固体废物产生量比例；右图为工业固体废物排放量比例。

资料来源：作者根据中经数据库整理。

区来看，东部地区高等教育普及率最高，其次是相差并不远的中部地区，而西部地区高等教育普及率最低，如表 8 - 6 所示。湖北、陕西、江西等中西部省份高等教育普及率处于较高水平，在人力资本储备方面具有一定优势。

表 8 - 6 2009 年东、中、西部地区高等教育普及率比较

东 部		中 部		西 部	
城 市	普及率	城 市	普及率	城 市	普及率
北 京	0.79	湖 北	0.57	陕 西	0.57
天 津	0.78	江 西	0.48	重 庆	0.40
上 海	0.55	黑龙江	0.46	甘 肃	0.33
江 苏	0.52	吉 林	0.46	四 川	0.31
辽 宁	0.47	山 西	0.43	西 藏	0.28
山 东	0.45	湖 南	0.39	新 疆	0.26
浙 江	0.40	河 南	0.36	宁 夏	0.26
河 北	0.39	安 徽	0.35	云 南	0.19
福 建	0.39	内蒙古	0.31	青 海	0.19
海 南	0.36			贵 州	0.18
广 东	0.30				
广 西	0.26				
平 均	0.47	平 均	0.42	平 均	0.30

注：高等教育普及率 = 100 * 每年普通本、专科毕业生数/全省（市、自治区）总人口。

资料来源：作者根据中经数据库整理。

（5）基础设施。东部地区无论是交通运输设施，还是信息通信设施，均明显好于中西部。然而，近几年来，中西部地区基础设施建设的速度却明显快于东部地区。如表 8 - 7 所示。基础设施的日益完善，为中西部地区产业发展奠定了基础。

表 8 - 7 2004 ~ 2009 年东、中、西部地区主要基础设施增幅比较

单位：%

基础设施 地区	公路里程	铁路营业里程	高速公路里程	长途光缆线路长度	长途电话交换机容量
东　部	93.23	11.47	69.51	19.05	36.94
中　部	123.43	14.75	116.49	25.03	48.55
西　部	101.63	19.83	100.54	51.31	39.82

注：表中增幅为 2009 年相比于 2004 年增长幅度。

资料来源：作者根据中经数据库整理。

二 国内产业转移的重要意义

对东部地区来讲，土地成本、劳动力成本是其发展的劣势，却在区位、知识、基础设施方面具有明显优势；对中部地区来讲，土地成本和劳动力成本具有明显优势，而且湖北、江西、黑龙江、吉林等省份在知识资源等方面具有优势，但在基础设施等方面具有劣势；西部地区虽然具有较低的地价和劳动力价格，但是在知识、基础设施等高级生产要素方面明显落后于东部和中部。利用产业转移将东部地区产业向中西部转移，在区域间对资源进行优化配置，有利于维持中国的产业竞争优势，为企业转型升级赢得时间。

（1）产业转移能够重塑中国企业低成本优势

对于东部来讲，很多发达地区已经进入工业化中后期，一些劳动密集型产业会因为生产要素价格的上升而失去竞争优势。在这种情况下，将低端产业转移出去，将资源集中发展高端产业，实现产业升级，有利于形成新的竞争优势。对于中西部来讲，工业化刚刚进入中期，甚至还是在初期，承接东部的产业转移有利于自身资本的积累，完善产业基础，提高经济发展速度。许多劳动密集型产业对于解决就业有着十分重要的意义，而且在未来很长的一段时间里，劳动密集型产业将始终是中国在全球市场中十分具有竞争力的产业。事实上，在当前和未来较长一段时间里，中国在

世界上最具竞争力的产业仍将主要是一些传统产业，既包括劳动密集型产业，也包括部分资本密集型产业。这些产业在规模和效益上的提高将带动中国工业的快速发展，奠定其在国际上的竞争地位。单从东部地区来看，我国企业的低成本优势正在逐步丧失，但考虑到中西部地区的产业发展梯度，以及产业的综合配套能力，那么无论是东南亚国家，还是拉美、非洲国家，当今世界上还没有其他任何国家能够真正取代中国成为"世界工厂"。产业转移能够使东部地区已经丧失竞争优势的产业重新具有竞争优势，从而重塑我国企业的低成本优势。

（2）产业转移有利于促进中国企业转型升级

经过改革开放 30 多年的发展，中国很多地区，尤其是东部地区取得了巨大的发展成就。然而，目前很多东部地区面临的共同难题就是劳动力、资源环境、土地等成本的迅速上升，而这也造成了过去很多赖以发展的产业难以为继，不再具有竞争优势。在这种情况下，长三角、珠三角、环渤海等发达区域纷纷将转型升级作为核心发展战略，而产业转移也就成为转型升级战略中的重要部分。将低端产业转移出去，既有利于东部地区腾出土地、劳动力、资源环境等生产要素用于引进新的产业，也有利于一些逐步丧失竞争优势的产业在新的地区形成新的发展空间，从而避免大量企业倒闭对经济造成巨大冲击。目前，中国长三角、珠三角、环渤海三大制造基地均处于转型升级的进程当中。以上海为中心的长江三角洲已经成为中国乃至全世界最重要的制造业基地之一。由于外向型程度比较高，承接了大量外资流入所带来的先进设备，长三角先进制造业的发展水平在很多方面处于全国领先的地位，其综合服务水平、劳动生产率、企业效益均居全国首位。珠三角在发展中提出了要打造世界级先进制造业基地，为产业升级指明了方向。2005 年以来，高端电子信息、新能源汽车、半导体照明等产业得到了高度重视，发展速度明显加快。目前环渤海经济圈成为中国北方经济最为活跃的地区，是继珠三角和长三角以后引领中国经济增长的"第三极"。京津唐成为中国电子信息产业发展的三大中心之一；山东、辽宁等省在电子信息、装备制造、化工医药等领域获得了一些重大关键技术突破，并实现了产业化。

（3）国际金融危机后中国产业转移速度明显加快

产业转移是区域经济发展不平衡的必然产物，也是开放经济条件下实现区域产业协调发展的内在要求和趋势，一般以投资的形式出现，而本质上是现有生产能力在区域或空间上的重新组合和配置（杜传忠等，2010）。国际金融危机发生以前，受人民币升值、出口退税下调、土地资源紧缺、劳动力成本上升、资源环境约束趋紧等因素的影响，东部地区向中西部地区的产业转移速度已经开始加快，大量的东部企业到中西部地区投资，将企业的加工制造环节转移到中西部地区。然而，国际金融危机延缓了这一进程。受外需大幅下滑等因素影响，东部很多企业经营困难，资金紧张，对未来市场预期下降。同时，由于 2008 年困扰企业的"民工荒"问题在国际金融危机下也得到了缓解，因此，东部企业进行产业转移的愿望明显降低。进入 2010 年以后，随着经济形势的好转，东部地区生产要素成本上升的问题又凸现出来，"民工荒"重新成为困扰东部企业的迫切问题。在这种情况下，大量东部企业又开始纷纷将加工制造环节向中西部地区转移，一些跨国公司在对中国进行直接投资的时候，也更多地考虑中西部地区。

第三节　跨国产业转移可行性分析

与国内产业转移一样，跨国产业转移同样可以成为化解企业竞争优势断档的重要手段。现阶段，东南亚地区承接中国产业转移的条件较好，而拉美国家和非洲国家在产业基础、劳动力素质和基础设施等方面的条件相对较差。

一　向东南亚国家进行产业转移的可行性

（1）中国向东南亚国家进行产业转移的现状

东南亚地区是近年来中国海外直接投资增长较快的地区之一。2009 年，中国对东盟十国的投资流量为 26.98 亿美元，同比增长 8.6%，占对亚洲投资流量的 6.7%；存量为 95.71 亿美元，占亚洲地区投资存量的 5.2%。2009 年末，中国共在东盟设立直接投资企业近 2000 家，雇用当地雇员 6 万人。从产业分布来看，中国对东南亚国家投资最为集中的产业分别是电力、煤气及水的生产和供应业，2009 年的存量占比为 19.4%；第二是批发和零售业，2009 年存量占比为 17.1%；第三是制造业，2009 年存量占比为 15.5%。中国的制造业投资主要分布在越南、马来西亚、泰国、柬埔寨、老挝等国家，主要以劳动密集型产业为主。如表 8-8 所示。从国别分布来看，中国海外直接投资最为集中的国家是新加坡，占了中国对东盟国家投资总量的一半以上。如图 8-2 所示。

表 8 - 8　2009 年中国对东盟直接投资的主要行业

单位：万美元

行　业	流　量	所占比重	存　量	所占比重
电力/煤气及水的生产和供应业	34932	13.0	185849	19.4
批发和零售业	90995	33.6	163406	17.1
制造业	27511	10.2	148651	15.5
租赁和商务服务业	15207	5.6	105117	10.9
采矿业	46554	17.3	91531	9.5
建筑业	18195	6.8	67552	7.1
交通运输/仓储和服务业	6133	2.3	66916	7.0
金融业	14202	5.3	66653	7.0
农/林/牧/副/渔业	11061	4.1	34054	3.6
科学研究/技术服务和地质勘探业	527	0.2	13139	1.4
房地产业	3548	1.3	5971	0.6
信息传输/计算机服务和软件业	240	0.1	4024	0.4
居民服务和其他服务业	163	0.0	1553	0.2
住宿和餐饮业	40	0.0	1556	0.2
教育	235	0.1	714	0.1
其他行业	267	0.1	474	0.0
合　计	269810	100.0	957142	100.0

资料来源：《2009 年度中国对外直接投资统计公报》。

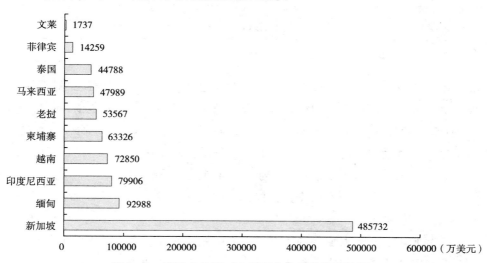

图 8 - 2　2009 年中国对东盟国家直接投资存量情况

资料来源：《2009 年度中国对外直接投资统计公报》。

（2）对东南亚国家进行直接投资的条件分析

①东南亚国家经济规模不大，但增长速度处于较高水平。东盟国家经济总量并不大，2008 年东盟十国的 GDP 总量不足中国 GDP 总量的 1/3，然而经济增速却处于世界较高水平，2001～2008 年，东盟十国 GDP 平均增速达到了 12% 以上，是同期世界经济增速的 2 倍以上。如表 8 - 9 和图 8 - 3 所示。

表 8 - 9　东盟国家以当前价格计算的 GDP 水平

单位：百万美元

年份 国家	2000	2001	2002	2003	2004	2005	2006	2007	2008
文　　莱	5999	5605	5347	6540	7864	9528	11460	12317	14147
柬　埔　寨	3168	3783	4028	4634	5311	6250	7258	8636	11082
印度尼西亚	165550	161082	196303	234997	239134	284790	364371	430855	511174
老　　挝	1733	1740	1805	2135	2518	2860	3522	4128	5289
马　来　西　亚	90320	88001	95266	103992	124750	137971	157237	187058	222674
缅　　甸	9620	6935	7095	11747	10370	10989	13188	19132	27182
菲　律　宾	74837	71985	76648	79578	86912	98757	117457	146839	166773
新　加　坡	92671	85531	88106	92372	107464	116639	132273	167211	184120
泰　　国	122955	115595	126880	142863	161386	176207	206645	246036	273666
越　　南	31319	32647	35056	39535	45544	52953	60965	70965	90701
东　盟　合　计	598623	572902	637046	718393	791252	896945	1074377	1293176	1506807

资料来源：ASEAN Statistical Yearbook，2008。

②东南亚国家工业发展水平较高，尤其是电子信息产业具有较强的国际竞争力。东南亚国家经济的增长在过去很长一段时间里，主要是依靠承接日本的产业转移，在"雁行模式"下较大程度地参与了国际产业分工，而这也造就了东南亚国家有着较好的工业发展基础。从产业来看，东南亚国家承接产业转移最多的是电子信息等产业，目前东南亚国家在电子信息等产业有着很强的国际竞争力，在很多方面的产业发展水平要高于中国。如表 8 - 10 所示。

③新加坡、马来西亚等国具有较好的产业发展环境。东南亚很多国家在基础设施和人力资本等方面处于较差水平，但也有一些国家，例如新加坡、马来西亚等具有较好的产业发展环境。在 IMD 发布的《全球竞争力年报》

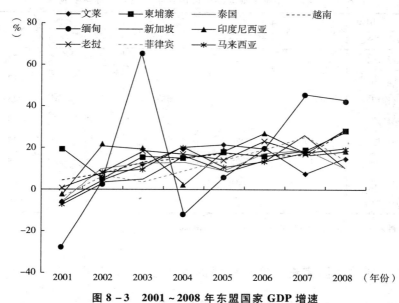

图 8-3 2001~2008 年东盟国家 GDP 增速

注：增速以东盟国家当年美元价格 GDP 计算得到。

资料来源：ASEAN Statistical Yearbook，2008。

表 8-10 1980~2003 年东南亚主要国家工业制成品在世界出口贸易中的比重

单位：%

年 份	办公设备和通信器材					化工产品		汽车	纺织品		成 衣		
	新加坡	马来西亚	菲律宾	泰国	印度尼西亚	新加坡	马来西亚	泰国	印度尼西亚	泰国	印度尼西亚	泰国	菲律宾
1980	3.2	1.4	0.6	0.0	0.1	0.5	0.1	0	0.1	0.6	0.2	0.7	1.4
1990	6.4	2.7	0.8	1.2	0.0	1.1	0.2	0	1.2	0.9	1.5	2.6	1.6
2000	7.7	5.5	2.6	1.9	0.8	1.6	0.6	0.4	2.3	1.3	2.4	1.9	1.3
2002	7.5	5.6	2.7	2.0	0.7	1.8	0.7	0.5	1.9	1.3	2.0	1.7	1.3
2003	7.4	5.3	2.7	2.1	0.6	2.1	0.7	0.5	1.7	1.3	1.8	1.6	—

资料来源：WTO International Trade Statistics 2003，2004。

中，新加坡的竞争力多次位居全球第一。从影响国家竞争力的竞争要素来看，新加坡在政府作用、国际化、企业管理水平等方面处于世界领先水平。如表 8-11 所示。

表 8 – 11　2000 年东南亚 5 国的国际竞争力要素全球排名情况

国家 要素	印度尼西亚	马来西亚	菲律宾	新加坡	泰　国
本地经济	45	26	41	8	37
国际化	43	17	40	2	19
政府作用	36	8	31	1	23
金融环境	43	29	35	10	38
基础设施	46	26	45	13	43
企业管理	44	25	35	5	39
科学技术	42	31	34	9	47
人力状况	46	35	41	5	30

资料来源：IMD The World Competitiveness Yearbook 2000。

二　向拉美国家进行产业转移的可行性

（1）中国向拉美国家进行产业转移的现状

拉美地区地大物博，除了森林资源外，还有丰富的矿产资源，有些矿物的储量居世界前列。拉美地区石油资源丰富，据统计，拉美地区石油储量占世界石油储量的 10%，是世界第二大石油产区。随着能源、资源价格的上涨，大量外国直接投资开始流向的拉美地区。据联合国拉美经委会最新发布的报告，2010 年，拉美和加勒比地区吸收外国直接投资 1126 亿美元，比前一年增长了将近 40%。其中，在南美洲增长 56%，在中美洲增长 16%，在加勒比地区增长 18%。外国投资大多来自跨国企业对其拉美分支机构扩张生产能力的追回投资，用于兼并和收购拉美企业的投资以及在拉美国家新建项目的投资等。近年来，中国对拉美的投资增速非常高。1990 ~ 2009 年，中国在拉美的投资累计只有 73 亿美元，但 2010 年，中国企业在拉美的直接投资已经达到 152 亿美元。2010 年，美国、荷兰和中国是去年拉美直接投资最主要的来源国，分别占拉美吸引外国直接投资的 17%、13% 和 9%。中国在拉美的投资集中在自然资源领域，如秘鲁的铜、巴西和阿根廷的石油等。截至 2009 年，中国在拉美的投资额前三位国家分别是阿根廷、英属维尔京群岛、巴西。如图 8 – 4 所示。

（2）对拉美国家进行直接投资的条件分析

①拉美经济增速有所回升。新自由主义改革，特别是"华盛顿共识"

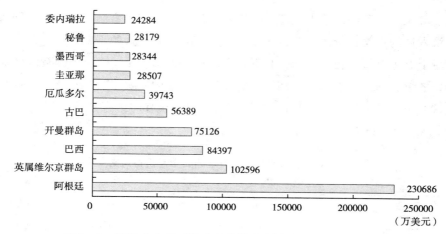

图 8 - 4　2009 年中国对拉美直接投资存量前十位国家（地区）

资料来源：《2009 年度中国对外直接投资统计公报》。

的推行，给拉美国家经济发展造成了严重后果。从 20 世纪 80 年代以来，拉美国家经济增长陷入了停滞之中，被称为"失去的十年"。然而，进入 21 世纪以后，受能源、原材料价格上涨，中国、印度等新兴经济体拉动的影响，拉美国家的经济增速有所恢复。2003 年以来，拉美国家的经济增速明显高于全球平均水平。如表 8 - 12 所示。

表 8 - 12　2003 ~ 2007 年世界范围的 GDP 增长率

单位：%

地区与国家	2003 年	2004 年	2005 年	2006 年	2007 年
世界	2.7	4	3.5	3.8	3.3
发达国家	1.9	3	2.5	2.9	2.4
美国	2.5	3.9	3.2	3.3	2.6
欧元区	0.8	2	1.4	2.5	2.2
日本	1.8	2.3	2.6	2.8	2.1
发展中国家	5.2	6.9	6.4	6.5	6
非洲	4.7	4.8	5.4	5.6	5
拉美和加勒比海	2	5.9	4.5	5.3	4.7
中国	10	10.1	10.2	10.2	9
东亚（中国除外）	4.2	6.2	5.1	5.3	5
转型经济体	7	7.6	6.4	7.2	6.5

资料来源：联合国拉美经委会（ECLAC）。

②拉美国家经济很大程度上依赖初级产品。丰富的自然资源是拉美国家经济发展的重要比较优势。也正是近年来，由于需求量的不断增加，在国际市场上有色金属和初级产品一直保持着较高的价格水平，这使依赖初级产品出口的拉美国家受益匪浅。从拉美国家出口产品的比重来看，拉美绝大部分国家初级产品出口占总出口的比重均达到50%，有的国家甚至达到90%以上。如表8-13所示。

表8-13　拉美地区初级产品出口占总出口的比重

单位：%

国　　家	2000 年	2002 年	2003 年	2004 年	2005 年
阿 根 廷	67.6	69.5	72.2	71.2	69.3
玻利维亚	72.3	84.2	83.9	86.6	89.1
巴　　西	42	47.4	48.5	47	47.3
智　　利	84	83.2	83.8	86.8	86.3
哥伦比亚	65.9	62.2	65.7	63	65.3
哥斯达黎加	34.5	36.7	34.6	37.3	36.2
厄瓜多尔	89.9	89.7	88	90.7	91
萨尔瓦多	51.6	41.6	42.9	40.1	42.5
危地马拉	68	65	59.7	58.2	60.2
洪都拉斯	77.9	75.4	66.5	63.6	64.2
墨 西 哥	16.5	15.7	18.6	20.2	23
尼加拉瓜	92.5	81.7	88.2	89.4	89.6
秘　　鲁	83.1	83	83	83.1	85.3
乌 拉 圭	58.5	63.7	66.3	68.4	68.5
委内瑞拉	90.9	86.2	87.3	86.9	90.6

资料来源：ECLAC, Statistical Yearbook for Latin America and the Caribbean。

③中、拉经济有着很强互补性，但目前主要通过贸易实现。目前，中国购买的60%的大豆、40%的铜、21%的铁、21%的木材、80%的鱼粉以及60%的葡萄均来自拉美地区。拉美已经成为我国经济建设所需原材料的重要供应来源地。中国自拉美的大量进口，使长期处于疲软的初级产品价格回升，改善了拉美国家的贸易条件，为其经济恢复做出了重大贡献。同时，中国的制造业产品在拉美各国也很受欢迎。目前，中国对拉美出口的产品中，工业制成品占比超过90%，进口的产品中初级产品占比超过60%，这种贸

易产品结构上的差别，主要是由贸易双方互补的经济结构决定的。

三 向非洲国家进行产业转移的可行性

（1）中国向非洲国家进行产业转移的现状

近年来，中国对非洲的直接投资不断增长，无论是在总量上，还是在深度和广度上都有了长足的进步。截至2009年底，中国对非洲直接投资存量达到了93.3亿美元，占中国对外直接投资存量的3.8%，主要分布在南非、尼日利亚、赞比亚、阿尔及利亚、苏丹、刚果（金）、埃塞俄比亚、埃及、坦桑尼亚、毛里求斯、安哥拉、马达加斯加等国家。如图8-5所示。投资的产业主要包括贸易、生产加工、资源开发、交通运输、农业及农产品综合开发，等等。

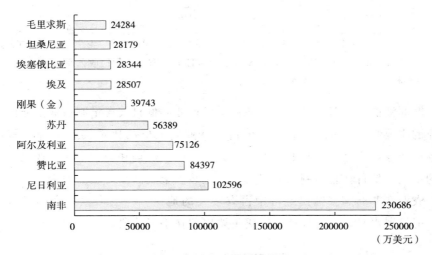

图8-5 2009年中国对非洲直接投资存量前十位国家（地区）
资料来源：《2009年度中国对外直接投资统计公报》。

（2）对非洲国家进行直接投资的条件分析

①非洲经济发展十分不平衡。非洲是世界上经济发展水平较低的洲，大多数国家属于发展中国家。北部非洲是非洲经济状况最好的地区，其次是南部非洲，再次是西部非洲，而最差的则是东部非洲和中部非洲，其中北部非洲几乎占了非洲GDP贡献率的一半，而中部非洲却只占到5%左右。从人均国民收入来看，非洲国家的人均国民收入较低，低于俄罗斯、巴西等国家，这也制约了非洲国家消费能力的提高。如图8-6所示。

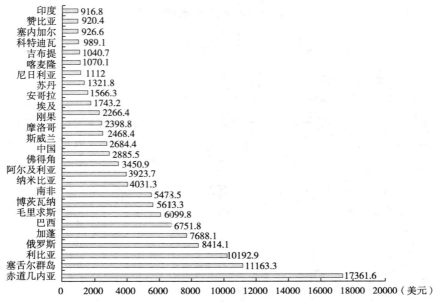

图 8 - 6　2005～2009 年非洲及其他地区部分国家人均国民收入平均值

资料来源：《2010 年非洲经济发展报告》。

②非洲的产业基础较差。资源依赖型产业和低科技含量制造业是非洲制造业的主要组成部分，二者增加值占制造业增加值的比重接近 70%。资源依赖型产业以食品饮料和非金属矿产为主，炼油炼焦和碱性金属产业也有一定的基础。低科技含量制造业以纺织、服装、金属制品为主。如表 8 - 14 所示。农业在非洲国家国民经济中占有重要的地位，是大多数国家的经济支柱，但发展水平较低，农业生产仍主要停留在手工阶段。

表 8 - 14　非洲不同产业占制造业增加值的比重

单位：%

产　业	2000 年	2009 年
食品、饮料	20	16.6
烟草	3	2.6
木材	2.8	1.8
纸张	3.1	3
炼油、炼焦	5.9	6.1
橡胶、塑料	2.7	2.9

续表

产　业	2000 年	2009 年
玻璃及其他非金属矿物	6.8	10.1
碱性金属	7.3	5.6
资源依赖型产业合计	51.6	48.8
纺织	6.8	4.7
服装	4.7	4.3
皮革	1.5	1.2
印刷	2.9	2.7
金属制品	5.2	5.1
家具制造	1.8	1.8
低科技含量制造业合计	22.9	19.9
化学品	12.4	19.2
机器设备	3.7	3.6
办公设备	0.3	0.3
电子设备	2	2.5
收音机、电视和通信设备	0.9	0.8
医疗、精密、光学仪器	0.3	0.3
机动车辆	4.9	3.8
其他运输设备	1	0.9
中高科技含量制造业合计	25.5	31.4
总　　计	100	100

资料来源：《2010 年非洲经济发展报告》。

③非洲基础设施十分落后，企业经营成本高。非洲很多国家尚未形成完整的交通运输体系。据统计，目前有公路 130 多万千米，铁路约 78000 千米，内河通航里程约 52000 千米。基础设施的落后造成了企业经营成本的提高。在非洲部分国家，交通费用、通信费用甚至能够达到其他发达国家的几倍甚至十几倍。如表 8-15 所示。

表 8-15　非洲与世界其他地区发展中国家基础设施服务价格比较

基础设施服务	撒哈拉以南非洲	世界其他地区发展中国家
电费（美元/度）	0.02 ~ 0.46	0.05 ~ 0.1
水费（美元/立方米）	0.86 ~ 6.56	0.03 ~ 0.6

基础设施服务	撒哈拉以南非洲	世界其他地区发展中国家
公路运费（美元/吨·千米）	0.04 ~ 0.14	0.01 ~ 0.04
移动电话（美元/每月套餐）	2.6 ~ 21.0	9.9
国际电话（美元/美国通话 3 分钟）	0.44 ~ 12.5	2.0
互联网接入服务（美元/月）	6.7 ~ 148.0	11

资料来源：《2010 年非洲经济发展报告》。

第四节　中国产业转移的现状和趋势分析

从近期看，中国产业转移将主要发生在国内，体现为东部地区产业向中西部转移，但也有小部分产业会向越南、泰国等东南亚国家转移；但从长期看，非洲有可能成为我国产业转移的另一个重要目的地。

一　中国国内产业转移现状

（1）中西部地区承接产业转移步伐加快

2011 年，中国中西部地区在工业增加值增速、投资增速等方面均明显快于东部地区，这在一定程度上反映了中国产业区域转移的加快。如图 8 - 7 和图 8 - 8 所示。

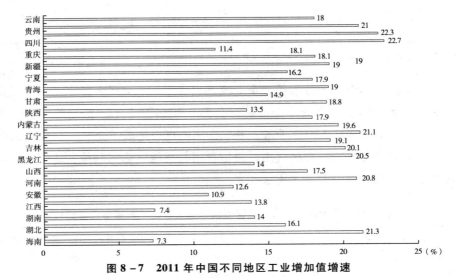

图 8 - 7　2011 年中国不同地区工业增加值增速

数据来源：中经数据。

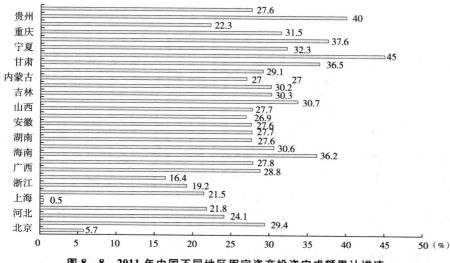

图 8 – 8　2011 年中国不同地区固定资产投资完成额累计增速

数据来源：中经数据。

（2）制造业是东部地区向中西部产业转移的主体

到目前为止，东部地区向中西部地区的产业转移主要体现为制造业的转移，也正因如此，2005～2010 年，中西部地区制造业固定资产投资增长幅度明显快于东部地区，甚至达到两倍以上。相比之下，服务业，尤其是金融业等高端服务业，东部地区增速明显快于中西部地区。2005～2010 年期间，长三角地区金融业固定资产投资幅度增长了 942.31%，遥遥领先于中西部地区。如表 8 – 16 所示。

二　中国海外直接投资现状

（1）中国海外直接投资步伐加快

近年来，中国对外直接投资额出现了快速增长。如图 8 – 9 所示。中国加快海外直接投资步伐有其客观必然性。从历史经验来看，企业大规模对外直接投资一般是发生在该国的工业化后期。在这个时期，企业面临的生产要素成本结构将发生根本性的变化，将部分国内产业转移到国外是企业通过竞争优势转型，维持其在国际上竞争地位的必然要求。根据人均 GDP、三次产业比、占商品增值的比重进行综合的计算，2005 年，中国已经完成了工业化的主要任务，进入了工业化中期的后半阶段，而目前中国正向工业化后期迈进。另外，2009 年，我国人均 GDP 已经超过 3700 美元，按照邓宁的研

表 8 - 16　2005 ～ 2010 年中国不同地区不同产业固定资产投资增幅①

单位：%

地　区	制造业	信息传输、计算机服务和软件业	批发和零售业	住宿和餐饮业	金融业	租赁和商务服务业	科学研究、技术服务和地质勘查业	居民服务和其他服务业	采矿业
环　渤　海	165.68	41.34	219.64	361.67	466.39	398.40	158.73	587.03	117.72
长　三　角	156.52	83.77	294.00	274.21	942.31	255.72	383.83	89.75	141.76
南部沿海	141.48	43.98	343.50	290.65	331.86	525.29	275.95	142.31	468.76
中部地区	422.70	45.63	265.87	369.82	389.73	361.25	244.68	192.73	254.13
泛东北地区	313.55	89.82	275.34	341.84	279.67	593.22	327.52	475.28	251.44
西北地区	318.03	42.92	109.10	196.33	22.40	362.08	111.60	0.21	193.30
西南地区	305.87	50.03	252.90	256.21	161.86	394.85	91.61	66.86	292.19

资料来源：中经数据。

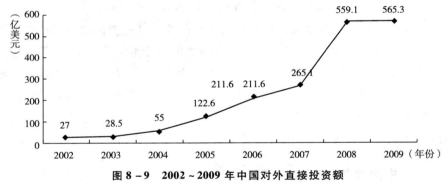

图 8 - 9　2002 ～ 2009 年中国对外直接投资额

注：2002 ～ 2005 年为非金融类对外直接投资数据；2006 ～ 2009 年为全行业对外直接投资数据。

资料来源：《2009 年度中国对外直接投资统计公报》。

究结论，中国已经进入了对外直接投资增长速度较快阶段，在这一阶段，企业国际化进程加快，对外直接投资增多是经济发展的客观规律。

（2）中国海外直接投资更多是集中在服务业和采矿业，制造业相对

---

①　环渤海地区包括北京、天津、河北、山东；长三角地区包括上海、江苏、浙江；南部沿海地区包括广东、广西、福建、海南；中部地区包括湖北、湖南、江西、安徽、河南、山西；泛东北地区包括黑龙江、吉林、辽宁、内蒙古；西北地区包括陕西、甘肃、青海、宁夏、新疆；西南地区包括重庆、四川、贵州、云南。

较少

　　与发达国家企业"走出去"的目的主要是为了绕开贸易壁垒、降低经营成本不同，现阶段中国企业"走出去"更多是为了获取战略资源。战略资源既包括技术、品牌、市场渠道等无形资产，也包括采矿权等有形资产。从我国海外直接投资的产业分布来看，中国对外直接投资最集中的产业分别为商务服务业、采矿业和金融业，而制造业仅仅排在第五位。如图 8 − 10所示。

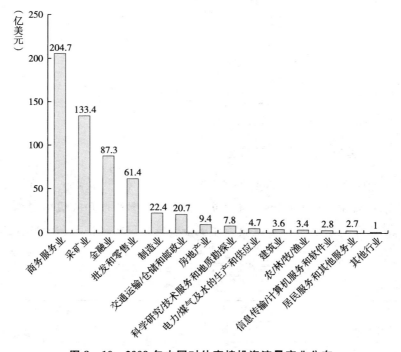

图 8 − 10　2009 年中国对外直接投资流量产业分布
资料来源：《2009 年度中国对外直接投资统计公报》。

　　（3）中国海外直接投资地点主要集中在亚洲周边国家和拉美国家

　　按国际化理论，企业在选择对外直接投资地点的时候，往往会首先选择距离本土比较近，而且在文化、风俗、习惯等方面与本土比较相似的区域，然后才会扩大到更远的其他区域。中国企业海外直接投资也遵循了这一规律。现阶段来看，中国海外直接投资主要集中在亚洲，占总投资的71.4%，其次是拉美，占总投资的13%，如图 8 − 11 所示。

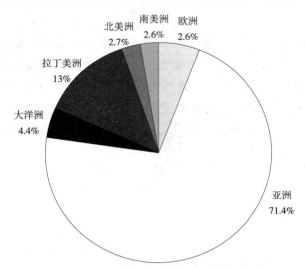

图 8 – 11   2009 年中国对外直接投资流量地区分布

资料来源：《2009 年度中国对外直接投资统计公报》。

三   中国产业转移的趋势分析

（1）国内转移将成为近期我国产业转移的主体

当前适合中国国情的产业结构应当具有高度多样性和区域梯度性，并且能够解决大量低层次劳动力就业。在不会造成严重环境损害和大量资源消耗

表 8 – 17   世界主要国家劳动生产率的年均增长

单位：%

年 份	发达国家					发展中国家			
	美 国	EU – 15	EU – 12	EU – 27	日 本	中 国	巴 西	印 度	俄罗斯
1987 ~ 1995	1.2	2.2			3.2	6.2	0.2	3.8	– 6.8
1995 ~ 2008	2.1	1.3	3.9	1.7	1.8	7.7	0.8	4.7	4.4
2000 ~ 2008	2.0	1.1	4.4	1.5	1.8	10.4	0.9	4.9	5.9
2005	1.4	0.9	3.1	1.0	2.1	9.4	– 0.1	6.8	5.8
2006	0.9	1.4	5.0	1.8	1.5	10.7	1.5	7.0	6.7
2007	1.5	1.1	3.8	1.3	1.6	12.1	2.3	6.1	7.3
2008	1.7	0.0	3.1	0.2	0.9	7.7	3.7	4.4	6.0

注：这里的劳动生产率为人均 GDP，因而是平均劳动生产率。

资料来源：Bart Van Ark（2009），"Performance 2008 – Productivity, Employment, and Growth in the World's Economies"，http：//www. conference – board. org/。

基础上，几乎任何一种技术水平的产业在中国都能够找到适合其存在的空间。也正因如此，在未来较长的一段时间，虽然产业跨国转移速度也会大大加快，但从比例来看，产业从东部向中西部的国内转移仍将是产业转移的主体。另外，虽然中国劳动力成本增长速度较快，但劳动生产率也迅速提高，增速高于世界其他绝大部分国家。劳动生产率的提高部分抵消了劳动价格上升的影响，使产业更多地留在国内，而不是转移到国外。"十二五"是中国转型升级的关键时期，而成功实现转型升级的关键在于能够在东、中、西部地区通过产业转移形成合理的产业布局。

①东部地区应重点打造先进制造业基地，大力促进高端服务业发展。先进制造业是在"十五"期间正式出现在中国政府文件中的。随后，"十一五"规划进一步明确提出了发展先进制造业，而这也促进了全国很多省市纷纷将打造世界级先进制造业基地作为发展目标，并提出了相应的发展战略。然而，先进制造基地的打造并不是可以轻易实现的，而是需要在产业高度集聚、生产性服务业高度发达、企业高度国际化的区域才有可能实现。从全世界范围看，真正能够称得上先进制造基地的区域也很少，并且主要分布在美国、日本等高度发达国家和地区。由于中国东部地区在科技水平、人才集聚、地理位置、产业配套、国际化经营等方面比中西部地区有着明显的优势，因此未来最有可能真正形成先进制造基地的区域仍然是长三角、珠三角、环渤海等东部地区。为此，在国家引进外资政策中，应制定相应的土地供应政策和税收优惠政策，重点鼓励东部地区承接西方国家生产性服务业和先进制造业的跨国转移，同时加大对东部地区现有优势产业的技术改造力度，打造先进制造业基地，使其集聚化和集约化发展，减少对资源环境的依赖。

②中部地区应以承接东部产业转移为重要契机，加快发展劳动密集型产业和资本密集型产业。中部地区在区位上更接近东部发达省份，而且在劳动力和人力资本条件方面也明显好于西部地区，因此，中部成为了承接东部产业转移的重点地区。目前，中部地区除交通运输、仓储及邮电通信业以外，所有其他产业的投资增速均快于东部和西部，成为了中国经济规模增长最快的区域。与前几年的"中部塌陷"相比，近年来的"中部崛起"主要得益于东部的产业转移，产业转移推动了中部地区产业规模的增长和产业结构的调整。下一阶段，河南、湖南、安徽等省份应发挥自身在劳动力资源比较丰富的优势，积极承接东部转移的劳动密集型产业；湖北、江西等人力资本条

件较好的省份，应在承接东部产业转移的同时，积极发展资本密集型产业。

③西部地区应依托资源禀赋承接产业转移，推动资源密集型产业的集约发展。西部地区有丰富的矿产资源，依托这些资源所建立的能源、原材料工业一直是西部经济增长的重要支柱，正是在这些资源型产业基础上，西部地区建起了煤炭、电力、冶金、机械等重工业为主体的工业体系。这也造成了西部地区产业发展的结构性矛盾比较突出，技术层次比较低，企业竞争力提升乏力。下一阶段，西部地区应依托自身的资源优势，积极吸引东部地区资源密集型产业的产业转移，同时促进资源环境的可持续性利用，推动资源型产业的集约发展。目前，西部地区产生的固体废弃物占全国的比重仅仅为20%左右，但排放的固体废弃物却占到全国的64%左右。西部地区的生态十分脆弱，如果不加以重点保护，则可能对全国的生态环境产生难以逆转的影响，因此，西部地区应在促进资源集约利用，加大环境保护的基础上，强化自身作为全国矿产能源基地的地位。

（2）产业跨国转移速度大大加快，但短期之内难以形成较大规模。近年来，中国海外产业转移的速度大大加快，尤其是对东南亚国家的产业转移。然而，无论是东南亚国家，还是非洲国家或者拉美国家，在短期之内都难以取代中国成为世界工厂。主要原因有三个方面，一是产业基础较差。东南亚国家产业基础相对较好，但从产业链完整程度和资源保障来看，难以与我国中西部，尤其是中部地区相比。非洲和拉美产业基础较差，很多地区主要是依赖于农产品加工，制造业发展十分滞后。二是劳动力成本未必比中国低。拉美地区总体上劳动力成本高于中国。东南亚国家中，新加坡、文莱等国家劳动力成本高于中国；泰国、越南等国家劳动力成本低于中国。非洲国家劳动力成本总体上低于中国。然而，近年来中国劳动生产率提高很快，如果考虑到劳动生产率问题，那么对企业来讲，使用中国劳动力可能是最经济的行为。三是基础设施差。20世纪90年代以来，中国加快了基础设施建设，目前已经达到了世界较高的水平。相比之下，非洲等国家基础设施极不完善，很多地区尚不具备大规模发展制造业的条件。考虑到这些因素，短期之内，中国东部地区产业发生大规模跨国转移的可能性并不大，最多是纺织、电子信息等少数对产业基础、劳动力素质、基础设施水平要求比较低的产业的跨国转移，但机械制造、化工等高加工度产业不太可能大规模向国外转移。比较来看，东南亚是近期最有条件承接中国产业转移的地区，而非洲应当成为中国未来劳动密集型产业转移的重点区域，拉美不具备大规模承接我国劳动密集型产业转移的有利条件。

①东南亚地区是近期最有条件承接中国产业转移的地区。东南亚地区产业发展基础较好，基础设施相对较为完善，而且从区位来看与中国地理位置比较接近，文化风俗更为相似，因此东南亚地区是最有条件承接我国产业转移的国外地区。向东南亚国家的产业转移可以主要从三个方面考虑，一是利用当地廉价的劳动力。随着中国经济发展水平的逐步提高，中国中西部地区劳动力价格也会出现逐步提高的趋势，将部分劳动密集型产业向东南亚转移有利于企业提前布局，分散国内生产要素价格上涨造成的经营风险。二是利用当地的资源。东南亚国家有着丰富的自然资源，通过将一些资源依赖型产业转移到这些国家有利于降低企业经营成本。三是开拓当地市场。目前，东南亚国家纷纷将招商引资作为重要的发展战略。在这种情况下，将部分产业转移到当地有利于取得本土国家的支持，有利于市场的开拓。

越南、泰国应成为中国企业产业转移的重点区域。东南亚国家经济发展也很不平衡，而且政治体制、民族、语言、历史、宗教、文化等各方面存在着巨大的差异性和多样性。从经济发展条件来看，新加坡、文莱等国家经济发展水平较高，基础设施完善、法律体系健全，但劳动力成本相对较高；相比之下，越南、泰国等国家经济较为落后，基础设施相对薄弱，政策随意度高，但却有着大量低廉的劳动力。目前，中国海外投资更多是需要获得相对廉价的劳动力资源，因此应当重点考虑越南、泰国等地，但要考虑到当地国家基础设施落后会对企业造成的不利影响。越南、泰国成为了东南亚国家中外资流入较为活跃的国家，2008 年越南吸收外商直接投资协议总金额超过 700 亿美元；同期，泰国、马来西亚、印度尼西亚、新加坡等国吸引外资总额在 100 亿～200 亿美元之间；而其余的老挝、菲律宾等6 国吸引外资总额则在 50 亿美元以下。

劳动密集型产业和资源依赖型产业是应重点考虑转移的产业。对中国企业来讲，成本上升最为明显的两种生产要素主要是劳动力和资源环境，因此产业转移最为迫切的产业也是这两种产业。东南亚国家相比于中国，其优势主要在于劳动力成本优势和资源优势，而这些也正是中国企业在产业转移中应当重点考虑利用的。

②拉美国家不具备大规模承接我国劳动密集型产业转移的有利条件。虽然近年来拉美地区已经成为了世界吸引国外直接投资最为活跃的地区，但就现阶段来看，拉美地区不是承接中国劳动密集型产业转移的良好目的地。拉

美地区的劳动力成本较高。依靠出口资源、农产品等初级产品，很多拉美国家的人均 GDP 水平并不低，这部分国家并不具有劳动力成本优势。近年来，中、拉之间贸易争端的增多也主要是因为拉美国家劳动密集型产业在与中国竞争中难以形成价格优势。中国被拉美施以贸易救济措施的产品主要为劳动密集型产品，如纺织品、服装、玩具、餐具等。拉美一些国家对中国产品，特别是纺织品、玩具等轻工业产品实行的反倾销案例日益增多，成为双方经贸关系发展的突出问题。

中国应加大与拉美在能源、基础设施建设等领域的合作。拉美国家有着丰富的资源，但是由于自身的提炼能力较差，在全球需求量急剧增长的时候也难以形成大规模的生产能力，从而导致其在国际竞争中处于不利地位。同时，拉美国家的基础设施建设尚有很大的发展空间。因此，拉美国家在这两个领域都有着强烈的国际合作意愿。中国企业可以从这两个方面加强与拉美国家的合作。目前，中国与巴西达成了工程换能源协议，中国对巴西港口进行投资建设，巴西则向中国提供等值的石油等能源。这种合作模式体现了双方的优势互补。

③非洲应当成为中国未来劳动密集型产业转移的重点区域。非洲经济落后，大多数国家尚未建立完整的工业体系，而且基础设施条件落后，缺乏稳定的政治环境。因此，现阶段非洲不是中国劳动密集型产业转移的合适地点。随着非洲经济的进一步发展，依靠出口资源产品和农产品的非洲经济必然面临着转型，而纺织、轻工等产业是非洲最有可能逐步建立起竞争优势的产业。在这种情况下，中国可以考虑将一些技术含量相对较高的劳动密集型产业向非洲转移，使其在促进非洲经济发展的同时建立企业竞争优势。

现阶段中国应加强与非洲在各个领域的合作。目前，非洲与中国有着广泛的合作基础，体现在政治、经济、文化等各个方面。事实上，中、非之间有着广泛的共同利益，二者的全方位合作能够促进双方经济的双赢发展。非洲有着丰富的自然资源和农产品，但产业基础较差，无法对自然资源和农产品进行高加工度的制造，并且装备制造、电子信息等产业发展十分落后，影响了非洲国家竞争力的提高。中国虽然具有大规模的生产制造能力，但是资源环境约束、生产要素成本约束、市场规模约束越来越明显，迫切需要新的原材料和能源来源，以及开发新的市场。中、非之间可以通过设备转让、合作开发、技术交流、股权合作、金融合作等方式，提高非洲国家对自然资源和农产品的加工制造能力，提高中国经济在非洲的影响力，为未来中国向非洲产业转移奠定基础。

参考文献

陈宝明：《世界先进制造业创新与发展趋势及其启示》，《海峡科技与产业》2006 年第 5 期。

杜传忠、曹艳乔、李大为：《后金融危机时期加快我国区域产业转移的思路及对策》，《东岳论丛》2010 年第 5 期。

国家发展改革委经济所赴拉美考察团：《拉美经济近况考察报告》，《中国经贸导刊》2007 年第 6 期。

金碚、吕铁、邓洲：《中国工业结构转型升级：进展、问题与趋势》，《中国工业经济》2011 年第 2 期。

聂槟：《试析东南亚各国投资环境及中国企业对东南亚的投资》，《东南亚纵横》2009 年第 9 期。

税成志：《中国对非洲直接投资研究》，西南财经大学硕士学位论文，2009。

王勤：《全球化时代的东南亚经济》，厦门大学博士学位论文，2006。

第 9 章

产业政策的设计

第一节　关于产业政策应如何发挥作用的争论

受发展经济学的旧结构主义思想影响，1970 年代以前，许多发展中国家采取进口替代战略，对幼稚二业实行保护或补贴，但随着拉美出现债务危机，产业政策的作用因此受到广泛质疑。拉美国家从 20 世纪 80 年代也开始转向以所谓的"华盛顿共识"为指导开始进行改革。这次改革对拉美经济发展起到了一定作用，但其经济发展的成就与东亚国家的快速成长仍相形见绌，同样引发经济学界对产业政策的争论。

进入 21 世纪，中国经济的奇迹般增长，加之 2008 年爆发了国际金融危机，再次引发了关于产业政策作用的讨论。但在这一次的讨论中，支持产业政策的声音日趋强大。罗德里克（Dani Rodrik）等就明确提出，产业政策已经死亡的说法是夸大其词，产业政策不仅在现实生活中一直存在，而且进入 21 世纪仍有存在的必要，在各种国际准则的约束下仍有很大的发挥作用的空间（2004，2008）。国际金融危机之后，产业政策在各国进一步得到复兴，一些曾为推销自由贸易理论的大本营如美国，也纷纷采取措施，推进新兴产业的发展。一些奉市场为圭臬的国际机构如世界银行，也开始重新思考产业政策的作用。林毅夫教授进入世界银行工作后，也开始推动世界银行向发展中国家提供如何制定产业政策的建议。韩国著名发展经济学家张夏准（Ha‑Joon Chang）更是声称，发达国家就是通过保护幼稚产业才踏上富裕之途的，自由竞争发源地英国致富的奥秘，并不在于推行了完全自由的市场经济，发达国家宣称的所谓的完全自由贸易，其实是在撤掉发展中国家迈向富裕之梯（2009）。

虽然对产业政策必要性的共识正在增加，但在如何让产业政策发挥作用方面却存在争议。其中，最根本性的争议，就是产业政策应遵循还是违背比较优势？对此较为有影响的争论发生在经济学家林毅夫和张夏准（Ha－Joon Chang）之间。2009 年世界银行"发展政策评论"以"发展中国家的产业政策是应完全遵循还是违背比较优势？"为题刊发了两位著名学者的争论。

关于产业政策是否应遵循或违背比较优势的争论，不同于有关政府与市场关系的争论或要不要实施政府干预的争论。关于产业政策是否应遵循或违背比较优势争论的双方都认为，政府干预是必要的，争论的焦点在于政府干预的方向。林毅夫十分重视产业升级和结构调整在促进经济增长以及政府在其中的重要性，但在政府如何干预经济上，他主张，政府应是一个因势利导型政府，就是在帮助私人部门利用比较优势。这一思想和林毅夫研究中国经济增长奇迹形成的原因一脉相承。他认为，最优产业结构是内生于一国的要素禀赋结构的，要素禀赋结构表现为该国的劳动力、劳动技能、资本及自然为资源禀赋上，产业结构的升级首先是要素禀赋结构的升级，否则所得的产业结构就会成为发展拖累。在他看来，一些国家产业政策之所以失败，其原因在于"他们把目光和政策固定在被他们与现代化联系在一起的一个理想产业结构上，但这种结构通常是资本和技术密集型的，与他们自己国家相比，是一个相对较高收入国家的特点"。"这种思路是背离比较优势的，在金融治理和政府治理质量方面都有较高的成本"（Justin Lin and Ha－Joon Chang，2009）。张夏准在国家干预对经济增长作用的看法上与林毅夫一致，但他在争论的开始就强调与林毅夫的主要区别在于，"毅夫相信国家干预的重要性，但应该主要是，促进一个国家比较优势的利用；而我则认为，比较优势虽然重要，却不过是一个基线，一个国家要想升级产业，就需要违背其比较优势"（Justin Lin and Ha－Joon Chang，2009）。

林毅夫和张夏准在讨论中，从各自的角度，用一些案例对他们的观点进行了说明，但他们都没有提供系统性的证据证明，产业政策在各国的实施过程中，是否较为普遍地遵循还是违背了比较优势？本书的目的就是运用较为系统性的数据，检验何者更符合客观事实。

产业政策应遵循还是违背比较优势的争论，并不完全是学术传统不同的争论，而是遵循还是违背比较优势的产业政策实施过程中需要解决的基础性问题。它对于产业政策实施的效果，以及是否应实施产业政策具有极大的影响。大力倡导实施产业政策的罗德里克认为，产业政策的关键在于，发现哪些政策行为是所需的，哪类政策可以带来最大的效果，哪些才是真正需要的政府干预（罗德里克，2009，141）。但如果我们无法回答所应干预领域时，产业政策也就不具有可实施性。这也足以成为否认采取产业政策的论据。经济学中的反对政府干预的一个重要理由就是，政府干预在可实施性上存在问题。

第二节　比较优势的测度

要从经验上检验一个国家的产业政策应违背或遵循比较优势，就是要比较现有显性比较优势与潜在比较优势之间的差异，如果差异很小，就是遵循了比较优势，如果差异很大，就是违背了比较优势。所以，在方法上要解决的关键问题是，如何测量潜在的比较优势。

比较优势虽然是经济学中最为成熟的概念之一，但当运用比较优势概念分析一国的比较优势为何时，却并不如理论上那样简单。在林毅夫和张夏准的争论中，他们引用了相同的案例，却得出了不同的结论。原因之一就在于他们对比较优势的不同理解。由此可见，如果我们不解决比较优势的测量问题，也就无法就一个国家的发展是遵循或违背了比较优势达成共识。

亚当·斯密于《国富论》中最早提出了绝对优势理论，系指各国在生产同样产品时，劳动生产率的绝对差异所导致的各国之间生产优势的不同，因此各国专门生产本国劳动生产率较高的产品。大卫·李嘉图在其代表作《政治经济学及赋税原理》中提出了比较优势理论，认为国际贸易的基础是生产技术的相对差别（而非绝对差别）。李嘉图的理论虽然解释了一国在生产各种产品中都处于劣势的情形下，如何在国际分工中选择自身位置的问题，但其衡量一国比较优势的指标仍为劳动生产率。

李嘉图的比较优势理论假定投入的是一种生产要素，但现实经济生活的实际是，投入并不仅限于一种生产要素，为此，赫克歇尔、俄林提出了资源禀赋理论，该理论认为，在各国生产同一种产品的技术水平相同的情况下，两国生产同一产品的价格差别来自产品的成本差别，这种成本差别来自生产过程中所使用的生产要素的价格差别，而后者则取决于各国各种生产要素的相对丰裕程度，即相对禀赋差异。所以，根据赫克歇尔—俄林模型，可以用要素禀赋差异对各国的比较优势进行测量。如一国的人均资本存量高于另一国，那么，可以认为，该国的资本相对丰裕。在一般的意义上说，这个理论也是从投入要素的相对丰裕程度来测量一国的比较优势的。从投入角度测量比较优势，在操作上是难以真正解决的，何种类型的投入要素应包括进来；当包括的要素很多时，我们也难以进行较大范围的国际比较。如果只考虑几种简单的要素，一国的比较优势虽然比较容易测度，但对实践的指导意义就会大大弱化，在指导产业政策实施上的作用就会十分有限。如仅从资本和劳动两种要素而言，不同的国家可以被划入为资本相对丰富和劳动力资源相对丰富等不同的类型之中，资本相对丰富的国家生产资本密集产品有优势，劳动力资源相对丰富的国家生产劳动密集型产品有优势，但在资本密集型产品和劳动力密集型产品中仍包括数量庞大的产品，决策者应如何选择呢？而且产品与产品之间的能力并不可能完全转换。钢铁生产和汽车生产都是资本密集型，从事钢铁生产的工人、用钢铁生产的资本并不能无成本地直接转换成汽车的生产能力。

无论是亚当·斯密的绝对优势理论，还是李嘉图的比较优势理论，赫克歇尔—俄林的资源禀赋理论都是静态的，与这类静态理论相对的是动态比较优势理论。动态比较优势理论中最重要的观点之一，就是强调干中学、强调熟能生巧。依据此理论，一个国家在飞机制造上是否具有比较优势，要视这个国家是否已经生产过飞机而定。由此，一国的比较优势可以从产出端来测量。

以产出测量一国比较优势，长期以来采用的指标是显性比较优势指数。但在运用产出测量一国的比较优势时，所面临的问题是如何判断用产出测量出的比较优势是真正的比较优势。除非我们能从产出端测量出什么是可以作为评价基准的比较优势，否则就不可能离开要素禀赋去评价这种显性比较优势是否真的合理。为了解决以产出测量比较优势所面临的这一难题，我们引入产品空间方法来测度一国的比较优势。

产品空间理论把邻近性当作两种产品生产所需能力差异性或技术距离的测度，邻近性越高，从一种产品转向另一种产品的，新增投资越少，成本越低，技术距离就越短。如产品 A 和产品 B 与产品 A 和产品 C 相比，具有较高的邻近性，产品 B 和产品 C 与产品 A 和产品 C 相比，具有较高的邻近性，那就意味着已经生产了产品 A 的国家，再生产 B 就具有比较优势，已经生产产品 B 的国家，再生产 C 就具有比较优势。产品邻近性的具体计算方法为：

$$\phi_{i,j} = \min \{ P(RCA\chi_i / RCA\chi_j), P(RCA\chi_j / RCA\chi_i) \}$$

i，j 代表两种产品，$\phi_{i,j}$ 代表两种产品之间的邻近性，RCA 代表显性比较优势指数（C. A. Hidalgo，等，2007）。

从投入角度解释一国比较优势时的最简单模型就是假定两个国家，本国和外国，两种产品如奶酪和葡萄酒，只有一种要素，如劳动。如果本国生产一磅奶酪所需投入的劳动与生产 1 加仑葡萄酒所需投入的劳动的比值小于外国，那么，本国就具有生产奶酪的比较优势（保罗·克罗格曼，茅瑞斯·奥伯斯法尔德，1998）。对这个模型进行简单的改造，就可以从产品空间的角度对一国具有的比较优势进行说明。假定有两个国家，本国和外国，如果本国转向生产奶酪所需跨越的技术距离与转向生产葡萄酒所要跨越的技术距离的比值小于外国的比值，那么，本国转向生产奶酪就有比较优势。对此，可以分两步加以理解，第一步，假定本国转向生产 1 磅奶酪所需新增投入 a_c，生产一加仑葡萄酒所需新增投入为 a_1，外国转向生产 1 磅牛奶和 1 加仑葡萄酒所需投入分别为 a^{*c} 和 a^{*1}；第二步，新增投入的增加与产品间的技术距离成正比。如果 $a_c/a_1 < a^{*c}/a^{*1}$，就意味着，本国转向生产奶酪所需跨越的技术距离与转向生产葡萄酒所要跨越的技术距离的比值小于外国。

由于利用产品空间法发现一国的比较优势，所发现的是下一期的比较优势而不是本期的比较优势，所以，由此测试出来的比较优势也可被称之为潜在比较优势。下期的潜在产品如果离现在具有显性比较优势产品的距离较小，则可认为生产这种产品是符合比较优势的。产业升级是遵循还是违背比较优势，可以通过考察与现有产品具有较高邻性的产品成功实现升级的可能性与现有产品具有较小邻近距离产品实现成功升级可能性的比较加以检验。

图 9-1、图 9-2 和图 9-3 代表产业升级对比较优势遵循或违背的程度。横轴代表产品间的技术距离，纵轴代表成功实现产品升级的比例，为从不具有显性比较优势转为显性比较优势产品的数量与潜在比较优势产品数量之比，简称为产业升级成功比例。图 9-1 代表的是各国完全遵循比较优势的情形，它表明，在产品间的技术距离超过某一特定临界值后，企业就再无转型升级的动力，在某一临界之上，其潜在优势都会得到充分发掘。图 9-

2 代表完全不遵循比较优势的情形，在这种情形下，产业升级成功的可能性与技术距离成反比，其极端情形则与图 9 - 1 完全相反。图 9 - 3 代表一种中间情形，这种情形代表的是具有较高邻近性的产品实现升级的可能性高于邻近性的产品，那么，就可以认为产业政策不应完全违背比较优势，但也不应完全遵循比较优势，而是要在完全遵循比较优势与不遵循比较优势之间进行平衡。

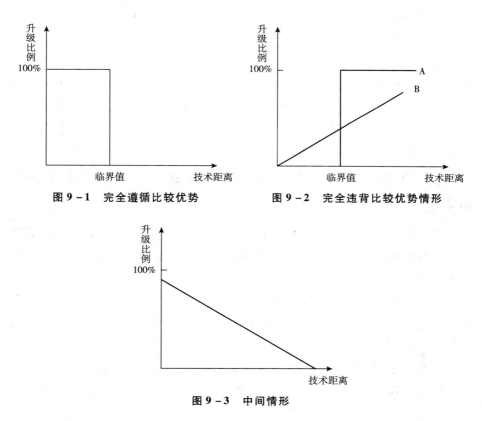

图 9 - 1　完全遵循比较优势　　　　图 9 - 2　完全违背比较优势情形

图 9 - 3　中间情形

第三节　数据来源、方法与实证结果

一　全球产品空间的构建

运用产品空间方法测度各国的比较优势，首先需要构造全球产品空间结构。全球产品空间结构由各国具有显性优势的产品以及相互关系构成。相互关系就是指产品的空间邻近性。

　　全球产品空间的构建是以各国的出口数据为基础的。目前，记录各国贸易数据比较权威的数据库是 UN comtrade 数据库。我们将以这个数据库为基础测度各国的比较优势。UN comtrade 数据库包括不同分类标准的数据，如包括 SITC rev1、SITC rev2、SITC rev3 的数据，起始年份不同，包括的产品数量也不相同，其中 SITC rev1 包括 5 位码和未进一步分类的 4 位码产品共 1374 种，SITC rev2 包含 5 位码和未进一步分类的 4 位码产品共 1836 种，SITC rev3 包含 5 位码和未进一步分类的 4 位码产品共 3118 种。

　　用产品空间结构方法测量比较优势可能招致的批评是，现有产品可能并没有反映一个国家的比较优势。一个国家特定年度的某种产品出口确实会受某种偶然因素的影响。为了解决这一问题，在方法上，可以运用一个较长时间的数据平均值来测量一个国家比较优势的变化，这里选择以 5 年期作为计算一国显性比较优势的时间长度。某种产品如在过去 5 年中有 3 年其显性优势比较指数大于 1，则可以将其定义为具有比较优势的产品。

二　各国比较优势的测量和不同技术距离条件下产业升级的比例测算

　　在对产品空间结构稳定性和波动进行分析的基础上，我们选取 10 年期作为考察产业升级的时间跨度，以各国前 5 年比较优势作为基础，分析其在后 5 年的比较优势。各国前 5 年具有比较优势的产品选择标准为，5 年中其 3 年显示比较优势大于或等于 1 的产品，下期具有比较优势的产品，根据其最大邻近距离是否大于邻近性临界值。如果大于临界值，就将其纳入具有比较优势产业范围。

　　以所处的 10 年基准期内产品之间的邻近度均值构建产品空间结构，以潜在产品与具有显性优势产品之间的邻近度作为产品间升级距离或技术距离，在此基础上计算不同距离下潜在优势产品其优势得以实现所占的比例。以此为原则，分别使用 SITC rev1、rev2 和 rev3 的数据进行测算，计算结果见表 9 - 1。表 9 - 1 的结果表明，潜在产品与依托产品（上一期具有比较优势产品）接近度越高，技术距离越小，升级的比率越高。总体趋势是，要求实现较小距离跨越的产业升级实现的可能性大于要求实现较大距离跨越的可能性，所以，一国的比较优势是参考点，一国的产业升级在总体上符合比较优势，但从表中也不难看出，产业升级的距离有时也很大，产业政策并不完全遵循比较优势，它所反映出来的趋势，类似于图 9 - 3 的中间图形。

表 9 - 1 的数据刻画的是全球总体状况。表 9 - 2 反映的是不同时期各个国家不同技术距离条件下产业成功转型升级的比例。从中不难发现，绝大多数国家的产业转型升级并没有完全遵循比较优势，同样明显的是，绝大多数国家产业转型升级也没有完全违背比较优势。这一特性在数据上的表现就是，技术距离越小，成功实现升级的国家所占的数量相对较多。这一趋势在 0.3 ~ 0.9 这一距离区间内，在这一距离区间外，个别时段会出现异常，成功升级的国家所占数量较高（技术距离大于 0.9 时）或所占数量较低（技术距离少于 0.3 时），之所以在这一区间外会出现这种情况，其原因在于大多数国家在此类区间没有潜在优势产品，所以，只要个别国家在这类区间中其成功升级比率较高或较低，其百分比就表现为较高或较低。

表 9 - 1　不同技术距离条件下产业转型升级比例

单位：%

SITI rev1 不同距离下产品升级比例							
年　份	1 ~ 0.9	0.9 ~ 0.8	0.8 ~ 0.7	0.7 ~ 0.6	0.6 ~ 0.5	0.5 ~ 0.4	0.4 ~ 0.3	0.3 ~ 0.2
1968 ~ 1972	0.00	0.04	0.37	0.98	2.24	4.09	6.17	14.37
1973 ~ 1977	0.00	0.14	0.46	1.29	2.94	4.76	9.07	7.14
1978 ~ 1982	0.06	0.22	0.57	1.43	2.86	4.66	8.83	9.38
1983 ~ 1987	0.00	0.07	0.49	1.15	2.31	3.51	6.53	13.21
1988 ~ 1992	0.00	0.12	0.66	2.08	4.34	7.00	9.06	10.00
1993 ~ 1997	0.00	0.17	0.46	1.58	3.37	5.24	8.27	6.10
1998 ~ 2002	0.00	0.11	0.28	1.09	2.31	4.10	7.26	10.61
2003 ~ 2007	0.00	0.10	0.53	1.45	2.86	4.84	8.60	10.20
2008 ~ 2011	0.28	0.16	0.33	0.94	1.87	3.17	5.88	4.12
各期平均	0.03	0.12	0.47	1.32	2.76	4.50	7.59	9.60
SITI rev2 不同距离下产品升级比例							
年　份	1 ~ 0.9	0.9 ~ 0.8	0.8 ~ 0.7	0.7 ~ 0.6	0.6 ~ 0.5	0.5 ~ 0.4	0.4 ~ 0.3	0.3 ~ 0.2
1987 ~ 1991	0.00	0.09	0.52	1.62	3.35	6.72	10.97	15.76
1992 ~ 1996	0.00	0.20	0.60	1.86	3.79	6.09	8.13	6.79
1997 ~ 2001	0.00	0.11	0.37	0.94	2.33	3.92	5.32	6.94
2002 ~ 2006	0.13	0.42	0.46	1.26	2.55	4.31	6.53	8.94
2007 ~ 2011	0.00	0.25	0.57	1.36	2.70	4.46	6.04	8.29
各期平均	0.07	0.29	0.51	1.38	2.89	5.02	7.28	9.10

续表

SITI rev3 不同距离下产品升级比例							
年　份	1~0.9	0.9~0.8	0.8~0.7	0.7~0.6	0.6~0.5	0.5~0.4	0.4~0.3	0.3~0.2
1997~2001	0.00	0.07	0.29	0.75	1.94	3.73	5.58	7.09
2002~2006	0.08	0.08	0.37	1.14	2.40	4.26	6.05	7.73
2007~2011	0.00	0.15	0.57	1.18	2.43	4.24	5.89	7.46
各期平均	0.05	0.11	0.44	1.09	2.28	4.04	5.78	7.37

表9-2　不同技术距离条件下产业升级成功率的国家分布

单位：%

SITI rev1 产业升级成功率的国家分布							
1968~1972 年	1~0.9	0.9~0.8	0.8~0.7	0.7~0.6	0.6~0.5	0.5~0.4	0.4~0.3	0.3~0.2
<10	98.15	95.52	94.03	94.03	83.58	60.61	55.56	32.26
>20	0.00	0.00	0.00	0.00	1.49	7.58	9.26	48.39
100	0	0	0	0	0	0	0	3.2
1973~1977 年	1~0.9	0.9~0.8	0.8~0.7	0.7~0.6	0.6~0.5	0.5~0.4	0.4~0.3	0.3~0.2
<10	100	95.95	91.89	79.73	62.16	54.17	36.67	65.70
>20	0	0.00	0.00	0.00	4.054	13.69	31.42	22.85
100	0	0	0	0	0	0	1.67	2.90
1978~1982 年	1~0.9	0.9~0.8	0.8~0.7	0.7~0.6	0.6~0.5	0.5~0.4	0.4~0.3	0.3~0.2
<10	97.83	90.91	84.42	75.32	66.23	44.59	41.94	45.45
>20	0	5.19	0.00	1.30	3.9	18.18	37.93	78.57
100	0	0	0.00	0.00	0	0	0	14.30
1983~1987 年	1~0.9	0.9~0.8	0.8~0.7	0.7~0.6	0.6~0.5	0.5~0.4	0.4~0.3	0.3~0.2
<10	100	98.7	91.39	82.43	60.81	50.00	38.24	50.00
>20	0	0.00	0.00	1.35	8.11	20.27	45.59	31.25
100	0	0.00	0	0	0	0	7.35	15.63
1988~1992 年	1~0.9	0.9~0.8	0.8~0.7	0.7~0.6	0.6~0.5	0.5~0.4	0.4~0.3	0.3~0.2
<10	100.00	87.84	86.49	70.27	50.00	27.03	40.63	70.59
>20	0	0.00	0.00	1.33	10.67	26.67	43.75	28.60
100	0.00	0.00	0.00	0	0.00	0.00	1.56	11.43
1993~1997 年	1~0.9	0.9~0.8	0.8~0.7	0.7~0.6	0.6~0.5	0.5~0.4	0.4~0.3	0.3~0.2
<10	100	89.23	84.06	72.46	53.03	30.77	42.86	75.76
>20	0	1.61	0.00	4.55	7.58	18.18	33.33	32.40
100	0	0	0.00	0	0	0	0	16.22

SITI rev1 产业升级成功率的国家分布							
1998~2002 年	1~0.9	0.9~0.8	0.8~0.7	0.7~0.6	0.6~0.5	0.5~0.4	0.4~0.3	0.3~0.2
<10	98.15	98.68	92.21	88.31	71.43	46.75	41	62.86
>20	0	1.32	0.00	0.00	0.00	1.30	40.54	34.29
100	0	0	0.00	0.00	0.00	0.00	0.00	8.57
2003~2007 年	1~0.9	0.9~0.8	0.8~0.7	0.7~0.6	0.6~0.5	0.5~0.4	0.4~0.3	0.3~0.2
<10	98.31	94.07	91.53	78.81	58.47	46.55	46.67	73.33
>20	1.69	1.69	0	0.0	3.39	46.55	40.00	26.67
100	0	0	0	0.00	0	1.69	3.81	10.00
2008~2011 年	1~0.9	0.9~0.8	0.8~0.7	0.7~0.6	0.6~0.5	0.5~0.4	0.4~0.3	0.3~0.2
<10	97.73	97.44	98.31	89.83	78.81	89.83	58.72	78.72
>20	2.27	1.69	1.69	0.00	0.85	7.63	19.27	18.75
100	0	0	0	0.00	0	0	0	8.33

SITI rev2 产业升级成功率的国家分布							
1987~1991 年	1~0.9	0.9~0.8	0.8~0.7	0.7~0.6	0.6~0.5	0.5~0.4	0.4~0.3	0.3~0.2
<10	100.00	87.10	87.10	75.81	53.23	30.65	27.42	32.26
>20	0.00	1.61	1.61	1.61	1.61	16.13	40.32	35.48
100	0.00	0.00	0.00	0.00	0.00	0.00	0.00	4.44
1992~1996 年	1~0.9	0.9~0.8	0.8~0.7	0.7~0.6	0.6~0.5	0.5~0.4	0.4~0.3	0.3~0.2
<10	1	90.91	0.87.88	76.81	0.57.57	30.76	32.30	43.07
>20	0	3.22	1.51	15.15	3.03	16.921	36.92	40.00
100	0	0	0	0	0	0	0	8.89
1997~2001 年	1~0.9	0.9~0.8	0.8~0.7	0.7~0.6	0.6~0.5	0.5~0.4	0.4~0.3	0.3~0.2
<10	0	97.33	93.33	88	74.66	44	35.13	49.23
>20	0	2.66	0	0	1.33	4.00	0.24.32	43.93
100	0	0	0	0	0	0	0.13	0.15
2002~2006 年	1~0.9	0.9~0.8	0.8~0.7	0.7~0.6	0.6~0.5	0.5~0.4	0.4~0.3	0.3~0.2
<10	97.97	97.97	93.27	93.57	63.30	47.22	43.13	48.71
>20	10.10	0	0.91	1.83	0	13.88	42.15	39.74
100	0	0	0	0	0	0	0.98	6.41
2007~2011 年	1~0.9	0.9~0.8	0.8~0.7	0.7~0.6	0.6~0.5	0.5~0.4	0.4~0.3	0.3~0.2
<10	85.48	94.16	93.33	83.33	67.50	0.45	39.83	55.12
>20	3.22	2.5	0	0	0.83	12.5	31.35	34.61
100	0	0	0	0	0	0	0	7.69

续表

SITI rev3 产业升级成功率的国家分布							
1997~2001 年	1~0.9	0.9~0.8	0.8~0.7	0.7~0.6	0.6~0.5	0.5~0.4	0.4~0.3	0.3~0.2
<10	100	87.30	96.82	87.30	76.19	47.61	38.09	40.67
>20	0	3.17	1.58	0	0	1.58	20.63	37.28
=100	0	0	C	0	0	0	0	3.38
2002~2006 年	1~0.9	0.9~0.8	0.8~0.7	0.7~0.6	0.6~0.5	0.5~0.4	0.4~0.3	0.3~0.2
<10	100	100	93.85	87.72	60.52	35.08	25.22	48.10
>20	0	0	0.87	0	0	10.52	42.34	36.70
100	0	0	0	0	0	0	3.60	6.32
2007~2011 年	1~0.9	0.9~0.8	0.8~0.7	0.7~0.6	0.6~0.5	0.5~0.4	0.4~0.3	0.3~0.2
<10	100	96.22	85.32	79.81	65.13	42.20	33.66	55.12
>20	0	1.83	0	0	0	9.17	25.74	32.05
100	0	0	0	0	0	0	0	7.69

三 产品空间的稳定性

当我们在一个较长的时间考察一国的显性比较优势时，可能面临产品空间结构的稳定性问题。利用产品空间结构方法测量一国的比较优势，需要计算各种产品的邻近性。随着技术进步和产业结构调整，产品之间关系可能会发生变化。当产品空间结构十分不稳定时，那么由此发现的下一期比较优势的合理性就会受到影响。所以，当我们运用 10 年期的平均值计算产品的邻近性，并作为潜在优势产业计算的依据时，需要分析的是，在这个时期，产品与产品之间的关系是否发生了重大变化，也就是要研究产品空间的稳定性。

研究特定时期产品空间的稳定性及其波动，可以用"邻近度标准差"加以测度。使用 SITC rev1：1963~2011 年、SITC rev2：1982~2011 年和 SITC rev2：1992~2011 年的数据，计算邻近度标准差可以看出，1963~2011 年之间，SITC rev1 产品形成的空间中，所有连接的邻近度标准差的均值为 0.1122；1982~2011 年之间 SITC rev2 产品空间中邻近度标准差的均值为 0.0956；1992~2011 年之间 SITC rev3 产品空间中邻近度标准差的均值为 0.0791。如将考察时期跨度缩短为 10 年，则结果是，1963~2011 年的各个 10 年期之内，SITC rev1 产品空间中所有产品邻近度标准差的均值在

0.0467 ~ 0.0756 之间；1982 ~ 2011 年各个 10 年期之内，SITC rev2 产品空间中所有产品邻近度标准差的均值在 0.0494 ~ 0.0747 之间；在 1992 ~ 2011 年各个 10 年期内，SITC rev3 产品空间中所有产品的邻近度标准差的均值在 0.0646 ~ 0.0656 之间；可以看出，随着考察时期跨度的缩短，产品空间中邻近度的波动幅度也进一步缩小。

UN comtrade 数据库中每年包含的国家和产品均不相同，因此，在计算过程中，不同时段选取的国家数量有所不同，SITC rev1 1963 ~ 2011 期中包含 36 个国家，1963 ~ 1972 年期包含 67 个国家，1973 ~ 1982 年期包含 77 个国家，1983 ~ 1992 年期包含 74 个国家，1993 ~ 2002 年期包含 77 个国家，2003 ~ 2011 年期包含 117 个国家；SITC rev2 1982 ~ 2011 年期包含 42 个国家，1982 ~ 1991 年期包含 63 个国家，1992 ~ 2001 年期包含 75 个国家，2002 ~ 2011 年期包含 120 个国家；SITC rev3 1992 ~ 2011 年期包含 53 个国家，1992 ~ 2001 年期包含 63 个国家，2002 ~ 2011 年期包含 106 个国家。这种计算存在的问题是，国家样本的数量变化会影响标准差的取值，选取样本中包含国家越多，测算出标准差就越低。从测算出的数据来看，超过 10 年期的国家样本较少，而在 10 年期数据中，离现在越近的时期国家样本越多，在一定程度上造成 10 年期数据测算的标准差相比更长时期要少，且离现在越近的时期标准差也越少。标准差的计算结果同时也反映出如下趋势：如果其他各期的国家样本可以得到进一步扩充，实际的邻近度偏离程度还会有所降低，从而印证了产品空间结构在 10 期内实际较为稳定的结论。

第四节　中庸型产业政策

各个国家实施产业升级的过程并不是完全遵循比较优势的，对比较优势的偏离是常态。这一事实，不仅是对产业政策如何发挥作用提供了启示，同时也为产业政策的必要性提供了支持。对产业政策而言，其意义不仅在于克服阻碍比较优势发挥的障碍，而且还在于一定程度上通过违背比较优势发挥作用。

产业政策一定程度上违背比较优势是否会导致经济增长失败呢？理论上而言，当一国违背比较优势时，其资源因为得不到最佳配置，一些不符合比较优势的产业需要政府采取扶持措施才有生命力，因此，当一国产业升级违背比较优势时，经济发展似乎很难获得良好的绩效，但事实并非如此。15 世纪的欧洲，纺织业是高新技术产业，英国初期比较落后，其比较优势是生产和出口棉花，通过羊毛出口，英国也获得了不菲的收入，但在亨利七世看来，将羊毛制成衣服的外国人获得了更多的利润。为了促进纺织业的发展，英国采取了一系列措施，如禁止原料和半成品服装出口，对其他国家的制成品征税，其最终结果是，英国后来发展成为全球重要的纺织品出口国（张夏准，2009，pp. 28 - 29）。"二战"后，日本和韩国的经济增长都很快，也都是公认的大量实施产业政策的国家，其产业结构变化的轨迹同样没有完全遵循比较优势的轨迹，而走的是一条中庸之道（见图 9 - 4、图 9 - 5、图 9 - 7、图 9 - 8、图 9 - 10、图 9 - 11）。中国改革开放以来的经济发展成就令全世界侧目，改革开放使中国经济从完全的计划经济向市场经济转化，改变了过去对比较优势偏离过大的资源配置格局，但其成功同样不建立在完全遵循比较优势的基础之上（见图 9 - 6、图 9 - 9 和图 9 - 12）。这些例子表明，一个国家在不完全遵循比较优势的情形

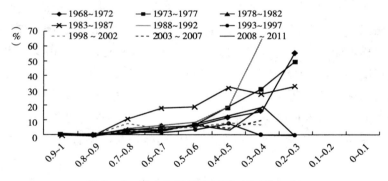

图 9 - 4　日本的产业升级图（SITI rev1）

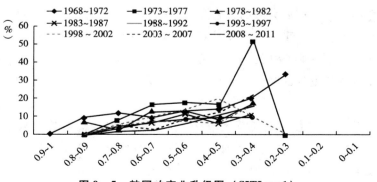

图 9 - 5　韩国的产业升级图（SITI rev1）

下，仍可以取得较好的绩效。但值得注意的是，日本、韩国、中国的产业升级虽然并没有完全遵循比较优势，但同样也并没有完全违背比较优势，在图形上的表现就是，随着产品技术距离的缩小，升级成功率增加。所以，这些国家的成功，还取决于这些国家对比较优势的偏离不算太远。

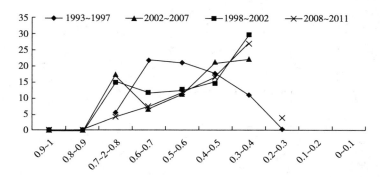

图 9 - 6　中国的产业升级图（SITI rev1）

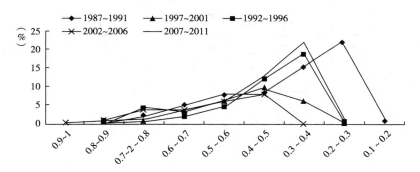

图 9 - 7　日本的产业升级图（SITC rev2）

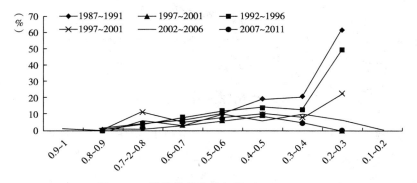

图 9 - 8　韩国的产业升级图（SITC rev2）

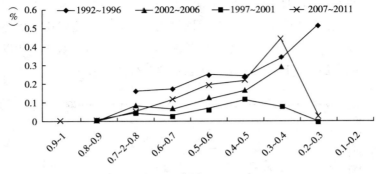

图 9 - 9　中国的产业升级图（SITC rev2）

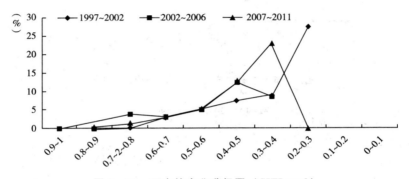

图 9 - 10　日本的产业升级图（SITI rev3）

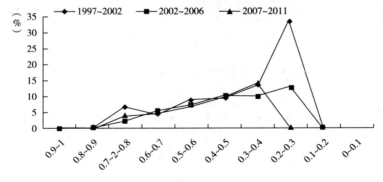

图 9 - 11　韩国的产业升级图（SITI rev3）

　　当产业政策违背比较优势，或者说，一个国家在国际竞争中即便在违背比较优势的情况下为什么仍能获得良好的绩效呢？对此提供了一种可能解释的理论是动态比较优势理论。在解释产业政策对比较优势的偏离时，张夏准所提供的解释版本与此类似（2009）。这个理论虽然可以有效应对产业政策

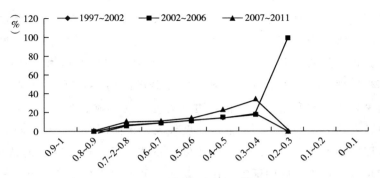

图 9 - 12　中国的产业升级图（SITI rev3）

偏离比较优势的问题，却不能有力说明从长期来看，产业政策是否应符合比较优势。同样，这个理论也不能预言这样一个事实，国家的经济发展水平与产品的多样性呈现倒 U 形曲线（Imbs，Wacziarg，2003）。

受实物期权理论的启发，我们对产业政策违背比较优势提供出另一种实物期权性质的解释。在资源配置方面，长期以来，企业采用的是标准的净现值方法。这种方法关注的是可以测度的现金流，而不是由具备发展意义的竞争优势所产生的、难以把握的战略性收益（Lenos Trigeogis，2007，pp. 5）。但在实物期权看来，一些投资如果仅用标准的现金值加以衡量可能是负的，但很多战略投资产生了一系列连续机会，这些投资机会可以看做是一系列现金流加上一个期权的集合（马莎·阿姆拉姆、纳林·库拉蒂拉尔，2001，pp. 6）。这个理论虽然针对的是企业，但其逻辑同样适用于国家层面的战略制定。产业政策之所以违背比较优势，是为了获得某种在未来行动的权力，也就是期权。在不确定性存在时，期权是有价值的。

这个理论看起来和动态比较优势理论相似，因为都强调了未来的重要性。但两者之间存在重要差别。动态比较优势理论强调的是能力、技术和知识的积累，实物期权理论更多强调的是管理者对战略投资的管理和规划，强调的是对不确定性的应对。当然这两者并不是冲突的，而是互为补充。

从实物期权角度不难理解，为什么所有的国家产业升级并没有完全集中在邻近性最高的部分。我们在过去的研究发现，当邻近性阈值超过 0.5，各国潜在优势产品的种类数急剧下降（张其仔、李颢，2013）。这也就意味着，在这个区间范围内，一个国家期权价值急剧下降。为了避免这种现象的产生，就需要扩展产品的种类。

从实物期权的角度也可以理解经济发展水平与产品多样化呈现倒 U 形

曲线的事实。为了对此进行解释，需要引入产品度的概念。这个概念是指一种产品的升级机会（张其仔，2008）。一个国家的产业升级机会，就是产品种类乘某种产品的产业度。通过对比发展中国家与发达国家的产品空间结构，不难发现，发达国家具有优势的产品处于全球产品空间的中心位置，发展中国家处于全球产品空间的相对边缘的位置（李颢、张其仔，2013）。也就是说，发达国家的单个产品的产业度较高，整体而言，产品空间的密度较大；发展中国家单个产品的产业度较低，整体而言，产品空间的密度较低。这就意味着，对于发展中国家来说，要获得更多的产业升级机会，需要采取产品种类拓展的方式进行，随着发展中国家拥有具有较高产业度产品的增加，依靠拓展种类实现产业升级机会的必要性也会有所下降。

根据跨国的事实，产业政策并不需要完全遵循比较优势，产业政策可以在违背比较优势的情况下发挥作用，但并不意味着，只要实行偏离比较优势的产业政策一定能够获得成功。跨国的历史经验表明，一国在经济发展上取得非凡的成就虽然离不开产业政策，但产业政策的实施并不能保证一国在经济发展上的成功。产业政策成功与否，不仅需要解决在什么方向上进行干预的问题，还需要有关对产业政策的正确理解以及合理的制度设计，"它并不是指无所不知的计划者可以实施最优的庇古税从而内化所有的外部性，而是一个私人部门和公共部门进行战略合作的互动过程"（丹尼·罗德里克，2009，pp. 141）。

我们的发现对于理解中国当前经济增长与结构调整的关系具有一定的启示意义。在关于经济增长与结构调整的关系认识上，存在两种不同的意见，一种意见认为，结构调整与经济增长两者并不存在矛盾；另一种意见认为，结构调整与经济增长两者之间存在矛盾。我们的研究结论支持后者。结构调整的本义就是要培育新的比较优势，这不可能在完全遵循现有比较优势上的条件下进行，因此，比较优势得不到完全发挥，经济增长的潜力也就不可能全部得到发挥，经济增长的速度就不得不低些。短期内适当降低增长率目标，是实现结构调整的必要条件，这有利于经济长期稳定增长。

参考文献

保罗·克罗格曼、茅瑞斯·奥伯斯法尔德：《国际经济学》，海闻、刘伟、秦琦、梅晓群等译，中国人民大学出版社，1998。

丹尼·罗德里克:《相同的经济学,不同的政策处方》,张军扩、侯永志等译,中信出版社,2009。

李颢、张其仔:《全球产品空间结构的演化》,载《产业蓝皮书:中国产业竞争力报告(2013)No.3》,社会科学文献出版社,2013。

马莎·阿姆拉姆、纳林·库拉蒂拉尔:《实物期权》,张维等译,机械工业出版社,2001。

张其仔:《比较优势的演化与中国产业升级路径的选择》,《中国工业经济》2008 年第 9 期。

张其仔、李颢:《中国产业升级机会的甄别》,《中国工业经济》2013 年第 5 期。

张夏准:《富国的伪善》,严荣译,社会科学文献出版社,2009。

C. A. Hidalgo, B. Klinger. A. L. Barabasi, R. Hausman, *The Product Space Conditions the Development of Nations*, Sciences, 2007 (317).

Ha – Joon Chang, *Kick Away the Ladder*, Anthem Press, 2002.

Imbs, Jean, and Roman Wacziarg, *Stage of Diversification*. American Economic Review, 2003 93 (1).

Justin Lin and Ha – Joon Chang, *Should Industrial Policy in Developing Countries Conform to Comparative Advantage or Defy It? A Debate Between Justin Lin and Ha – Joon Chang Justin Lin*, Development Policy Review, 2009, 27 (5).

Lenos trigeorgis:《实物期权》,林谦译,清华大学出版社,2007。

Rodrik, Dani, *Normalizing Industrial Policy*. Commission on Growth and Development, World Bank, Working Paper No. 3, Washington, DC. 2008.

Rodrik, D., *Industrial Policy for the Twenty First Century*, CEPR Discussion Papers, 4767, 2004.

图书在版编目（CIP）数据

产业竞争优势转型：国际趋势与中国面临的挑战 / 张其仔等著.
—北京：社会科学文献出版社，2014.5
　（发展方式转变丛书）
　ISBN 978 - 7 - 5097 - 5574 - 7

　Ⅰ.①产…　Ⅱ.①张…　Ⅲ.①产业 - 市场竞争 - 研究 - 中国
Ⅳ.①F121.3

中国版本图书馆 CIP 数据核字（2014）第 012562 号

·发展方式转变丛书·

产业竞争优势转型：国际趋势与中国面临的挑战

著　　者 / 张其仔　原　磊　刘　昶　伍业君　李　颢 等

出 版 人 / 谢寿光
出 版 者 / 社会科学文献出版社
地　　址 / 北京市西城区北三环中路甲 29 号院 3 号楼华龙大厦
邮政编码 / 100029

责任部门 / 皮书出版分社（010）59367127　　责任编辑 / 安　蕾　林　木
电子信箱 / pishubu@ ssap. cn　　　　　　　　责任校对 / 王拥军　张　曲
项目统筹 / 邓泳红　　　　　　　　　　　　　责任印制 / 岳　阳
经　　销 / 社会科学文献出版社市场营销中心（010）59367081　59367089
读者服务 / 读者服务中心（010）59367028

印　　装 / 三河市东方印刷有限公司
开　　本 / 787mm×1092mm　1/16　　　　　印　　张 / 15.75
版　　次 / 2014 年 5 月第 1 版　　　　　　　字　　数 / 272 千字
印　　次 / 2014 年 5 月第 1 次印刷
书　　号 / ISBN 978 - 7 - 5097 - 5574 - 7
定　　价 / 69.00 元